L'HYPOTHÈQUE JUDICIAIRE

SON PASSÉ, SON PRÉSENT, SON AVENIR,

PAR

Le vicomte Gabriel de LABROÜE de VAREILLES-SOMMIÈRES

AVOCAT A LA COUR DE POITIERS,
DOCTEUR EN DROIT.

OUVRAGE COURONNÉ EN 1869
PAR LA FACULTÉ DE DROIT DE POITIERS,
ET EN 1870, DANS LE CONCOURS OUVERT ENTRE TOUTES LES FACULTÉS DE FRANCE,
PAR L'ACADÉMIE DE LÉGISLATION DE TOULOUSE.

PARIS
COTILLON ET FILS, ÉDITEURS, LIBRAIRES DU CONSEIL D'ÉTAT
24, RUE SOUFFLOT, 24

1871

L'HYPOTHÈQUE JUDICIAIRE

SON PASSÉ, SON PRÉSENT, SON AVENIR.

In manibus Domini sors mea.

(Devise de ma famille.)

L'HYPOTHÈQUE JUDICIAIRE

SON PASSÉ, SON PRÉSENT, SON AVENIR,

PAR

Le vicomte Gabriel de LABROÜE de VAREILLES-SOMMIÈRES

AVOCAT A LA COUR DE POITIERS,

DOCTEUR EN DROIT.

OUVRAGE COURONNÉ EN 1869 PAR LA FACULTÉ DE DROIT DE POITIERS,
ET EN 1870, DANS LE CONCOURS OUVERT ENTRE TOUTES LES FACULTÉS DE FRANCE,
PAR L'ACADÉMIE DE LÉGISLATION DE TOULOUSE.

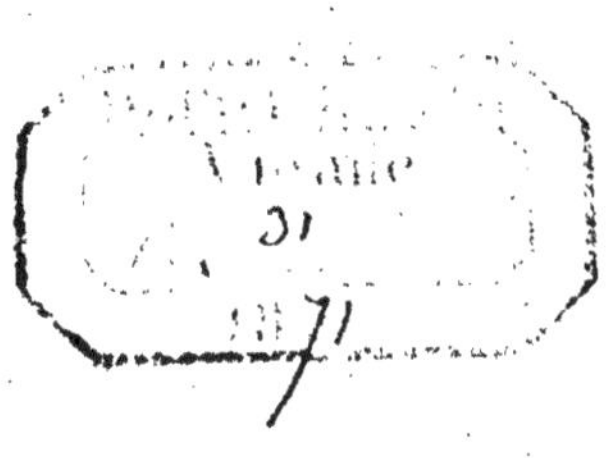

PARIS

COTILLON ET FILS, ÉDITEURS, LIBRAIRES DU CONSEIL D'ÉTAT

24, RUE SOUFFLOT, 24

1871

A MES PROFESSEURS

EXTRAIT DU RAPPORT

DE M. GUSTAVE BRESSOLLES

PRÉSIDENT DE L'ACADÉMIE DE LÉGISLATION DE TOULOUSE

SUR LE CONCOURS OUVERT ENTRE TOUTES LES FACULTÉS DE FRANCE.

(ANNÉE 1870.)

..... Les membres de la Commission ont été unanimes, et l'Académie a partagé leur avis, pour attribuer le premier rang au Mémoire de la Faculté de Poitiers : cette unanimité, qui s'est produite dès la première réunion de la Commission, après la lecture *isolée* que chacun de ses membres avait faite des divers Mémoires, ne s'est pas démentie dans l'appréciation *collective* du mérite de ces travaux. Nous convenions tous des qualités éminentes qui nous étaient tour à tour signalées dans ces Mémoires, mais nous ne pouvions nous empêcher d'y reconnaître des taches, qui nous faisaient toujours revenir à la supériorité du Mémoire de Poitiers : ceux qui ont commencé leur examen par la lecture de ce dernier ne l'ont trouvé effacé par aucun autre, et ceux au contraire qui avaient commencé par les autres et qui en étaient vraiment satisfaits ont été vite amenés, en lisant celui de Poitiers, à faire taire leurs premières sympathies et à reconnaître sa supériorité. L'honorable rapporteur de la Faculté de Poitiers, M. Baudry-Lacantinerie, qui fut aussi l'un des lauréats de ce grand concours [1], après avoir indiqué les qualités du *Mémoire* que nous couronnons cette année, finissait son rapport par ces paroles : « Nos vœux accompagneront le lauréat auprès de l'Académie de législation de Toulouse, où il soutiendra avec honneur le drapeau de la Faculté de droit de Poitiers. » — Ce pressentiment s'est entièrement réalisé, et nous allons rapidement vous en faire apprécier la justesse.

Le sujet traité par le candidat est, comme nous l'avons déjà dit, l'*hypothèque judiciaire*.

On sait qu'il s'agit ici d'une sûreté hypothécaire des plus étendues, puisqu'elle frappe tous les biens présents et à venir d'un débiteur, condamné ou reconnu par jugement : elle se justifie par la nécessité d'assurer énergiquement la force de la chose jugée ; mais elle apparaît aussi comme exagérant la protection due à un créancier, qui s'est souvent contenté d'un titre sous seing privé et

1. Concours de 1861, recueil de l'Académie, t. X, p. 597.

qui a dû prévoir l'infidélité du débiteur à remplir ses engagements : aussi d'excellents esprits voudraient-ils que le créancier pût seulement, en vertu du jugement de condamnation, recourir aux voies d'exécution forcée sur les biens du débiteur, sans pouvoir invoquer la protection qu'on trouve excessive d'une hypothèque générale.

Quoi qu'il en soit, cette institution n'en est pas moins une des plus pratiques de la vie civile. Le Code ne lui consacre néanmoins qu'un seul article, l'art. 2123 : aussi, que de choses faut-il dire pour expliquer et compléter ses dispositions! — Les origines de l'hypothèque judiciaire, le commentaire détaillé du texte législatif et l'exposé de ses vrais motifs, la solution des difficultés nombreuses que la doctrine et la jurisprudence ont fait surgir doivent tour à tour occuper l'interprète de la loi ; après cela, l'esprit philosophique et économique réclame ses droits : il demande s'il n'y a rien à reprendre dans cette institution hypothécaire et dans les détails de son organisation par le Code, et si, en face des législations étrangères, la nôtre n'est pas susceptible d'améliorations.

Ne soyez donc pas surpris que le *Mémoire* de Poitiers ait consacré 200 pages, d'une très-fine écriture, à traiter son sujet, sans que ces pages contiennent des hors-d'œuvre et d'inutiles développements.

Le plan de l'auteur se divise en trois parties : — histoire externe de l'hypothèque judiciaire ; — étude des textes, de la jurisprudence et de la doctrine ; — critique de l'hypothèque judiciaire, — et chacune de ces parties se subdivise, sans trop de morcellement, en autant de fractions que le sujet l'exige pour sa claire et complète intelligence.

L'exécution des détails est très-satisfaisante : on sent partout le travail personnel, les recherches consciencieuses ; les discussions, quelquefois un peu vives, contre les adversaires des opinions de l'auteur, n'en sont pas moins généralement pleines de convenance et de forte logique : on peut citer quelques morceaux vraiment remarquables, comme ceux où l'auteur détermine quels sont les *jugements* qui produisent l'hypothèque judiciaire ; — où il réfute la jurisprudence trop facile qui donne cette force aux jugements qui ne contiennent que le *germe* d'une condamnation ; — où il s'occupe des *actes judiciaires*, autres que jugements, qui confèrent hypothèque ; — tels sont encore les passages du Mémoire relatifs aux *reconnaissances ou vérifications d'écrits sous seing privé faites en jugement*, — au *concours de l'hypothèque générale et des hypothèques spéciales* ; enfin et surtout celui qui est consacré à l'effet hypothécaire en France des *jugements rendus en pays étranger*. L'auteur fait toujours preuve d'un esprit indépendant, mais éclairé : c'est ainsi qu'il n'arrive que comme par une résultante de ses travaux *proprement juridiques* sur l'hypothèque judiciaire, telle qu'elle est actuellement régie par notre Code, à la partie critique de son travail. Il conclut à la suppression de cette hypothèque, selon l'avis de plusieurs publicistes et économistes, et conformément soit à plusieurs lois étrangères, soit même au projet de loi de *réforme hypothécaire*, que notre Assemblée nationale législative avait adopté en 1851 ; il propose enfin, si l'on veut absolument accorder au créancier autre chose que le bénéfice d'un jugement et de sa force exécutoire, de remplacer l'*hypothèque judiciaire* par un système d'*opposition immobilière*, que l'Assemblée de 1851 avait elle-même adopté.

Le style du mémoire est net, vif et attachant : on le lit sans fatigue : on ne le quitterait pas ; on le reprend avec plaisir.

. . . . [1]

... Tel est, en aperçu rapide, le beau travail qui, malgré ces quelques taches, a enlevé, on peut le dire sans exagération, les suffrages de l'Académie. Ce qui lui a

1. Ici M. le rapporteur signale soit dans le fond, soit dans l'exécution, quelques points défectueux. L'auteur a essayé d'effacer ces taches, dues à la précipitation avec laquelle il avait été forcé de travailler pour ne pas dépasser le délai fatal du Concours.

surtout assuré la supériorité sur ses rivaux, c'est que si ces derniers peuvent lutter avec lui pour quelqu'une de leurs parties, aucun d'eux ne possède l'*ensemble* des mérites que le Mémoire de Poitiers montre constamment, avec de simples nuances dans le bien.

. . . . [1]

Tel est, Messieurs, l'aperçu des observations que suggère l'examen attentif des *mémoires* qui ont été produits au grand Concours des lauréats du Doctorat pour l'année 1869-1870 : elles suffiront, je le crois, pour motiver la décision par laquelle l'Académie de législation de Toulouse a décerné la médaille du Ministre de l'Instruction publique à M. Gabriel de Vareilles-Sommières, lauréat de la Faculté de Poitiers.

Ce jeune juriste a eu la délicate pensée de dédier son travail à ses professeurs, et, dans une préface pleine de sentiments élevés et reconnaissants, il leur rapporte le mérite de la science qu'il peut avoir. Tout en faisant la part de ce qui est personnel à M. de Vareilles et qu'il veut oublier, nous aimons à nous associer à l'honneur qui revient à nos collègues de Poitiers pour avoir formé un tel disciple : l'union des maîtres et des élèves dans un labeur commun est l'une des plus pures joies et l'une des

1. Ici, l'éminent rapporteur apprécie et compare les mémoires des autres Facultés.

plus grandes récompenses de l'enseignement : M. de Vareilles a ce qu'il faut pour parcourir une brillante carrière juridique ; mais il a surtout une modestie qui rehausse son mérite, et que témoignent si bien les devises de son Mémoire ;

Ma barque est si petite, et la mer est si grande !

(Brizeux.)

Laboremus !

Ces sentiments ne peuvent que lui porter bonheur.

. . . .

PRÉFACE

Ma barque est si petite, et la mer est si grande !
(Brizeux.)

Laboremus !

J'offre à mes professeurs ce modeste travail. Il n'a pas d'autre mérite que d'être le premier fruit de la semence qu'ils ont jetée dans mon esprit. En l'entreprenant, et en me décidant à dérober près de trois mois à des études que de très-graves considérations m'ordonnent impérieusement d'achever le plus tôt possible, mon mobile ne fut pas tant l'espérance d'obtenir les brillantes récompenses accordées par les Facultés de Droit et par l'Académie de Toulouse, à l'ouvrage de ce genre qui est jugé le plus digne, que le plaisir de présenter un témoignage spécial de reconnaissance et d'affection aux hommes qui m'ont versé pendant trois ans leur science et leur expérience. Le fruit, hélas ! ne tient pas ce que promettait la richesse et la fécondité de la semence, et je ne me dissimule pas qu'ils sont en droit d'attendre mieux des élèves qu'ils ont formés. Ils ne retrouveront dans ces pages ni la méthode savante, ni la clarté d'exposition, ni la profondeur de la pensée unie à l'étendue des aperçus, qui ont valu à leurs ouvrages ou à leur enseignement une réputation dont est fier notre vieux Poitou. Mais leur indulgence, j'en suis sûr, oubliera tous les défauts de ce premier essai, ne remarquera que l'intention qui l'a produit et le désir de bien faire qui s'y manifeste, et m'accordera volontiers la seule chose que je leur demande en retour, la continuation de la sympathie et de la bienveillance que j'ai trouvées en eux jusqu'ici.

Ce petit traité a exigé plus de recherches et de travaux qu'on ne le croirait au premier abord. Il est la synthèse d'une foule d'éléments épars que j'ai dû puiser dans cent ouvrages anciens ou modernes, coordonner et condenser. Mon travail a été un peu celui de l'abeille, s'il est permis d'appliquer une comparaison si poétique aux vénérables ouvrages que j'ai fouillés et qui n'ont pas la prétention d'être des fleurs parfumées, à la dissertation que j'ai composée et qui n'a pas la moindre ressemblance avec le miel. Pour cette œuvre de patience, j'ai été gêné par plusieurs circonstances, mais surtout par la menace continuelle de voir le délai fatal arriver avant que je fusse prêt. Aussi certaines parties ne sont pas assez, d'autres sont trop développées : là je n'ai pas eu le temps d'être complet, ici je n'ai pas eu le temps d'être court.

C'est surtout à l'égard de la jurisprudence qu'on trouvera peut-être quelques lacunes. Il ne m'a pas été possible de feuilleter tous les recueils d'arrêts pour être toujours rigoureusement au courant des dernières décisions. Du reste des citations trop complètes d'arrêts eussent été fastidieuses et sans intérêt.

Il m'eût été facile de multiplier les espèces et les applications; mais je me suis arrêté devant la longueur et la monotonie de ces sortes d'énumérations. Pour les rendre supportables, il faudrait la langue latine, il faudrait l'élégante simplicité de Gaius, ou cette concision vigoureuse de Papinien qui expose et résout en trois lignes un problème juridique.

J'ai tâché de trouver quelque chose dans le champ de l'originalité et des idées neuves. Les glaneurs y ont passé si souvent qu'il est devenu presque impossible d'en rapporter une petite gerbe. On reconnaîtra sans peine les maigres épis que je crois y avoir découverts.

Quant à la forme, sans laquelle le fond perd presque toute sa valeur, je crains bien qu'on ne la trouve faible et défectueuse en plus d'un endroit. C'est la forme surtout qui doit être l'œuvre du temps. Rien, à mon avis, n'est plus long et plus difficile que d'écrire une page de droit en un français pur, précis, clair et animé. J'avais vite calculé que je ne pouvais essayer de réunir toutes ces qualités, et je ne me suis attaché qu'à la clarté J'ai toujours tâché d'éviter ces phrases vagues sous lesquelles on cache sa pensée quand on n'en est pas sûr; j'ai mieux aimé montrer peut-être des erreurs que de rester obscur.

Quel que soit le sort réservé à cette étude, je ne regretterai pas le temps que j'y ai consacré. Pendant plus de deux mois j'ai goûté ce calme travail du cabinet ou de la bibliothèque, ce plaisir de voir se dérouler une question jusque dans ses plus petits détails, qui faisait les délices de Cujas, de Domat, de Pothier, et qui me sera bien rarement rendu. Notre époque ne permet plus, sinon à quelques privilégiés, l'étude silencieuse, désintéressée, lente, l'étude pour l'étude. Il faut vivre, il faut se démener dans le torrent qui nous entraîne; et si jamais l'éternelle comparaison de la vie à un combat a été vraie, certes, c'est de nos jours. J'ai pu un instant me soustraire à cette lutte, et vivre tranquille au milieu des livres en faisant taire toutes les préoccupations et tous les bruits. J'ai éprouvé de vraies jouissances à lire et à comparer les divers auteurs, à étudier nos vieux jurisconsultes, à puiser le droit à sa source la plus pure. Ce genre de travail a été pour moi un repos; je vais maintenant reprendre avec plus de courage et d'ardeur le labeur ordinaire et me remettre aux prises avec l'avenir.

24 juin 1869.

DE

L'HYPOTHÈQUE JUDICIAIRE

PREMIÈRE PARTIE

HISTOIRE EXTERNE [1] DE L'HYPOTHÈQUE JUDICIAIRE

SOMMAIRE :

I. GÉNÉRALITÉS SUR LES EFFETS DE L'EXERCICE DE L'ACTION, SPÉCIALEMENT SUR L'HYPOTHÈQUE JUDICIAIRE.
II. L'HYPOTHÈQUE JUDICIAIRE EST-ELLE BONNE ? — RENVOI. — PLAN DU TRAVAIL.
III. L'HYPOTHÈQUE JUDICIAIRE NOUS VIENT-ELLE DES ROMAINS? NON.
IV. ANCIEN DROIT.
V. DROIT INTERMÉDIAIRE.
VI. HISTOIRE DE L'HYPOTHÈQUE JUDICIAIRE DEPUIS LE CODE NAPOLÉON JUSQU'A NOS JOURS.

I.

Lorsque le droit, faible et méconnu, est obligé de se réfugier aux pieds des tribunaux, il faut absolument qu'il y trouve un secours efficace et qu'il s'en éloigne fort et triomphant. Sa victoire, que proclame le jugement, ne doit pas être stérile. Le repos public n'existe plus, les lois, les tribunaux, tout devient inutile, et la justice n'est plus qu'un mot, si,

1. Cette expression « histoire externe » paraîtra peut-être étrange : je m'en sers pour indiquer que je ne veux pas, dans cette partie, étudier les détails des législations antérieures ; je le ferai plus à propos dans la deuxième partie de ce travail, à mesure que chaque question de notre législation actuelle se présentera.

après avoir subi l'examen et obtenu les suffrages des hommes investis par la société du pouvoir de juger, le droit n'est pas plus respectable et plus puissant, si les paroles du juge ne peuvent pas se traduire en actes coercitifs, si l'autorité de la chose jugée n'est pas sauvegardée par d'énergiques procédés. Sur cette vérité de bon sens toutes les législations sont nécessairement d'accord : elles ne peuvent varier que par les moyens de la mettre en œuvre.

Les jurisconsultes romains, avec leur admirable langue, avaient revêtu ce principe, que l'exercice de l'action doit fortifier le droit, d'une de ces formules simples et précises qui leur sont familières, et dont on aime encore à se servir comme d'une monnaie commode et sûre : « *causam nostram facimus meliorem actionem exercentes* »[1], disaient-ils ; et cette formule résumait pour eux toutes les modifications favorables que subissait dans leur législation le droit, *jus*, déduit en action, *in judicium deductum*. Le mot « modifications » est même trop faible pour exprimer tous les effets que produisait à Rome l'exercice de l'action sur le droit : c'est « transformations » qu'il faut dire. Dans le *judicium legitimum*[2], qui est le type pur de la procédure romaine, le droit, si c'est une obligation, disparaît, s'anéantit à la litiscontestation : à sa place surgit un droit nouveau (*condemnari oportet*), que la condamnation vient bientôt détruire à son tour ; et alors apparaît un troisième et dernier droit (*judicatum facere oportet*), qui est toujours une créance d'argent. Ainsi le droit personnel déduit *in judicium*, eût-il pour objet un corps

1. L. 29. D. *de novat.*

2. Dans le *judicium imperio continens*, l'extinction de l'obligation a bien lieu, mais *exceptionis ope* ; du reste, pour qu'elle ait lieu de plein droit dans le *judicium legitimum*, il faut cette autre condition : que la formule soit *in jus concepta*. Je ne fais qu'effleurer ces matières si importantes.

certain, périt à la *litiscontestatio* et ressuscite à la *condemnatio* sous forme de créance d'argent. S'il s'agit d'un droit réel, il survit à la *litiscontestatio*, parce que sa nature résiste à la novation ; mais il est transformé lui-même par la *condemnatio* en une créance pécuniaire [1] : en sorte que, sous le système formulaire, l'exercice de l'action produit toujours sur le droit qu'elle sanctionne ce singulier effet de le convertir en une créance d'argent : créance menaçante, prête à croître au double si de mensongères dénégations [2] rendent nécessaire un nouvel appel à la justice, créance énergique, au service de laquelle le préteur mettra au besoin l'*imperium mixtum* dont il dispose. Faut-il rappeler les diverses manifestations de cet *imperium*, et les voies d'exécution, si rigoureuses d'abord, un peu adoucies avec le temps, que pratiquèrent successivement les Romains [3] : la *manûs injectio*, la *pignoris capio*, l'envoi en possession des biens suivi de la *bonorum venditio*, la *bonorum distractio* .. ? Je ne ferai aussi que mentionner quelques effets moins importants ou plutôt moins saillants que produisait encore sur le droit et à son avantage la *deductio in judicium* : le défendeur constitué en mauvaise foi, la prescription de long temps interrompue, la transmissibilité du droit assurée activement et passivement, les intérêts courant dans les actions *bonæ fidei*... Ce sont ces effets-là que le droit français a conservés en se les assimilant.

En droit français la novation judiciaire n'a pas lieu : c'est le même droit qui entre au palais de justice au début du procès [4], et qui en sort après le jugement [5] ; mais il en sort

1. Inconvénient pallié par l'invention des actions arbitraires.

2. *In duplum crescit adversus inficiantem.*

3. V. sur ce sujet, le remarquable travail de Jules Tambour.

4. En droit français, la *litiscontestatio*, le quasi-contrat judiciaire se trouve dans l'ajournement même.

5. Toutefois les obligations de faire et de ne pas faire se transforment en obligations de payer des dommages-intérêts.

fortifié, ranimé, plein d'une nouvelle et vigoureuse jeunesse. Il allait peut-être périr par la prescription : elle est interrompue, et une carrière de trente ans s'ouvre encore devant lui. La personne qui l'avait méconnu, peut-être par erreur, ne peut plus invoquer les priviléges de la bonne foi, et, en outre, sur elle pèse à l'avenir la responsabilité des risques. Désormais il produira des intérêts, s'il en est susceptible. De plus, le souverain vient lui prêter l'autorité de son nom, et lui offre, pour contraindre enfin son contempteur à le reconnaître et à le respecter, le secours de la force publique tout entière s'il le faut. Ne semble-t-il pas que ces avantages multipliés garantissent suffisamment chez nous la majesté de la justice et les intérêts du demandeur ?

Non, si l'on s'en rapporte au législateur lui-même : il a cru devoir faire plus encore. Préoccupé de l'impérieuse nécessité d'assurer pleinement l'exécution de la chose jugée, il a attaché aux jugements une hypothèque qui sanctionne puissamment la condamnation, et qui donne au droit une singulière force. C'est une hypothèque générale, frappant les biens à venir comme les biens présents : au droit le plus minime les immeubles les plus nombreux et les plus vastes sont affectés d'un seul coup par la sentence du juge. Quand le défendeur est propriétaire d'immeubles suffisants, l'hypothèque judiciaire est assurément la protection la plus sûre dont on puisse entourer la chose jugée ; c'est une armure impénétrable et sans défaut, qui met le droit à l'abri de tous les dangers, et lui permet de défier le dol et la mauvaise volonté. En vain le débiteur condamné vendra, donnera [1] ses biens pour les soustraire à l'exécution du jugement : le droit de suite rend inutiles et inoffensives toutes ces aliénations.

1. L'action Paulienne protége déjà suffisamment le créancier contre les donations ; mais l'hypothèque est un remède plus rapide et plus sûr.

En vain il conférera des hypothèques aux autres créanciers, ou multipliera ses dettes chirographaires : le droit de préférence déjoue ces frauduleux calculs. Tous les efforts de la malice sont paralysés : le demandeur peut être tranquille ; il recueillera sûrement, à son heure, les fruits de sa victoire. Il faut l'avouer, dans ces conditions, et si l'on en juge par le premier aspect, ni notre ancienne contrainte par corps, ni nos saisies, ni la *missio in possessionem* des Romains, ni même leur vieille et terrible *manûs injectio* n'ont pu ou ne peuvent assurer l'exécution des jugements avec autant de certitude et de rapidité que l'hypothèque attachée aux jugements mêmes ; et s'il est vrai que toute autre considération et tout autre intérêt doivent être sacrifiés à l'exécution de la chose jugée, c'est une précieuse institution que l'hypothèque judiciaire.

II.

Mais est-il vrai qu'il faille tout sacrifier à l'exécution pleine et entière de la chose jugée ? Et le législateur, en créant l'hypothèque judiciaire, n'a-t-il pas, pour donner une garantie de plus à la satisfaction de ce grand intérêt, trop facilement oublié d'autres intérêts respectables ? L'hypothèque judiciaire n'écrase-t-elle pas le débiteur ? Ne ruine-t-elle pas son crédit ? Est-elle favorable au bien général ? L'économiste doit-il voir d'un œil indifférent tant d'immeubles frappés d'hypothèque ? Surtout, ce droit de préférence, qui vient surprendre soudain les autres créanciers, est-il juste ? Qu'ont-ils fait pour être punis en même temps que le débiteur récalcitrant ?.... Toutes ces questions, la science se les est posées et se les pose encore ; elles sont depuis longtemps à l'ordre du jour ; la discussion qu'elles soulèvent est fort vive et n'a pas l'air de toucher à sa fin. Les uns répondent affirmativement sur tous les points, dressent contre l'hypothèque judiciaire une longue liste de griefs, et demandent sa supression, soit que sa place doive rester vide dans notre Code, soit qu'une nouvelle combinaison soit appelée à en tenir lieu avantageusement. Les autres prennent sa défense, réfutent les accusations dirigées contre elle, et réclament son maintien. Il est curieux d'entendre et de comparer les arguments opposés et les affirmations inconciliables qui s'élèvent des deux camps. Pour ses détracteurs, l'hypothèque judiciaire est la ruine, pour ses apologistes, le soutien du crédit public. Si l'on en croit ceux-là, elle est fatale au débiteur ; si l'on écoute ceux-ci, elle est sa planche de salut et lui épargne un sort plus rigoureux. Suivant ses accusateurs, elle est illogique et jure avec les vrais principes de toute législation ; d'après ses défenseurs, elle se justifie aussi bien au point de vue rationnel qu'au point de vue pratique. Ses ennemis lui reprochent avec véhémence d'être le comble de l'injustice, le privilége donné à la vitesse par le hasard ; ses amis répondent hardiment qu'elle n'est que l'application de la plus vulgaire équité... Si je raproche toutes ces propositions contradictoires, soutenues par des hommes de talent, ce n'est pas dans un esprit de critique ou d'ironie : de pareilles controverses, en faisant ressortir tous les détails d'une question, amènent toujours, tôt ou tard, un progrès, et rendent de grands services à la science du droit, qu'elles animent et fécondent sans troubler en rien la pratique. Seulement on voit que le procès de l'hypothèque judiciaire, plaidé par de si bons avocats et avec des prétentions si directement contraires, doit être encore délicat à juger. Il faut se garder des entraînements : il fut un temps, peu éloigné encore, où le parti de l'hostilité à l'hypothèque judiciaire était visiblement le plus fort ; il y avait peut-être alors contre elle un peu d'opposition quand même : c'était une mode de la critiquer. Aujourd'hui le parti conservateur semble l'emporter ; il y a peut-être pour elle un peu de dévouement quand même : c'est une mode nouvelle de la défendre [1]. Ne nous laissons aller à l'un de ces courants qu'en connaissance de cause, et qu'après avoir essayé, par l'étude et la réflexion, de voir lequel conduit à la vérité. Pour juger les choses comme pour juger les hommes, il faut les connaître, c'est-à-dire les étudier sans parti pris, sans préjugés. Cette règle de logique et de morale, que tant d'hommes semblent ignorer, même lorsqu'il s'agit des choses les plus respectables et les plus élevées, je vais l'appliquer à cette chose plus humble qui fait l'objet de ce travail à l'hypothèque judiciaire. Pour cela je n'aborderai pas tout de suite, comme l'ont fait plusieurs de mes devanciers, la discussion du principe même de l'hypothèque judiciaire. Au contraire, je veux faire abstraction pour le moment de tout ce qui a été dit là-dessus ; j'oublie les attaques et la défense, les objections et les répliques ; sans idée préconçue, je vais chercher les origines de l'hypothèque judiciaire et faire son histoire ; puis je l'étudierai dans les textes et la jurisprudence ; j'examinerai sa nature, ses sources, son assiette, ses conditions d'existence vis-à-vis des tiers ; je pénétrerai le plus avant qu'il me sera possible dans les détails, pour tâcher de tout voir : ne sachant encore ni les avantages ni les inconvénients de l'hypothèque judiciaire, je ne serai pas exposé à reculer devant certaines conséquences. Ce travail accompli, je serai peut-être à même de comprendre et d'apprécier les plaintes des uns, les justifications des autres : dans tous les cas, ce sera par conviction que je me joindrai aux premiers ou aux seconds, et je pourrai en toute conscience écrire *Uti rogas* ou *Antiquo* sur le modeste bulletin que je dois jeter dans la corbeille présentée depuis longtemps déjà aux jurisconsultes par le parti hostile à l'hypothèque judiciaire.

1. Je ferai, dans la troisième partie, un tableau précis et détaillé de l'état de la doctrine.

III.

Nous sommes tous habitués à chercher et nous trouvons le plus souvent l'origine de nos institutions juridiques dans le droit romain ; il nous semble qu'elles sont plus légitimes, plus durables quand elles plongent leurs racines dans ce vieux sol si riche et si fécond. On n'a pas manqué d'interroger le Digeste et le Code sur le compte de l'hypothèque judiciaire, mais vainement : on est forcé de reconnaître qu'elle n'existait point à Rome, et que son origine est purement française. Prenons-en notre parti sans peine : si elle est mauvaise et doit disparaître de notre Code, qu'importe son origine plus ou moins reculée ? Si elle est bonne et destinée à vivre, c'est un honneur pour nos pères de l'avoir imaginée. Quelques auteurs cependant se sont efforcés de lui trouver une généalogie romaine, et l'ont rattachée à ce qu'il est convenu d'appeler *pignus prætorium* et *pignus judiciale* : deux choses, pour le dire tout de suite, qui ne se ressemblent pas beaucoup, et qui ne peuvent guère ressembler en même temps à une troisième. C'est Grenier [1] surtout, qui, exagérant peut-être une pensée de Basnage [2], a essayé de faire ces rapprochements ; mais ses idées sur ce point sont universellement repoussées. Elles n'ont réussi qu'à lui assurer une sorte d'immortalité par les réfutations qu'elles provoquent et provoqueront longtemps encore au commencement de tous les traités et de toutes les thèses sur l'hypothèque judiciaire. Non, l'hypothèque judiciaire n'était pas connue des Romains : une rapide étude du *pignus prætorium* et du *pignus judiciale* va nous en convaincre, et nous démontrer que si notre hypothèque judiciaire soutient quelques ressemblances avec ces deux institutions, ces

1. Traité des hypothèques, tome I, nº 192.
2 Traité des hypothèques.

ressemblances sont trop rares et trop vagues pour être le signe d'une parenté même éloignée. Cette étude aura une autre utilité : elle nous fera voir que des différences radicales séparent le *pignus prætorium* du *pignus judiciale* : ce dont on ne se douterait pas en lisant soit, comme je l'ai dit, M. Grenier, soit même plusieurs des éminents auteurs qui le réfutent. M. Troplong et après lui M. Paul Pont [1] mettent sur la même ligne les deux *pignus* et les comparent l'un et l'autre à notre saisie-exécution. Que le *pignus judiciale* ressemble beaucoup à la saisie-exécution, c'est ce qui va être certain pour nous dans quelques lignes ; mais qui pourrait trouver la même ressemblance, qui ne verrait pas plutôt une image frappante de notre faillite dans le *pignus prætorium* un seul instant examiné ?

Le *pignus prætorium* n'était autre chose que le droit qui résultait pour les créanciers de cette *missio in possessionem* dont j'ai déjà dit un mot. Un seul créancier pouvait très-bien provoquer cet envoi ; c'est même ce qui arrivait le plus souvent. Après avoir obtenu condamnation, si le débiteur ne se soumet pas au jugement, le créancier va trouver, non pas le *judex* ou l'*arbiter* qui a rendu la sentence, « *quum nudam notionem habeant et sint privati homines* [2] », mais le préteur (ou le président) qui a délivré la formule et qui seul a compétence pour l'exécution des jugements [3]. Si le fait qu'il y a eu jugement n'est pas nié devant le préteur, le créancier demande et obtient un décret d'envoi en possession des biens du débiteur, *rei servandæ causâ*. Ce décret, remarquons-le bien, ne confère par lui-même aucun droit réel sur les biens ;

1. Ajoutez Martou, t. II, nº 698.

2. Pothier.

3. Je n'ai point la prétention d'exposer dans ses détails le *pignus prætorium* ; je ne parle pas des délais, bien connus du reste, qui séparent les diverses phases de cette procédure.

c'est seulement la prise de possession effective qui fait naître l'espèce de *pignus* qu'on a qualifié de *prætorium*. Du reste, le créancier qui a obtenu l'envoi en possession ne jouira pas seul, du moins le plus souvent, des avantages qui en découlent : tous les autres créanciers, même les créanciers conditionnels[1], sont admis à s'adjoindre à lui, pourvu toutefois qu'ils se fassent connaître avant l'acte dernier de toute cette procédure, la *venditio bonorum*. Un *curator*, en attendant cette *venditio* administre les biens pour le compte des créanciers. Outre ce *curator*, on choisit un *magister bonorum vendendorum*[2]. C'est lui qui prépare la vente des biens, qui s'occupe des affiches, du cahier des charges, peut-être d'une vérification des créances. Tous les délais écoulés, toutes les formalités remplies, on procède à la *venditio*. Ce n'est pas une vente en détail, c'est une vente en bloc de tout le patrimoine, de la *succession* du débiteur, qui, dessaisi de l'administration et de la jouissance de ses biens par l'entrée en possession, en perd la propriété par la *venditio*. Sa personnalité juridique passe sur la tête de l'acheteur ; tous ses droits actifs et passifs, à l'aide de différents moyens prétoriens, sont exercés par celui-ci. Quant aux créanciers, l'*emptor* leur paye le dividende convenu dans le cahier des charges. — Tels sont les traits principaux de la *missio in possessionem* et du *pignus prætorium*. En vérité, en quoi ce *pignus prætorium* ressemble-t-il à notre hypothèque judiciaire ? C'est à peine s'il mérite son nom de *pignus* ou d'hypothèque, puisque, à la différence du *pignus* conventionnel ou tacite, il ne confère un droit réel que du moment de la prise de possession effective, puisqu'il n'emporte aucun droit de préférence au profit

1. Suivant Doneau, et même avec une distinction ; mais la question est très-controversée : Cujas et Voët ont des opinions différentes.

2. On croit en effet généralement que le *magister bonorum vendendorum* et le *curator* ne doivent pas être confondus.

de celui qui l'a obtenu, puisque même on hésita longtemps à lui faire produire un droit de suite, puisqu'enfin il ne confère pas la possession proprement dite! Mais laissons-lui son nom de *pignus*, appelons-le même *hypotheca* avec Justinien [1]; reconnaissons que, depuis que le droit de suite lui a été attribué, sa nature et ses principaux effets peuvent le faire ranger dans la liste des hypothèques ; voyez combien cette hypothèque prétorienne est éloignée de notre hypothèque judiciaire : l'hypothèque judiciaire est attachée au jugement ; elle en est la conséquence immédiate, instantanée, de plein droit ; Le *pignus prœtorium* non-seulement ne résulte pas du jugement, qui, à Rome, ne produit par lui-même qu'une action personnelle *in factum ex judicato* [2], mais il n'existe même pas encore quand le décret du préteur est rendu : il faut le fait matériel de la détention pour qu'il y ait *pignus*. Notre hypothèque judiciaire donne le droit de préférence du jour de son inscription : nous savons que le *pignus prœtorium* laisse tous les créanciers dans leur situation respective ; cette *missio in possessionem* est bien plutôt une mesure conservatoire des biens du débiteur, du *gage* commun de tous les créanciers, que la création d'un nouveau droit, d'un nouveau *pignus*. L'hypothèque judiciaire ne porte que sur les immeubles et du reste n'en donne point la détention ; le gage prétorien donne la détention non-seulement des immeubles, mais de tous les biens du débiteur, corporels ou incorporels ; du reste il n'en donne pas la propriété, ni même la possession proprement dite [3] : un interdit spécial protége cette possession *sui*

1. L. 2 C. *de prœtor. pign.* — *Pignus* et *hypotheca* sont du reste deux mots devenus en droit romain complétement synonymes.

2. Pothier, *Pandectes*, t. 3, p. 167, n°s 42 et 46. — Brodeau, sur Louet, lettre H, som. 25.

3. V. Théophile, traduct. de Reitz : *permittebat prœtor in possessione esse...*

generis. Une autre différence, c'est que l'envoi en possession n'embrasse que les biens présents, tandis que notre hypothèque judiciaire frappe aussi les immeubles futurs. Ajoutez que le *pignus prætorium* et la *mi sio in possessionem* qui l'engendre n'ont point lieu seulement contre le *judicatus*, mais encore contre le *confessus in jure*, contre l'*indefensus*, et contre plusieurs autres. Enfin la *venditio* qu'amène le *pignus prætorium* est déshonorante; elle entraîne l'infamie; on sait que les biens du grand Pompée furent ainsi vendus, et que cette honte infligée à la mémoire du malheureux triumvir arracha à Cicéron un cri de douleur si vraie, qu'en l'entendant on ne peut s'empêcher aujourd'hui encore de partager un instant la tristesse du grand orateur [1].

N'est-il pas vrai que c'est avec notre état de faillite que la *missio in possessionem* des Romains offre une analogie remarquable? A part la vente en bloc, qui était très-gênante et très-dangereuse à cause d'un régime hypothécaire sans publicité, et qui fut remplacée d'assez bonne heure par la vente en détail (*distractio*), presque toutes les règles ci-dessus énumérées se retrouvent, plus ou moins modifiées, dans notre Code de commerce. Cet envoi en possession de tous les biens, cette saisine générale, n'est-ce pas là le dessaisissement qui est le principal effet du jugement déclaratif de faillite? Le *curator* n'est-il pas une sorte de syndic provisoire, et le *magister* n'a-t-il pas un rôle analogue à celui des syndics définitifs? L'égalité entre les créanciers est soigneusement sauvegardée en France comme à Rome. Les Romains avaient leurs affiches; nous avons nos annonces par journaux. Le failli perd ses droits politiques, comme le *fraudator creditorum* était frappé d'infamie par la vente de ses biens. Il y a là un parallèle intéressant, que je ne puis qu'ébaucher, et qui n'a rien de forcé

1. Cicéron, 2e Philippique, no 26.

ni d'arbitraire. Mais pour trouver de vrais rapports entre la *missio in possessionem* et l'hypothèque judiciaire, il faut au contraire une étrange bonne volonté ou une grande inattention.

Le *pignus judiciale*, il faut le reconnaître, n'est pas aussi radicalement différent de l'hypothèque judiciaire que le *pignus prætorium*. Mais l'analogie est encore bien faible, plutôt dans les mots que dans les choses, et il m'est impossible de trouver un rapport de filiation entre ce *pignus* et notre hypothèque. Ce n'est pas sans étonnement que j'ai vu des jurisconsultes aussi éminents que MM. Bonjean et Valette rapprocher ces deux institutions. M. Valette [1] appelle le *pignus judiciale* « hypothèque judiciaire », et, sans le dire expressément, a bien l'air de voir là l'origine première de l'hypothèque judiciaire française. M. Bonjean [2] est plus hardi et dit nettement que le *pignus judiciale* « correspond à notre hypothèque judiciaire ». Je crois, je suis convaincu qu'il y a là une erreur. Pour le démontrer, rappelons ce qu'est le *pignus judiciale*.

C'est un mode d'exécution des jugements introduit pour éviter le renouvellement trop fréquent des longues procédures et des effets rigoureux de la *missio in possessionem*. La *missio in possessionem* resta en usage, mais fut à peu près restreinte au cas d'insolvabilité du débiteur. Lorsque le débiteur est plutôt récalcitrant qu'insolvable, à quoi bon appeler tous ses créanciers, et leur livrer tout son patrimoine ? N'est-il pas plus simple d'ordonner une saisie partielle, suffisante pour satisfaire le créancier demandeur ? C'est ce que comprirent enfin les Romains : quand le créancier vient se plaindre au préteur de l'inexécution du jugement prononcé par le juré, au lieu de rendre un décret d'envoi en

1. Revue du droit français et étranger (1849), tome VI, page 912.
2. Bonjean, traité des actions, II, page 177.

possession, le préteur, si le débiteur est solvable, ordonne une saisie partielle de ses biens. Cette saisie est opérée par les *exercitores* ou *apparitores*. Elle peut porter sur tout ce qui est dans le patrimoine, mais elle doit ne frapper les immeubles qu'à défaut de meubles, les créances qu'à défaut d'immeubles. Tant qu'elle n'est pas exécutée, le demandeur n'a encore aucun droit réel sur les objets qu'elle doit embrasser ; mais, une fois exécutée, elle produit vraiment tous les effets d'une hypothèque, jusqu'au droit de préférence : et par là le *pignus judiciale* se rapproche de l'hypothèque conventionnelle et s'éloigne du *pignus prætorium* : « *in vicem justæ obligationis succedit ex causa contractus auctoritas jubentis* »[1]. Au bout de deux mois les objets saisis sont vendus par l'intermédiaire des *executores litium*. Tel est le *pignus judiciale*, usité d'abord dans les *cognitiones extraordinariæ*[2] et dans les condamnations au profit du fisc[3], généralisé par une constitution de Constantin[4].

Ce qui a pu le faire prendre pour le type premier de l'hypothèque judiciaire, c'est d'abord la ressemblance des noms ; mais il importe de remarquer que la qualification de *judiciale* a été inventée par les commentateurs ; on ne le trouve pas dans les textes ; elle est du reste mauvaise, car elle tend à faire croire que le *pignus* résulte de plein droit du jugement ou tout au moins émane du *judex* : or nous savons qu'il n'en est rien et que le préteur seul connaît de l'exécution de la chose jugée. On a appelé ce *pignus* «*judiciale*», pour indiquer qu'il fortifie le jugement ou qu'il est la conséquence d'un jugement ; à ce point de vue on pourrait donner le même nom au *pignus prætorium* : c'est ce que remarque en un latin moins élégant qu'expressif le glossateur de la loi 2 C. *de prætor*.

1. L. 1, *C. si in causa judic. capt.*
2. L. 5, § 10, *D. de agnosc. et alend. lib.*
3. L. 9, § 6, *D. ad leg. Juliam.*
4. L. 31, *de re judicata.*

pign. : « *largo modo utrumque potest dici judiciale* ». Pour désigner le gage judiciaire, le Code dit partout *pignus ex causâ judicati captum*, *pignus ex judicato*, jamais *pignus judiciale*. Quant au Digeste, il n'a pas de titre sur la matière.

Ce qui favorise encore la tentative d'assimilation entre le *pignus judiciale* et l'hypothèque judiciaire, c'est que le *pignus judiciale*, à la différence du *pignus prætorium* [1], est exclusivement un effet des jugements et des aveux *in jure*: il ne se produit pas en dehors de ces cas; et à ce propos, il est curieux de rapprocher la constitution d'Antonin de l'art. 2123 du Code Napoléon, qui semble en être la traduction : «..... *qui fatebuntur debere, aut ex re judicata necesse habebunt solvere* » : voilà ce que dit la constitution. « L'hypothèque résulte des *jugements*.... elle résulte aussi des *reconnaissances*... », nous dit le Code Napoléon [1]. Mais s'il y a ressemblance dans les circonstances où se produisent les deux droits, nous savons qu'il n'y n'en a pas dans la façon dont ils se produisent.

Enfin ce qui prête surtout à la fausse assimilation que je combats, c'est que le gage judiciaire confère le droit de préférence : c'est là la seule ressemblance un peu sérieuse qu'on puisse lui trouver avec l'hypothèque judiciaire; encore cette ressemblance perd-elle presque toute sa force et sa vérité si l'on se rappelle que le gage judiciaire n'est guère donné que sur les biens d'un débiteur récalcitrant mais solvable : en sorte que le droit de préférence accordé au créancier sur les objets saisis ne nuira presque jamais aux autres créanciers.

1. Du reste, la reconnaissance dont parle l'art. 2123 et les aveux dont parle la loi romaine ne sont pas tout à fait la même chose; l'analogie est ici encore plus dans les mots que dans les idées.

2. On voit combien de différences séparent le *pignus prætorium et judicale*; Cujas les a très-bien résumées (*Respons. Papinian.*). Lib. XI, *ad leg.* 12 *pro emptor.*

3. Sur la loi 26 *de pign. act.*

On voit que les ressemblances entre le *pignus judiciale* et l'hypothèque judiciaire sont assez insignifiantes. Quant aux différences, elles sont énormes et se montrent d'elles-mêmes. Comment un droit qui ne résultait point du jugement, mais d'un ordre spécial du magistrat, — qui n'existait que par l'appréhension des objets et du jour de cette appréhension, — qui devait porter avant tout sur les meubles, — qui était toujours spécial..., peut-il être considéré comme l'origine d'un droit qui adhère au jugement par la seule force de la loi, — qui existe indépendamment de toute exécution et du jour de la sentence, — qui ne porte jamais que sur des immeubles, — et qui est toujours général ? Le gage judiciaire des Romains n'est autre chose qu'une saisie munie d'un droit de préférence ; le nom de saisie vient de lui-même sous la plume ou sur les lèvres lorsqu'on veut parler du *pignus judiciale* ; il y a longtemps qu'on en a fait la remarque : Mornac[1] disait déjà à propos de ce *pignus* : « *vernaculo nostro forensi diximus nunc* saisie réelle ». Pour être plus complet et plus exact, il faut dire que le *pignus judiciale* ressemble, le droit de préférence en plus, tantôt à notre saisie mobilière, tantôt à notre saisie immobilière, tantôt à notre saisie-arrêt.

IV.

L'hypothèque judiciaire n'est donc point romaine par son origine ; pour donner à l'opinion contraire un semblant de vérité, il faut faire de pénibles efforts de rapprochement et de comparaison. Pourquoi se consumer en ces efforts infructueux, alors qu'on peut trouver sans peine à l'hypothèque judiciaire une origine toute naturelle, toute simple ? A quoi bon lui chercher des commencements problématiques, maintenant que la date approximative et les circonstances explica-

1. Sur la loi 26 *de pign. act.*

tives de sa naissance sont connues de la science d'une manière non-seulement vraisemblable, mais certaine ? L'hypothèque judiciaire a été créée par la logique lente, mais sûre, de notre vieux droit français, comme complément rationnel et nécessaire, comme corollaire indispensable d'un grand principe consacré depuis longtemps par les Coutumes. Ce grand principe était que tout acte passé devant notaire entraînait hypothèque générale sur les biens du débiteur comme sanction des obligations constatées dans l'acte. Que ce principe fût salutaire et légitime, je ne voudrais certes pas le soutenir, surtout dans une législation où les hypothèques sont occultes, où il est par conséquent dangereux de les multiplier. Quoi qu'il en soit, il avait été universellement admis : dès lors il était logique, il y avait même, *a fortiori*, nécessité de donner la même sanction aux obligations constatées par jugements, et d'attribuer à la présence du juge comme à celle du notaire cet effet énergique d'affecter au droit du créancier tous les immeubles du débiteur. La Coutume, qui va moins vite mais souvent plus droit que la loi, avait aperçu la conséquence ; elle était en marche pour l'atteindre. La loi, avertie par ses premiers efforts, vint à son aide, et l'ordonnance de 1566 fit de l'hypothèque judiciaire une mesure générale. M. Troplong assigne, comme date première, à l'hypothèque judiciaire cette ordonnance de 1566 connue sous le nom d'ordonnance de Moulins. Il y a là deux oublis. D'abord une autre ordonnance, nous allons le voir, avait, pour un cas spécial, consacré cette hypothèque. De plus, un certain nombre de Coutumes avaient pris l'initiative avant toute ordonnance. Voici la disposition que l'art. 78 de la Coutume de Paris contenait déjà en 1510 : « Une cédule privée qui porte promesse de payer emporte hypothèque du jour de la confession d'icelle en jugement ». Cet art. 78 devint l'art. 107 dans la nouvelle rédaction qui fut faite de la Coutume de Paris en 1580 ; seulement sa disposition s'élargit beaucoup pour être conforme aux nouvelles ordonnances La première ordonnance qui s'occupa de cette matière fut celle de Villers-Cotterets (1539) : elle ne fait que confirmer ce qui existait déjà à Paris et ailleurs ; ses art. 92 et 93 reproduisent en le généralisant l'art. 78 de la Coutume de Paris. Jusqu'en 1566, on en resta là : la reconnaissance d'une obligations faite en justice, emportait une hypothèque qu'on peut, qu'on doit, avec le Code Napoléon, qualifier de judiciaire, mais que ne produisaient pas encore cependant les jugements proprement dits, les jugements de condamnation. L'ordonnance de Moulins de 1566 fit le dernier pas, et attacha l'hypothèque à tout jugement productif d'obligation. Il faut citer les termes dans lesquels l'art. 53 de cette célèbre ordonnance établit cette grave disposition : « Dès lors et à l'instant de la condamnation donnée en dernier ressort, et du jour de la prononciation, sera acquis à la partie droit d'hypothèque sur les biens du condamné pour l'effet et exécution du jugement ou arrêt sur lui obtenu ».

Voilà la vraie, la seule origine de l'hypothèque judiciaire. Ne la cherchons pas plus haut. Notre très-ancienne pratique, comme le droit romain, ignorait cette institution. Les jugements d'aucune sorte, avant la fin du 15e siècle ou le commencement du 16e, n'ont eu cette force d'imprimer hypothèque sur tous les biens du débiteur condamné. Il n'y avait alors qu'une sorte de *pignus judiciale* analogue à celui des Romains ; une saisie partielle était opérée, et les objets saisis étaient affectés avec droit de préférence au payement de la condamnation. Ecoutons là-dessus le témoignage de Davot [1] : « Les condamnations prononcées par des jugements ne donnaient point hypothèque suivant le droit romain

1. Cité par Loysel, édition nouvelle de Dupin et Laboulaye.

et notre ancienne pratique, à moins que la sentence ne fût exécutée par saisie ». Brodeau[1] fait la même remarque, et rapporte qu'il a vu, dans des décisions manuscrites de Jean Desmarès, « qu'un arrêt n'était pas exécutoire contre les héritiers et tiers détenteurs du condamné, mais se résolvait en action et non en exécution ». Dumoulin[2] et tous les anciens commentateurs des ordonnances de 1539 et de 1566 disent la même chose[3]. Du reste cette saisie avec droit de préférence, ce *pignus judiciale* ne disparut pas devant l'hypothèque judiciaire, mais subsista au contraire jusqu'au droit nouveau : nouvelle preuve que l'hypothèque judiciaire et le *pignus judiciale* qui ont coexisté si longtemps sans faire le moins du monde double emploi, ne sont point une seule et même chose. Sur l'art. 441 de la Coutume d'Orléans, je trouve dans Pothier : « Le créancier qui le premier saisit ou arrête les effets du débiteur, acquiert sur les effets saisis ou arrêtés un droit de gage judiciaire, *pignus judiciale*, qui le rend, sur lesdits effets, préférable aux autres créanciers ». La même règle était écrite dans les art. 178 et 179 de la Coutume de Paris. Ferrière[4] explique autrement que par l'idée de gage judiciaire le droit de préférence résultant de la saisie : il serait fondé, d'après lui, sur ce que la diligence du premier saisissant profite aux autres créanciers, auxquels il a conservé le gage commun. Je ne crois pas bonne cette explication; elle ne justifierait la préférence que jusqu'à concurrence des frais. Pothier a raison ; c'est le *pignus judiciale* des Romains qui vit encore de son temps, presque sans altération. Voici un dernier trait qui achèvera de nous en convaincre : Pothier nous

1. Glose sur Louet, lettre H, som. 26.
2. Sur Reims, 180.
3. Voyez Bourdin sur l'ordonnance de 1539, art. 92 ; Papon, l. 18, t. 6 art. 35.
4. Glose sur l'art. 177, n° 7.

explique que le droit de préférence résultant de la saisie n'avait pas lieu, de crainte des fraudes, en cas de déconfiture du débiteur : c'est ainsi qu'en droit romain le *pignus judiciale* n'était guère conféré que sur les biens d'un débiteur récalcitrant mais solvable. Est-il besoin, pour terminer l'histoire du *pignus judiciale,* de dire que notre droit moderne a bien admis les saisies à côté de l'hypothèque judiciaire, mais les a dépouillées de tout droit de préférence?

L'ordonnance de 1566, qui n'était point le premier, ne fut pas non plus le dernier acte législatif de notre ancien droit qui s'occupât de l'hypothèque judiciaire. Une déclaration du roi de la même année, puis l'ordonnance de 1667, titre 35, des requêtes civiles, enfin une déclaration du 2 janvier 1717 qu'il sera intéressant de rapprocher de la loi du 3 septembre 1807, vinrent éclaircir ou modifier des points de détail que nous retrouverons.

V.

Le droit révolutionnaire, qui appliqua parfois aux choses ce que le gouvernement appliquait alors aux hommes, la loi des suspects, ne prit point ombrage de l'hypothèque judiciaire. C'est en effet une institution assez pacifique, au moins en apparence; et, bien que ce fût un privilége, comme il n'avait rien de féodal, on le laissa passer, sans s'inquiéter de savoir s'il était juste ou non, utile ou nuisible. Deux lois hypothécaires parlèrent de l'hypothèque judiciaire, toutes deux pour la conserver et la consacrer. La première (9 messidor an III) contient une section spéciale à l'hypothèque judiciaire. Elle ne fait que reproduire les dispositions des ordonnances. La seconde est la fameuse loi du 11 brumaire an VII. Cette fois, d'importantes innovations sont introduites, bien que le principe de l'hypothèque judiciaire soit maintenu sans hésitation. On applique à cette hypothèque les deux règles fécondes que le droit nouveau écrivait enfin en tête du régime hypothécaire : publicité, spécialité. La formalité de l'inscription est requise pour l'hypothèque judiciaire comme pour toute autre [1], et de la même façon. Quant à la spécialité, elle ne lui est imposée que dans une certaine mesure. L'hypothèque judiciaire ne repose plus que sur les immeubles présents ; les immeubles à venir lui sont soustraits.

Il est important de remarquer que la loi de brumaire an VII conservait aux actes authentiques l'hypothèque tacite que leur avait attachée le droit coutumier, et qui avait été, historiquement, l'antécédent et la cause de l'hypothèque judiciaire. Seulement il me semble que l'hypothèque judiciaire, au moins dans la discussion et l'exposé des motifs, a pris déjà le premier rang, et que c'est l'hypothèque attachée aux actes notariés qui est devenue, dans l'ordre logique, son corollaire et comme son accessoire. Le législateur sent qu'il y a bien plus de raisons pour faire résulter *ipso jure* l'hypothèque d'un acte émané du juge que d'un acte notarié ; il se sert, non plus de l'hypothèque des actes authentiques pour démontrer la légitimité de l'hypothèque des jugements, mais de celle-ci pour justifier celle-là : l'hypothèque des actes notariés est en effet présentée comme une extension raisonnable de l'hypothèque judiciaire ; il compare le notaire à un juge, et c'est à ce titre qu'il munit d'hypothèque les obligations par-devant lui contractées. Cette comparaison entre le juge et le notaire, entre le quasi-contrat judiciaire et le contrat notarié revient assez souvent dans les explications du législateur de cette époque. Il y a là certainement, si on ne l'exagère pas, une idée vraie et féconde en aperçus. Favart de Langlade disait aux Cinq-Cents : « Les notaires exercent une espèce de judicature d'autant plus

1. On sait que l'hypothèque légale elle-même était toujours soumise par cette loi à l'inscription.

douce qu'elle ne paraît presque jamais, ou ne paraît qu'en flattant les intérêts des deux parties ». Réal, dans l'exposé des motifs de la loi du 25 ventôse de l'an XI, compare aussi le rôle du notaire à celui du magistrat, en disant que le notaire « est un juge volontaire ».

Voici les deux articles de la loi de l'an VII qui contiennent les diverses dispositions dont je viens de dire quelques mots :

« Art. 3. — L'hypothèque existe, mais à la charge de l'inscription : 1° pour une créance consentie par acte notarié; 2° pour celle résultant d'une condamnation judiciaire ; 3° pour celle qui résulte d'un acte privé dont la signature aura été reconnue ou déclarée telle par un jugement...

« Art. 4. — L'hypothèque judiciaire ne peut affecter que les biens appartenant au débiteur lors du jugement... »

VI.

Le Code Napoléon n'a pas accepté toutes les dispositions de la loi de brumaire an VII; il a conservé la nécessité de l'inscription, mais il a rendu toute sa généralité à l'hypothèque judiciaire, elle porte maintenant sur les immeubles à venir comme sur les immeubles présents; l'inscription elle-même est dispensée de la spécialité; une seule inscription par arrondissement suffit pour asseoir l'hypothèque sur tous les immeubles qui appartiennent ou appartiendront au débiteur dans cet arrondissement. J'ai dit qu'on peut déjà constater dans les discussions ou explications relatives à la loi de l'an VII une sorte de revirement dans les idées, et que l'hypothèque attachée aux jugements semble n'y être plus regardée comme une conséquence de l'hypothèque attachée aux actes notariés. Cette petite révolution est complétement consommée par le Code Napoléon, et l'hypothèque judiciaire s'est tellement dégagée de son antécédent historique, a paru si peu liée au principe qui l'avait précédée et engendrée, que le nouveau législateur ne s'est pas cru le moins du monde obligé de conserver ce principe en conservant l'hypothèque judiciaire. Il l'a en effet repoussé [1] : l'hypothèque ne résulte plus de plein droit des actes notariés ; la convention, et non l'authenticité seule, donne aujourd'hui naissance à l'hypothèque. L'hypothèque judiciaire au contraire a passé dans le Code Napoléon sans difficulté, sans critique d'aucune sorte ; les travaux préparatoires [2] s'étendent peu sur son compte, et seulement pour parler de ses bienfaits.

Pendant un certain nombre d'années, la doctrine imita le législateur de 1804, signalant l'efficacité de l'hypothèque comme sanction de la chose jugée, et n'ayant pas l'air de soupçonner qu'on pût contester sa justice ou ses heureux résultats. Mais bientôt, la première admiration pour le Code Napoléon s'étant calmée, la critique s'élève, aperçoit les défauts inévitables dans une œuvre si vaste, et les signale avec éclat à la science. Aucune partie du Code Napoléon ne fut alors plus vivement attaquée que le titre des priviléges et hypothèques. Ce devint une conviction très-répandue que notre régime hypothécaire était déplorable. En 1827 Casimir Périer le trouvait si vicieux qu'il ouvrit spontanément un concours sur les modifications qu'il fallait y faire, et promit au meilleur travail un prix de trois mille francs. En 1836, à l'occasion d'une pétition présentée à la Chambre des députés, l'urgence d'une réforme hypothécaire parut être reconnue ; et depuis 1830 des vœux pour cette réforme furent émis chaque année par un grand nombre de conseils généraux. L'hypothèque judiciaire eut sa part dans les accusations dirigées contre tout notre système hypothécaire. Plusieurs

1. Art. 2127 et 2129.
2. *V.* les rapports faits au Tribunat et au Corps législatif.

peuples la retranchèrent de leurs lois [1]. Néanmoins ce n'est pas pendant cette période qu'elle subit en France le plus de dangers. En 1841, le gouvernement de Louis-Philippe ordonna une enquête sur notre régime hypothécaire. Les Cours royales et les Facultés de droit furent entendues [2]. Relativement à l'hypothèque judiciaire, huit [3] cours royales présentèrent des observations : celle d'Aix, qui critique comme incomplète et laissant subsister une anomalie la loi du 3 septembre 1807 ; celle d'Angers, qui se borne à demander qu'on intercale cette loi de 1807 ou tout au moins sa principale disposition dans le Code ; celle de Colmar, qui veut qu'on restreigne aux biens présents l'hypothèque judiciaire ; celle de Nîmes, qui réclame le système des prénotations usité en Allemagne, c'est-à-dire le pouvoir de prendre une inscription conditionnelle dès le début du procès ; enfin celles de Douai, Grenoble et Montpellier, qui ne demandent rien ou peu de chose. Sept Facultés parlèrent aussi de l'hypothèque judiciaire : celle de Dijon, qui demande, comme la cour de Nîmes, le système des prénotations ; celle de Paris, qui se prononce pour la suppression de l'hypothèque résultant des reconnaissances ou vérifications d'écriture, et qui désire en outre qu'on donne au juge le pouvoir de spécialiser sur des immeubles suffisants l'hypothèque résultant des jugements de condamnation ; celle de Poitiers, dont les observations remarquables, invoquées plus d'une fois par d'éminents auteurs, tendent à démontrer que, si l'on doit conserver l'hypothèque judiciaire, il faut la conserver générale ; tout au plus, dit l'habile interprète des pensées de la Faculté, pourrait-on admettre la

1. J'examinerai, dans la 3e partie, les principales législations.

2. Leurs observations ont été résumés, par ordre de M. Martin (du Nord), ministre de la justice, en trois gros volumes.

3. Et non pas six, comme le dit M. Paul Pont reproduisant une erreur typographique de l'introd. des doc.

spécialité dans l'inscription ; celle de Strasbourg, qui, après des reproches assez vifs adressés à l'hypothèque judiciaire, se borne à demander le retour à la spécialité relative de la loi de brumaire an VII et la suppression de l'hypothèque attachée aux actes judiciaires ; celles de Caen, Grenoble et Rennes qui font des remarques peu importantes [1]. Ainsi on trouve dans ces témoignages déposés sur le compte de l'hypothèque judiciaire par tant de jurisconsultes savants, magistrats ou professeurs, parfois quelques critiques [2], souvent des désirs d'amélioration, certains vœux de suppression partielle ; mais toutes les Cours et toutes les Facultés déclarent en somme qu'elles acceptent [3] l'hypothèque judiciaire et croient son maintien salutaire. Je ne sais si, quelques années plus tard, l'enquête aurait pris la même tournure. C'est en effet dans les années qui suivirent que l'hypothèque judiciaire fut assaillie par le plus grand nombre d'ennemis et fut en butte aux plus énergiques accusations : nous les écouterons plus tard. L'hypothèque judiciaire parut alors à peu près condamnée ; et une preuve bien éclatante du discrédit où elle était tombée, c'est le sort que lui réservait le projet de la loi hypothécaire que la république voulait enfin donner à la France. Ce projet la supprimait, et cette suppression faillit devenir avec le projet lui-même un fait accompli. Une commission savante, formée le 15 juin 1840, par le président de la république, avait à l'unanimité proscrit l'hypothèque judiciaire. M. Persil fut le rapporteur des travaux de cette

1. V. doc. hyp. tome I, introd. page CCVII, et tom. III, pages 261-88.

2. V. notamment les remarques de la cour de Colmar et de la faculté de Strasbourg.

3. Ce fut aussi la conclusion de la commission qui eut à tirer de l'enquête les éléments d'un projet de loi. Les travaux de cette commission sont restés obscurs ; voyez cependant un article de M. Antoine de Saint-Joseph, dans la Revue du droit français et étranger de 1849.

commission[1]. Elle ne proposait rien pour remplacer l'hypothèque qu'elle effaçait. Le Conseil d'État et l'Assemblée nationale furent successivement saisis du projet préparé par les travaux de la commission. Le Conseil d'État, la commission de l'Assemblée, l'Assemblée entière ne se montrèrent pas moins sévères pour l'hypothèque judiciaire, qui, sans pouvoir même se réfugier dans la spécialité de la loi de brumaire an VII, fut tout d'abord rejetée purement et simplement par presque tout le monde. Il faut lire les rapports de M. Bethmont[2] au nom du Conseil d'État, et de M. Vatimesnil[3] au nom de la commission de l'Assemblée. Mais les tribunaux et les chambres de commerce font entendre des réclamations; la chambre des avoués de Paris présente des observations que les partisans de l'hypothèque judiciaire qualifient de remarquables[4]. Alors les réformateurs, pour contenter tout le monde, proposent de mettre à la place de l'hypothèque supprimée un système d'*oppositions* que j'étudierai plus tard. L'Assemblée accepte après des débats animés[5]. Cette demi-réforme sembla ne contenter personne. M. Troplong prétend qu'elle déplut bien vite à une partie de ceux-là mêmes qui l'avaient votée, et qu'une fraction considérable de l'Assemblée se proposait de rejeter les art. 2161 et suivants du projet, qui organisaient le nouveau système, et qui avaient encore à subir, comme toutes les parties de la loi, la *troisième lecture*. M. Pont en conclut que l'hypothèque judiciaire serait sortie victorieuse de l'épreuve. Je ne le pense pas. Si l'opposition

1. Rapport de M. Persil, pages 109 et 214.
2. *V.* page 36 et s.
3. *V.* page 21 et s.
4. Brochure de 20 pages; v. page 10. Je me suis procuré cette brochure avec beaucoup de peine; je n'ai pu l'obtenir directement qu'en m'adressant enfin à la complaisance de la chambre des avoués de Paris.
5. V. *Moniteur* de 1850, p. 3618-3623; id. de 1851, p. 517.

immobilière avait été repoussée, on serait revenu à la suppression pure et simple de l'hypothèque judiciaire; le courant des idées avait trop d'élan vers ce parti pour pouvoir soudain rebrousser vers le parti contraire. La troisième délibération eût été sûrement la dernière heure de l'hypothèque judiciaire; l'opposition immobilière eût ou non pris sa place; mais elle était perdue. Seulement, la seconde délibération avait eu lieu le 22 février 1851; les événements politiques qui se précipitèrent suspendirent puis empêchèrent définitivement l'examen et le vote du projet de réforme hypothécaire. On a discuté, on discutera longtemps [1] pour savoir si ces événements politiques ont sauvé la France; il est toujours bien certain qu'ils ont sauvé l'hypothèque judiciaire. Reste à savoir si c'est un bien ou si c'est un mal.

A la même époque la Belgique réformait aussi son régime hypothécaire. La commission avait organisé l'opposition immobilière pour remplacer l'hypothèque judiciaire; mais la législature se montra plus radicale, et vota la suppression pure et simple de cette hypothèque à la majorité de 56 voix sur 62 [2]. La loi du 16 décembre 1851, qui contient le régime hypothécaire actuel de la Belgique, ne parle plus de l'hypothèque judiciaire.

Depuis 1851, année périlleuse pour l'hypothèque judiciaire, une réaction, je l'ai déjà dit, semble s'être produite en sa faveur comme en faveur de notre régime hypothécaire tout entier. L'Italie, qui vient de se donner un Code uniforme, l'a conservée [3]; et chez nous d'habiles défenseurs font valoir

1. Hélas! le doute n'est plus possible. Ces événements ont été le germe de nos désastres : ils ont perdu la France. (*Août* 1871.)

2. Son Excellence le ministre de la justice de Belgique a bien voulu m'envoyer les travaux préparatoires de la loi de 1851; j'en tirerai parti plus tard.

3. V. Le Code civil italien et le Code Napoléon, par M. Théophile Huc, professeur à Toulouse, p. 265.

ses avantages et protestent contre toute tentative future de la supprimer.

Après tant de vicissitudes, que deviendra l'hypothèque judiciaire? Qu'elle nous réponde elle-même, et que son étude nous révèle sinon le sort qu'elle aura, au moins celui qu'elle mérite d'avoir.

DEUXIÈME PARTIE

ÉTUDE DES TEXTES, DE LA JURISPRUDENCE ET DE LA DOCTRINE.

SOMMAIRE.

I. NATURE ET CARACTÈRES DE L'HYPOTHÈQUE JUDICIAIRE.
II. SOURCES DE L'HYPOTHÈQUE JUDICIAIRE : LES JUGEMENTS.
III. SOURCES DE L'HYPOTHÈQUE JUDICIAIRE : LES ACTES JUDICIAIRES.
IV. SOURCES DE L'HYPOTHÈQUE JUDICIAIRE : LES SENTENCES ARBITRALES.
V. SOURCES DE L'HYPOTHÈQUE JUDICIAIRE : LES CONTRAINTES.
VI. SOURCES DE L'HYPOTHÈQUE JUDICIAIRE : LES JUGEMENTS RENDUS PAR DES TRIBUNAUX ÉTRANGERS.
VII. ASSIETTE DE L'HYPOTHÈQUE JUDICIAIRE ; SA GÉNÉRALITÉ.
VIII. ÉTENDUE DE LA CRÉANCE QUE GARANTIT L'HYPOTHÈQUE JUDICIAIRE.
X. POUR QUI ET CONTRE QUI EXISTE L'HYPOTHÈQUE JUDICIAIRE.
X. DE L'INSCRIPTION DE L'HYPOTHÈQUE JUDICIAIRE.
XI. DES EFFETS DE L'HYPOTHÈQUE JUDICIAIRE.
XII. DE LA RÉDUCTION DE L'HYPOTHÈQUE JUDICIAIRE.

Le Code Napoléon ne consacre qu'un seul article, l'art. 2123, à l'hypothèque judiciaire. Il faut rapprocher de ce texte important les art. 2116 et 2117, qui lui servent de préface, et les art. 2161, 2162, 2165 et quelques autres, qui le complètent. En dehors du Code, la loi du 3 septembre 1807 et deux avis du Conseil d'État, l'un du 16 thermidor an XII, l'autre du 20 octobre 1811, sont aussi relatifs à l'hypothèque judiciaire. Tels sont les principaux textes autour desquels je vais grouper de longues et parfois délicates explications.

I.

Le Code Napoléon dans l'article 2117 donne de l'hypothèque judiciaire la définition ou plutôt la notion suivante : « L'hypothèque judiciaire est celle qui résulte des jugements ou actes judiciaires »[1]. Cette notion est à la fois trop large et trop restreinte. L'art. 2123, qui la limite et la complète, n'a pas lui-même assez de netteté ; ajoutez qu'il ne parle pas d'une source importante d'hypothèques judiciaires, les contraintes administratives. Il faut dire, pour avoir une formule précise et compréhensive en même temps : « l'hypothèque judiciaire est une hypothèque générale qui résulte de plein droit de la plupart des jugements, de certains actes judiciaires, des contraintes administratives, et, moyennant certaines conditions, des sentences arbitrales et des jugements rendus par les tribunaux étrangers »

De tous ces faits générateurs l'hypothèque prend naissance par la seule force de la loi, indépendamment de toute manifestation de volonté soit de la part des parties, soit de la part du juge Nul besoin de conclusions spéciales du demandeur ; nul besoin d'une mention expresse dans le jugement : en même temps que les paroles de condamnation tombent de la bouche du magistrat, l'hypothèque, dont la puissance de la loi est la cause vraie et première, dont le jugement est la cause occasionnelle, s'échappe pour ainsi dire du tribunal,

1. Art. 2127, § 2.

et avec la vitesse de la pensée va se poser sur tout le patrimoine immobilier du défendeur ; en silence, sans qu'on y songe, elle prend vie, elle existe; il n'y a plus qu'à la constater par une inscription sur les registres du conservateur, qui sont comme les registres d'état civil des hypothèques. L'hypothèque judiciaire a, comme on voit, une ressemblance frappante avec l'hypothèque légale [1]. Comme celle-ci, elle est générale, et se produit, dans une circonstance déterminée, par la seule vertu de la loi. Aussi Pothier [2] l'appelle-t-il hypothèque légale, et il semble bien que c'était là le langage scientifique en usage à son époque. Le Code a séparé l'hypothèque judiciaire des autres hypothèques légales, et il a bien fait : elle a une causse assez originale, des motifs et un but assez caractérisés pour mériter un nom spécial et une catégorie à part; d'autant plus qu'aujourd'hui uue grosse différence la sépare des hyphothèques légales, la nécessité de l'inscription.

D'après M. Dalloz [3] et M. Paul Pont [4], ce n'est pas seulement de plein droit et dans le silence des parties que l'hypothèque judiciaire se produit ; c'est encore malgré les parties elles-mêmes, leurs protestations ou leurs conventions. Cette théorie que personne, à ma connaissance, n'a encore combattue, et que j'avais crue vraie, un instant, sur la foi de ces savants jurisconsultes, me paraît cependant, réflexion faite, être beaucoup trop absolue, et telle qu'ils la présentent je la crois inacceptable. Que l'hypothèque judiciaire se produise en dépit du débiteur et malgré ses réserves, je le comprends sans peine, et il n'en peut pas être autrement : le débiteur n'a

1. J'entends les hypothèques légales de l'art. 2122 ; — et plus bas, seulement celles de la femme et du mineur.

2. V. tome I de l'édition Bugnet, p. 424 (intr. au t. XX de la Cout. d'Orléans, article préliminaire, 5).

3. V. Dalloz, Priv. et hyp. n° 1153 et 1156.

4. Art. 2123, III.

pas le droit de priver le créancier d'une garantie que la loi lui promet, et toute condition mise de sa part à une reconnaissance d'écriture, par exemple, et tendant à écarter l'hypothèque qui le menace, n'a aucune valeur. C'est de toute justice et de toute évidence. Mais on va plus loin : on prétend que le demandeur lui-même n'a pas le droit de renoncer à l'hypothèque judiciaire, et qu'elle existe malgré toute convention contraire survenue pendant ou après le procès [1]. Ici je ne comprends plus, et je suis forcé de me séparer des hommes de talent qui seront bien souvent mes guides. Mais d'abord qu'ont-ils voulu dire au juste ? car leur pensée sur ce point n'est pas très-nettement exprimée. Ont-ils voulu dire simplement que, malgré la renonciation du demandeur, l'hypothèque est née, mais qu'elle existe à l'état latent, qu'elle est paralysée par la convention, et qu'elle mourra faute d'inscription? La remarque serait subtile, mais exacte; oui, l'hypothèque adhère toujours au jugement dont elle est l'effet légal ; elle existe en principe et indépendamment de toute manifestation extérieure; seulement sans une manifestation extérieure, sans l'inscription, elle est comme si elle n'était pas, elle devient complétement inutile, elle est morte ; et c'est cette manifestation, cette inscription, qu'une convention peut, selon moi, interdire au demandeur. Mais ce n'est point là ce qu'ils ont entendu ; et leur pensée est que malgré toute convention contraire le demandeur peut toujours inscrire l'hypothèque judiciaire, et que sa renonciation ne l'enchaîne pas. Leur argumentation, on le devine, est tirée de l'autorité

1. Du moins ces auteurs ne font aucune espèce de distinction ; et le fait est qu'on ne comprendrait guère une pareille distinction. Du reste, on peut remarquer que sur ce point ces auteurs et tous les jeunes docteurs qui les ont fidèlement suivis ont comme à dessein gardé, dans l'expression de leur pensée, un ton vague et indécis qui désespère le lecteur attentif.

de la chose jugée, et de l'intérêt public qui s'attache à l'exécution des jugements : l'hypothèque judiciaire tient à la chose jugée ; elle est donc d'ordre public, et supérieure aux conventions privées : elle amène l'application de l'art. 6 du Code Napoléon. Ne nous laissons pas éblouir par ces grands mots de chose jugée et d'intérêt public. Sans doute l'exécution de la chose jugée est d'ordre public, mais seulement lorsque le demandeur veut se prévaloir de la chose jugée et en recueillir les fruits. Mais quand il renonce aux bénéfices de ce jugement et abdique librement ses droits, l'ordre public n'est plus intéressé désormais à l'exécution d'une sentence qui a été répudiée par celui à qui seul elle devait profiter. Les mêmes principes s'appliquent *à fortiori* à la renonciation à l'hypothèque judiciaire.

Si je puis, après avoir saisi le tribunal d'une affaire, arrêter la marche de la justice en renonçant à mon droit ; si je puis, après le jugement, faire de la parole du juge une lettre morte, et rendre inutiles les travaux et les méditations d'un grand nombre de magistrats en renonçant à mon droit consacré et fortifié par tous les degrés de juridiction, si je puis faire une pareille renonciation pour toujours et sans qu'on vienne au nom de l'ordre public me dire que je ne suis pas lié par cette convention : comment peut-on refuser la même efficacité à une renonciation qui ne porte plus sur mon droit, mais sur une des garanties que la loi m'offre pour la plus grande sûreté de ce droit ? Si je renonce valablement au droit, comment ne renoncerais-je pas valablement à un accessoire du droit ! — L'hypothèque judiciaire, dites-vous, est d'ordre public comme sanction de la chose jugée... Alors pourquoi me laisse-t-on la liberté de ne pas l'inscrire ? Pourquoi n'envoie-t-on pas le greffier ou l'huissier prendre inscription en mon lieu et place ? L'inscription est une faculté que la loi laisse à ma discrétion ; je suis maître en fait et en droit de ne pas inscrire mon hypothèque judiciaire : qu'on ne vienne pas dès lors prétendre que cette hypothèque touche par elle-même à l'ordre public, et que je viole la loi en y renonçant, c'est-à-dire en faisant par raison et avec réflexion ce que je puis faire sans motif et par caprice ! Qu'on ne se presse pas trop du reste de rattacher à l'ordre public une institution que tant de jurisconsultes attaquent au nom de l'ordre public, et de déclarer indispensable à l'autorité de la chose jugée une sanction qui lui fait tant de fois défaut, puisque bien souvent le débiteur condamné n'a pas d'immeubles. — En quoi l'ordre public est-il lésé par cette convention ? Qui en souffre ? moi seul. Seul, je subis les conséquences de cette renonciation ; il n'y a en jeu qu'un intérêt privé, et cet intérêt est le mien ; or, chacun peut renoncer à un droit introduit en sa faveur. — Où est le texte qui permette d'apporter une entrave aussi gênante à la liberté des conventions ? Et s'il n'y a pas de texte, quelle raison si grave exige une pareille dérogation aux règles du droit et de la bonne foi ? — Quel danger présentent ces sortes de conventions ? Certes, ce n'est pas l'habitude que les créanciers demandeurs soient trop généreux et trop faciles pour leurs débiteurs. — N'y a-t-il pas au contraire des raisons bien graves en faveur de mon opinion ? Moyennant de grosses concessions, moyennant peut-être une sorte de capitulation, un débiteur aura obtenu la promesse qu'on n'inscrira pas une hypothèque qui ruinerait son crédit et serait le signal d'une catastrophe : et on permettra au créancier, au nom de l'ordre public, de violer une promesse aussi sacrée !... Ce qui prouve que l'opinion que je repousse est arbitraire et peu réfléchie, c'est que ceux-là mêmes qui la soutiennent admettent que le demandeur peut valablement s'interdire d'inscrire *pendant un certain délai* l'hypothèque judiciaire : or, qui ne voit qu'un délai de deux, quatre, dix, vingt ans... (car où est la limite ?), fait courir à la chose jugée les mêmes dangers que la promesse pure et simple de ne jamais prendre inscription ? Ni Pothier ni nos vieux auteurs n'ont jamais rien dit qui pût favoriser l'opinion de MM. Dalloz et Paul Pont ; ils ne la prévoient même pas ; si elle leur eût paru soutenable ou même possible, elle n'aurait pas échappé à leur bon sens ; elle aurait eu, à cause des graves conséquences où elle mène, les honneurs d'une approbation ou d'une réfutation de leur part. Puisque nous sommes avec Pothier dans l'ancien droit, nous pouvons nous rappeler que les actes notariés produisaient alors, comme les jugements, une hypothèque tacite. Si MM. Dalloz et Paul Pont eussent été contemporains de Pothier, auraient-ils donc refusé aux parties le droit de convenir que l'hypothèque ne résulterait pas de l'acte authentique qui porte leur contrat ? Oui, sans doute, car là aussi on aurait vu « des particuliers détruire un effet attaché par la loi à un acte, des volontés privées faire échec à celle du législateur, ce qui est contraire à l'ordre public [1] ».

Sur cette question la jurisprudence s'est rarement prononcée, mais toujours raisonnablement. M. Dalloz l'invoque à tort dans le sens de son système. Les deux arrêts qu'il cite s'accordent bien mieux avec le système contraire : l'un, de la cour de Bruxelles, décide que celui qui en jugement se reconnaît débiteur, mais se réserve que son immeuble ne soit pas grevé d'hypothèque, fait une réserve inutile. L'autre, de la cour de cassation, reconnaît la validité d'une convention par laquelle l'inscription de l'hypothèque judiciaire était différée de deux ans. Ces deux décisions s'adaptent parfaitement à l'opinion que j'ai soutenue et que je résume ainsi : avant comme après le jugement le créancier peut renoncer au bénéfice de l'hypothèque judiciaire, et s'en interdire l'inscription.

Que le jugement soit obtenu par un étranger ou par un

1. C'est là la pensée, sinon les expressions textuelles des auteurs que je combats.

Français, cela n'importe pas : l'hypothèque judiciaire existe au profit de tout individu, quel qu'il soit, qui triomphe en justice. Ce n'est pas que l'hypothèque soit du droit des gens ; elle est du droit civil, du moins suivant l'opinion dominante ; mais le droit civil à notre époque est presque tout entier communiqué aux étrangers. Cette vieille division du droit n'est plus guère qu'un souvenir. Dans l'ancienne jurisprudence on discutait vivement cette question de savoir si l'hypothèque est du droit civil ou des gens. Basnage enseigne que l'hypothèque est du droit des gens ; mais Pothier [1] et presque tous les autres auteurs la font du droit civil. Aujourd'hui la question n'offre pas d'intérêt pratique. La loi du 31 mai 1854 a supprimé la seule conséquence un peu importante qu'on pouvait encore y rattacher [2]. Deux articles du Code prouvent surabondamment, selon moi, que l'hypothèque est du droit civil : notre art. 2123 où l'on exige certaines formalités pour faire produire hypothèque à un jugement étranger ; et l'art. 2128 qui refuse (par une exception, du reste peu justifiée, à la règle *locus regit actum*) aux contrats passés en pays étranger le pouvoir de conférer hypothèque sur des biens situés en France. L'hypothèque n'a donc lieu que dans les cas et suivant les formes usités dans chaque pays.

Après ces notions sur la nature et les caractères de l'hypothèque judiciaire, il faut passer successivement en revue et examiner dans leurs détails les divers faits juridiques qui l'engendrent et que j'ai déjà énumérés : les jugements, les actes judiciaires, les sentences arbitrales, les contraintes, les jugements rendus par des tribunaux étrangers.

II.

Les jugements proprement dits sont la source la plus

1. Coutume d'Orléans, tit. 20, nº 9.
2. Le mort civilement peut-il conférer ou acquérir une hypothèque?

importante des hypothèques judiciaires. La pauvreté de notre langue juridique me force à employer cette périphrase de *jugement proprement dit*. Elle a besoin d'être expliquée. On appelle vulgairement *jugement* presque toute parole descendue du tribunal. C'est ainsi qu'on nomme *jugement* de reconnaissance d'écriture un acte judiciaire qui produit d'ailleurs hypothèque, et qu'il faudra étudier bientôt attentivement. On donne encore le nom de jugements à bien des décisions qui sont tout au plus des actes judiciaires et qui ne produisent pas l'hypothèque, comme nous le verrons. Mais la langue technique devrait n'appeler jugement que la décision qui tranche une contestation, qui intervient à propos d'un litige, et c'est dans ce sens restreint et vrai que je prends ici le mot *jugement*.

Je dois prouver que c'est aussi dans ce sens que le prend le Code Napoléon. Je le ferai en m'adressant aux textes précis et formels des lois auxquelles a été emprunté l'art. 2123, puis à l'art. 2123 lui-même, qui, malgré des termes moins expressifs, contient bien visiblement la même pensée que les dispositions qui l'ont précédé et dont il est sorti. L'ordonnance de Moulins disait : « L'hypothèque est acquise dès lors, et à l'instant *de la condamnation*, sur les biens du *condamné*..... » Ces expressions ne peuvent évidemment s'appliquer qu'aux jugements proprement dits, c'est-à-dire qui tranchent une contestation, qui sont prononcés entre un demandeur et un défendeur ; elles repoussent tous les actes faussement qualifiés jugements, où il n'y a point un débat terminé, une partie condamnée, et qui ne méritent, je l'ai dit, que le nom d'actes judiciaires. La loi de messidor dans son article 10 n'accorde aussi l'hypothèque qu'aux « jugements de *condamnation* » : elle la refuse donc aux simples actes judiciaires qui déclarent parfois des créances, les constatent, mais n'interviennent pas à propos d'un procès et ne condamnent personne. La loi de brumaire dit aussi : «... 2° pour la créance résultant d'une *condamnation* judiciaire ». Éclairé d'avance par ces lois, l'art. 2133, bien qu'il ne prononce pas les mots « jugements de condamnation », ne peut laisser naître aucun doute dans l'esprit du lecteur. L'hypothèque judiciaire résulte des jugements, nous dit-il, « en faveur *de celui qui les a obtenus* ». Ces derniers mots ne supposent-ils pas en présence deux parties qui, à la suite d'une lutte judiciaire, sont l'une victorieuse, l'autre vaincue ? Ajoutez, pour couronner cet édifice de textes, l'avis du conseil d'État du 15 thermidor an XII, qu'on ne cite pas d'habitude, et qui est pourtant décisif : « Le conseil d'État, après avoir entendu le rapport des sections de législation et de finances, sur le renvoi qui leur a été fait de celui du ministre du trésor public, présentant la question de savoir si le § 2 de l'art. 3 de la loi du 11 brumaire an VII sur le régime hypothécaire, et l'art. 2123 du Code civil des Français, qui accordent l'hypothèque aux *condamnations judiciaires*, à la charge d'inscription, s'appliquent aux actes de l'autorité administrative, est d'avis : que les *condamnations* et les contraintes émanées des administrateurs emportent hypothèque comme *celles* de l'autorité judiciaire.... » Tous ces textes pourraient encore être singulièrement fortifiés, s'il en était besoin, d'abord par l'argument *a contrario* tiré de la disposition qui fait produire l'hypothèque judiciaire à un seul de ces *actes judiciaires qualifiés jugements*, *au jugement* de reconnaissance d'écriture, et ensuite par cette considération que le motif qui a inspiré au législateur l'hypothèque judiciaire fait défaut lorsqu'il ne s'agit pas de procès et de condamnations.

Il est donc certain que nous n'avons à nous occuper ici que des jugements proprement dits, c'est-à-dire intervenus à propos d'un procès. C'est dans le chapitre suivant que je traiterai des actes judiciaires, y compris ceux qu'on appelle ordinairement jugements.

Les jugements proprement dits, que j'appellerai désormais jugements, sont donc susceptibles de produire hypothèque; mais, je l'ai déjà laissé entendre, ils ne la produisent pas tous. Le contraire semble résulter des art. 2116 et 2123; mais leur apparente généralité est restreinte par la force même des choses. Sans parler des jugements qui, déboutant le demandeur, ne peuvent pas, c'est trop clair, donner naissance à l'hypothèque judiciaire [1], il ne faut pas une longue pratique des affaires pour découvrir qu'il y a une foule de jugements qui, tout en assurant le triomphe du demandeur, se refusent à produire l'hypothèque: tous ceux qui interviennent sur des questions d'état, et statuent notamment sur les affaires délicates et nombreuses que font naître les filiations naturelles; ceux qui ordonnent de faire des modifications aux actes de l'état civil, ceux qui édictent des mesures d'instruction, qui décident une question de compétence.... tous ces jugements, c'est évident, n'emportent point hypothèque: à quoi servirait-elle? Que garantirait-elle?

Puisqu'il y a des jugements qui produisent et d'autres qui ne produisent pas hypothèque, comment distinguer les premiers des seconds? Il faut un caractère commun; il faut une règle; il doit y en avoir une. Oui, la règle existe; et pour la trouver, on n'a qu'à s'adresser à la définition même de l'hypothèque: « L'hypothèque, dit l'art. 2114, est un droit réel sur les immeubles affectés à l'*acquittement d'une obligation* ». L'hypothèque est en effet, de sa nature, l'accessoire d'un droit; elle ne peut naître viable qu'en trouvant une obligation à laquelle elle s'attache; elle périt quand cette obligation s'éteint: on ne comprendrait pas une hypothèque conventionnelle qui fût isolée de tout droit principal; on ne comprendrait pas davantage une hypo-

1. Excepté toutefois pour garantie de la condamnation du demandeur aux frais; je parlerai du reste des frais plus loin.

thèque judiciaire résultant d'un jugement qui ne prononcerait aucune condamnation. Une hypothèque sans obligation, c'est un non sens. Donc tout jugement qui constate ou qui crée une obligation à la charge d'une partie emporte hypothèque sur les immeubles de cette partie. Voilà la rédaction précise qu'il eût fallu donner à l'art. 2123.

Il n'est nullement nécessaire que l'obligation soit de payer une somme d'argent. M. Persil [1] s'est donné la peine de réfuter l'opinion contraire, qui n'a jamais été soutenue, je crois, et qui ne pourrait l'être qu'avec des arguments si pauvres et si hasardés qu'il est bon de ne pas le suivre dans cette campagne inutile. Tout le monde, devant la généralité de l'art. 2123, est d'accord, dans la doctrine et dans la jurisprudence, pour reconnaître la sanction de l'hypothèque à l'obligation, quelle qu'elle soit, qui résulte d'un jugement comme cause première ou comme cause seconde : obligation de faire ou de ne pas faire, obligation de payer une quantité ou de livrer un corps certain, peu importe : toute condamnation est également digne d'être ramenée à exécution. Seulement il faut remarquer que lorsque l'obligation n'a pas pour objet une somme d'argent, ce que garantit l'hypothèque, c'est le payement des dommages intérêts qui résulteront de l'inexécution : car, aux termes de l'art. 1142 du Code civil, l'obligation de faire ou de ne pas faire est toujours susceptible de se résoudre en dette d'argent [2]. Cette dette, au moment où l'hypothèque se produit et est inscrite, est indéterminée sans doute ; mais l'art. 2132 permet de garantir par hypothèque une créance indéterminée dans sa valeur, pourvu qu'elle soit fondée sur un titre capable de lui conférer ce droit [3].

1. Questions sur les priv. et hyp. tome I, p. 218.

2. Rien n'est plus propre à donner une idée assez exacte du système Romain, convertissant le droit quel qu'il soit en une créance d'argent.

3. V. sur ce point les développements nets et précis de M. Tarrible, Rép. Hyp. p. 905, n° 2.

Un même jugement produit souvent plusieurs obligations. Il peut en imposer à la fois aux deux parties : deux hypothèques judiciaires vont alors en sens contraire s'emparer des immeubles des plaideurs ; ils ont des armes égales et peuvent prendre inscription l'un sur l'autre. Quand il y a plusieurs défendeurs condamnés, chacun d'eux voit peser sur ses immeubles une hypothèque judiciaire pour sa part de condamnation.

Ainsi le jugement qui impose une obligation, mais celui-là seul, emporte hypothèque. Voilà la règle. Elle est bien simple, bien évidente, et je ne comprends guère le soin qu'ont pris plusieurs de l'établir par des citations multipliées de textes anciens ou nouveaux. C'est presque, pour parler comme les philosophes, une vérité nécessaire. Dans plus d'un auteur cependant des pensées mal arrêtées ou des expressions indécises lui ravissent en partie sa lumineuse simplicité. Ainsi on voit presque partout qu'il faut, pour qu'un jugement produise hypothèque : 1° qu'il constate une obligation ; 2° qu'il impose l'acquittement de cette dette à titre de condamnation [1]. Ces deux conditions pour moi n'en font qu'une : car tout jugement qui constate une obligation l'impose [2]. D'où vient donc qu'on semble séparer ces deux choses inséparables, la constatation du droit du demandeur, et la condamnation du défendeur ? C'est que ces auteurs n'ont pas nettement distingué les jugements proprement dits des actes qualifiés jugements ; ils ont conservé au mot *jugement* son sens vague et vulgaire, ils n'ont pas tout de suite rejeté au rang des simples actes judiciaires les prétendus jugements qui constatent des faits,

1. *V.* Valette, Revue du droit français et étranger 1849, et toutes les thèses de doctorat, notamment la thèse complète et soignée de Georges Bonin, Poitiers, 1866.

2. Qu'on n'objecte pas le jugement de *vérification* d'écriture ; c'est une matière à part ; il a fallu un texte spécial ; j'en parlerai longuement plus bas.

des créances parfois, mais n'interviennent pas à propos d'un litige. Ils ont dû alors prendre un détour pénible pour arriver au même résultat que nous, et faire cette distinction entre les prétendus jugements qui constatent seulement les obligations, et les jugements qui les imposent. Cette distinction étonne l'esprit au premier abord; elle trouble un endroit si clair.

Une source de difficultés plus graves, qu'augmente souvent la véritable confusion d'idées et le langage peu précis des auteurs ou des arrêts, c'est l'opinion exagérée de quelques jurisconsultes qui ont voulu donner la sanction de l'hypothèque judiciaire à des obligations qui résultent, par voie de conséquence et par un circuit de déductions, d'un jugement qui ne les produit pas lui-même directement. Nous trouverons plusieurs cas de ce genre. Prenons-en un pour exemple : le jugement qui ordonne de rendre compte produit, d'après ces auteurs, sur les biens du gérant, une hypothèque qui sanctionnera l'obligation de payer le reliquat : parce que, disent-ils, « cette obligation est *en germe* et *en principe* dans le jugement[1] ». Ces derniers mots sont la formule ordinaire de la théorie dont on vient de voir une application spéciale; et sous ces termes imagés et trompeurs, cette théorie, que j'espère démontrer fausse à mesure que chaque espèce où elle s'affirme se présentera, a fait son chemin et s'est introduite dans la jurisprudence. Dans la doctrine, elle est repoussée par une minorité qui a grandement raison, selon moi, et contre la majorité et contre la jurisprudence, mais qui n'a peut-être pas été très-adroite dans la discussion. Son moyen ordinaire de réfutation consiste à dire que les obligations qui sont « en germe et en principe dans le jugement » n'en résultent point

1. *V.* Paul Pont, Hyp. art. 2123, nº 574; ce sont les expressions mêmes des partisans du système.

à titre *de condamnation* : or, les jugements *de condamnation* seuls emportent hypothèque Je ne sais si une pareille réfutation est bien péremptoire ; ne repose-t-elle pas sur des mots plutôt que sur des choses? Et les partisans de l'opinion combattue ne pourraient-ils pas dire que les obligations lointaines et éventuelles dont il s'agit résultent du jugement à titre *de condamnation* implicite et sous-entendue?... Le meilleur moyen, je crois, de réduire cette erreur à néant, c'est d'abord de poser nettement et comme chose évidente la règle que pour être garantie par l'hypothèque judiciaire l'obligation doit résulter du jugement, puis de vérifier si ces obligations éventuelles résultent du jugement. Or, il n'est pas difficile de prouver qu'elles n'en résultent pas. Il ne faut pas s'intimider devant ces mots « qu'elles sont en germe dans le jugement » ; ce n'est là qu'une image vague, mal définie dans l'esprit même de ceux qui l'emploient, presque vide de sens : sait-on où est le germe d'une obligation? sait-on même ce que c'est que le germe d'une obligation? Laissons les images, et parlons en termes catégoriques. Ces obligations résultent-elles, oui ou non, des jugements? Eh bien! nous verrons, dans chaque espèce, que ces obligations ne résultent pas des jugements, mais de faits postérieurs et extérieurs aux jugements, et que par conséquent l'hypothèque judiciaire ne les protége pas.

Pour faire voir quelle est l'hésitation de pensée ou de langage qui règne en cette matière chez les meilleurs auteurs, je ne citerai, à titre d'exemple, que quelques lignes de M. Paul Pont, partisan de la théorie des obligations implicites. La question y est posée de telle[1] façon qu'on est tenté au premier abord de dire non quand on pense oui : « On s'est demandé, dit-il, s'il faut, pour que l'hypothèque puisse résulter du jugement, que la condamnation prononcée soit liquide et déter-

1. Paul Pont, Hyp., I, page 577, n° 574.

minée, ou s'il ne suffit pas que le jugement renferme le germe d'une créance ou pose le principe d'un droit éventuel et indéterminé quant à présent, mais susceptible d'être déterminé plus tard avec précision... ». Ne semble-t-il pas, à la lecture de ces lignes, que la question en litige se résume en ceci : est-il ou n'est-il pas nécessaire que l'obligation soit liquide et déterminée? Or, sur ce point, tout le monde est d'accord, nous le savons, pour admettre que l'hypothèque judiciaire peut garantir une obligation non liquide et non déterminée. Mais la question que veut se faire M. Paul Pont est tout autre : l'hypothèque garantit-elle les obligations qui pourront naître un jour des suites du jugement? ce qui est bien différent. — Et puis remarquez que l'auteur veut mettre en doute qu'il y ait besoin toujours d'une condamnation pour que l'hypothèque judiciaire prenne naissance : or, il a lui-même dès les premiers mots l'air de supposer qu'il y a toujours condamnation : « on s'est demandé s'il faut que la *condamnation prononcée* soit liquide et exigible... ».

J'espère avoir échappé à ces équivoques, et il me semble que de ce qui précède se dégage sans obscurité, sans partie nuageuse, ce principe que j'ai tâché de mettre en lumière : tout jugement proprement dit pour produire hypothèque doit imposer directement une obligation. Nous aurons bientôt occasion de revenir à cette règle : elle sera le critérium avec lequel nous jugerons tous les cas douteux ou prétendus tels.

Lorsqu'il réunit les conditions ci-dessus décrites, le jugement est armé de l'hypothèque, quelle que soit la juridiction d'où il émane. Il en était ainsi dans l'ancien droit. « Les jugements de tous les juges du royaume, nous dit Pothier [1], et des pays de l'obéissance du roi, des juges inférieurs comme

1. Pothier, Traité de l'hypothèque, chapit. I, sect. 1, art. 2. (tome IX de l'édition Bugnet).

des juges souverains, des juges des justices des seigneurs comme des juges royaux, des juges d'attribution comme des juges ordinaires, même ceux des juges consuls, emportent hypothèque sur tous les biens présents et à venir des parties pour les condamnations qui y sont prononcées contre elles ». Il n'y avait qu'une exception : « les jugements des officiaux ne produisent point d'hypothèque, puisque l'autorité ecclésiastique ne s'étend pas au temporel. Il est vrai que ces sentences sont exécutoires sur les biens du condamné sans aucun *pareatis* du juge royal, suivant l'art. 43 de l'édit de 1695 ; mais elles tiennent ce droit d'être exécutoires, non de l'autorité du juge d'Eglise qui les a rendues, mais de l'autorité du roi qui par cet édit a bien voulu les rendre telles. Ainsi par la même raison que les officiaux ne pourraient rendre de sentences exécutoires s'il n'y avait une loi du prince qui leur eût accordé ce droit, ils ne pourraient pas rendre des sentences qui portent hypothèque, n'y ayant pas de loi du prince qui leur permette »[1]. Dans notre droit actuel, cette exception n'existe plus, et pour une bonne raison : c'est que les officialités diocésaines et métropolitaines ont été supprimées en 1790[2], et n'ont jamais été rétablies depuis, si ce n'est tout au plus à titre de conseil des évêques, et sans aucune juridiction propre et distincte. Tous nos tribunaux prononcent donc des condamnations garanties par l'hypothèque ; les jugements du tribunal de première instance et les arrêts de la cour d'appel, les décisions des tribunaux de commerce, celles des tribunaux criminels lorsqu'ils ordonnent des réparations civiles[3], les sentences du juge de paix, celles mêmes du conseil des prud'hommes, puis les décrets rendus au contentieux

1. Id. — *V.* aussi Loyseau, des seigneuries, chap. 15, § 4.
2. Loi du 7-11 septembre 1790, art. 13.
3. C. d'instr. crimin. art. 3, 161, 162, 192, 194, 358, 359, 366 et 368.

en conseil d'État, qu'ils soient élaborés par la section du contentieux seule, ou par le conseil d'État délibérant au contentieux, les arrêtés des ministres, ceux des conseils de préfecture, et, pour abréger, toutes les décisions des juridictions administratives consacrant au profit de l'État ou d'un particulier [1] une obligation quelconque, et rendues au contentieux, produisent sans distinction l'hypothèque judiciaire. Les jugements ou arrêts des tribunaux criminels produisent même cette hypothèque comme sanction des amendes qu'ils prononcent : les amendes ne sont-elles pas des *obligations* qui résultent de *jugements obtenus* par l'État [2] ? Quant aux frais de justice criminelle, l'État a plus qu'une hypothèque judiciaire : il a pour leur recouvrement, sur les meubles et subsidiairement sur les immeubles à charge d'inscription dans les deux mois du jugement, un privilége, qui est du reste primé par ceux des art. 2101 et 2102 du Code Napoléon, et par plusieurs autres créances [3]. On peut se demander par curiosité si les arrêts de la cour de cassation sont parfois susceptibles de produire hypothèque. En règle générale, comme elle ne connaît pas du fond des affaires, ses décisions et l'hypothèque judiciaire n'ont aucun rapport, et la règle est si générale qu'elle ne laisse guère de place aux exceptions. On serait tenté de croire que les arrêts de rejet produisent l'hypothèque pour l'amende qu'ils doivent infliger au plaideur téméraire ; mais comme l'amende est consignée d'avance, l'hypothèque n'a ici aucune raison d'être. La cour de cassation connaît de certaines affaires spéciales, des réglements de juges en matière civile, des prises à partie dirigées contre une cour d'assises

1. Contre une personne autre que l'État.

2. On sait du reste que l'État ne garde pas pour lui tout le produit des amendes. V. Ducrocq, Cours de dr. adm., page 502 et 503.

3. V. Paul Pont, Hyp., tome I, p. 34.

ou contre une cour d'appel entière [1]. On ne comprend pas que l'hypothèque puisse résulter du règlement de juges ; mais on comprend qu'elle puisse résulter de la prise à partie. Dans ce cas donc, qui se présentera rarement, peut-être jamais, et aussi lorsque la cour prononce des condamnations aux frais, l'hypothèque peut résulter des arrêts de la cour de cassation (je ne dis pas des arrêts de cassation).

Comme on voit, il importe peu que la juridiction soit ordinaire, comme les tribunaux de première instance en droit privé, et les ministres en droit administratif [2], ou exceptionnelle, comme la justice consulaire et le conseil de préfecture. Du moment qu'une autorité investie par la société du pouvoir de juger a prononcé une condamnation, quelque modeste que soit cette autorité, quelque restreinte que soit la sphère de son action, comme elle représente la société, un intérêt public s'attache à l'exécution de ses décisions, et tant que l'hypothèque judiciaire sera regardée comme l'indispensable sanction de la chose jugée, toute distinction entre les juridictions serait injuste et illogique.

Ce n'est pas seulement l'origine du jugement de condamnation qui est indifférente au point de vue de l'hypothèque judiciaire : la forme elle-même, ou plutôt le caractère particulier de chaque jugement n'a aucune influence sur la naissance de l'hypothèque. Le jugement provisoire la produit comme le jugement définitif, la décision en premier ressort comme la décision en dernier ressort, le jugement par défaut comme le jugement contradictoire.

En ce qui concerne les jugements en premier ressort, notre

1. Ou contre une section de la cour d'appel. V. Pr. art. 509.

1. Je crois avec M. Ducrocq (v. loc. cit. page 188) que les ministres sont les juges de droit commun du contentieux administratif au premier degré.

droit ne fait que reproduire, sauf l'inscription et ses conséquences, les dispositions de l'ancien droit. Il est vrai que l'ordonnance de Moulins, que j'ai citée plus haut, ne faisait résulter l'hypothèque que de « la condamnation donnée en dernier ressort »; mais les remontrances des parlements avaient amené une déclaration du roi rendue dans la même année 1566 et qui porte : « L'hypothèque aura lieu et effet du jour de la sentence, si elle est confirmée par arrêt ou que d'icelle il n'y ait appel ». La déclaration de 1566 ne prévoyait pas le cas où le jugement serait confirmé pour partie seulement. Presque tous les anciens auteurs enseignent que l'hypothèque doit aussi dans ce cas avoir lieu et effet du jour du premier jugement. En effet le moins est contenu dans le plus. On ne comprend pas que trois auteurs estimables, Auzanet [1], Ferrière [2] et Rousseau [3], aient soutenu, dans l'ancien droit, que l'hypothèque, dans ce cas, ne date que de la décision en second ressort. Personne aujourd'hui ne soutient plus cette opinion. Si donc après le premier jugement on avait pris inscription pour toutes les condamnations, l'hypothèque serait seulement restreinte à la partie du jugement qui a été confirmée.

Quant aux jugements par défaut, le Code Napoléon n'a pas tout à fait suivi les errements de l'ancien droit. Dans l'ancien droit, il y avait eu d'abord, relativement aux jugements par défaut, des difficultés pour la doctrine et pour la pratique, car l'ordonnance de Moulins était muette sur ces jugements. On leur accordait bien l'hypothèque, puisque l'ordonnance ne distinguait pas; mais quelle date assigner à cette hypothèque ? Ce fut cette question délicate que vint trancher le titre 35 (des requêtes civiles) de l'ordonnance de 1667 : « Les jugements par

1. Cité par Troplong, n° 443.
2. Sur la question 6 de Guy Pape.
3. Verb. Hypoth.

défaut, y est-il dit, n'emporteront hypothèque que du jour de la signification aux procureurs » ; voilà ce que nous ne retrouvons plus dans le Code. L'art. 29 du projet de la commission était cependant copié sur l'ordonnance de 1667, et décidait comme elle que l'hypothèque n'existerait en vertu d'un jugement par défaut qu'après sa signification [1] ; mais il a été repoussé, puisque l'art. 2123 ne fait aucune distinction de ce genre. Les jugements par défaut comme les autres produisent de plein droit et immédiatement l'hypothèque, qui ne prend du reste date et rang que par l'inscription. Ce que j'ai dit du cas où un jugement en premier ressort est modifié sur l'appel, s'applique au cas où un jugement par défaut est en partie réformé sur l'opposition [2].

On pourrait peut-être s'étonner un instant que le législateur attache l'hypothèque à des condamnations qui ne sont encore que conditionnelles et éventuelles. Mais il ne faut pas une longue réflexion pour apprécier l'urgence qu'il y a de faire résulter l'hypothèque des jugements susceptibles d'appel ou d'opposition, et de permettre l'inscription aussitôt qu'ils sont rendus ; sans cela le débiteur de mauvaise foi emploierait les délais légaux et la durée de ces voies de recours à soustraire ses immeubles par de frauduleuses aliénations à l'hypothèque qui les menace ; or tant que l'hypothèque judiciaire existera, il faut qu'elle soit efficace et remplisse sa fonction, et la loi ne doit pas fournir des armes contre elle-même. D'ailleurs une créance conditionnelle est parfaitement susceptible d'être garantie par hypothèque (2132), et le législateur est resté d'accord avec les principes en faisant résulter l'hypothèque même des jugements en premier ressort ou par défaut. Bien entendu, l'hypothèque, inséparablement liée au droit

1. *V.* Fenet, t. II, p. 217.
2. *V.* Pothier, Coutume d'Orléans, tit. 20, nº 17.

qu'elle sanctionne, est conditionnelle comme la condamnation et suit le sort du jugement qui l'a produite. Elle disparaît s'il est réformé sur l'appel ou si l'opposition le fait tomber. Au cas de défaut faute de constituer avoué, elle s'évanouit avec le jugement lui-même lorsque six mois se sont écoulés sans commencement d'exécution.

J'ai dit tout à l'heure que l'inscription peut être prise aussitôt que le jugement, même par défaut, est rendu. Je justifierai et expliquerai cette proposition lorsque je m'occuperai de l'inscription. Je me borne ici à affirmer que l'inscription n'est pas un acte d'exécution, mais une mesure de conservation : ce qui fait qu'elle peut être prise dans la huitaine qui suit la signification des jugements par défaut ou la prononciation des jugements contradictoires, après l'appel interjeté ou l'opposition formée; ce qui fait encore qu'elle n'empêche pas la péremption par six mois du jugement par défaut faute de constituer avoué. L'hypothèque est une garantie qui est tout à fait distincte des moyens d'exécution; elle précède, elle prépare l'exécution : par elle-même elle n'est point un acte d'exécution. Mais nous retrouverons toutes ces questions.

Les vices qui affectent les jugements et ouvrent contre eux, outre l'appel et l'opposition, les voies d'attaque extraordinaires ne les empêchent pas de produire hypothèque. Cette hypothèque est fragile comme eux, prête à s'évanouir si on les déclare nuls. Mais elle peut être inscrite en attendant son sort, et elle est susceptible de se consolider et de devenir définitive si le jugement lui-même échappe à la cassation, à la requête civile.... Chez nous en effet un jugement n'est jamais nul de plein droit : « voies de nullité n'ont lieu en France », disaient les vieux auteurs; il faut pour le faire annuler recourir aux voies légales ordinaires ou extraordinaires. Par cela seul qu'un acte est revêtu des caractères extérieurs d'une décision judiciaire, quelle que puisse être d'ailleurs l'évidence des causes de nullité qui le vicient, il faut que cet acte soit attaqué par les voies légales [1] : et comme ces voies de recours ne sont ouvertes que pendant certains délais fort courts, les jugements les plus vicieux et les plus irréguliers peuvent devenir valables et produire sans obstacle tous les effets des jugements sains et irréprochables. Mais si le jugement est attaqué à temps et déclaré nul, tous ses effets s'évanouissent, notamment l'hypothèque, et cela quand bien même une décision nouvelle viendrait ensuite donner raison aux premiers juges et statuer comme eux sur le fond de l'affaire. Par ces derniers mots je fais allusion à des hypothèses qui sont de nature à se présenter assez souvent dans la pratique, et qu'aucun auteur cependant n'a traitées au point de vue de l'hypothèque judiciaire. Je suppose que la cour de cassation ait cassé une décision pour vice de forme ou pour incompétence, et renvoyé l'affaire devant de nouveaux juges. Le nouveau tribunal juge au fond comme le premier : est-ce que l'hypothèque datera de l'inscription prise en vertu du premier jugement, ou seulement de celle qu'il faudrait prendre en vertu du second? La question peut se poser encore dans la combinaison plus simple que l'art. 473 du Code de Procédure me permet de faire : une cour d'appel déclare nul pour vice de forme un jugement de première instance, évoque l'affaire et statue au fond comme le tribunal. Ou encore, un jugement ayant été rétracté sur requête civile, le fond est porté devant le tribunal qui statue de la même façon. Quelle sera dans tous ces cas la date de l'hypothèque? ou, pour mieux dire, le premier jugement a-t-il produit hypothèque? On

1. Voyez Automne sur le titre du Code *quando provocare non est necesse.* — Il y a peut-être deux exceptions chez nous à la règle « voies de nullité n'ont lieu » : l'une résultant de l'art. 1028 du Cod. de Pr., l'autre des art. 352-362.

serait tenté de dire oui, puisque le demandeur avait raison dès l'origine. Cependant il faut adopter l'opinion contraire; elle est commandée par les principes les plus élémentaires; le premier jugement a été déclaré nul : il n'a donc pu produire aucun effet; le second seul existe en droit; il n'a rien confirmé; il a prononcé : lui seul par conséquent a pu produire hypothèque. La question a son importance : un changement de date peut changer le rang de l'hypothèque.

Parmi les vices dont je viens de parler et qui n'empêchent pas l'hypothèque de naître et de vivre tant que le jugement n'est pas annulé, aucun n'est de nature à se présenter plus souvent que le vice d'incompétence. Je l'ai compris dans la règle que j'ai posée en termes généraux, et je ne vois pas qu'il soit possible de faire de distinction à son égard [1]. Mais tout le monde ne partage pas cette conviction, du moins si l'on s'en tient aux apparences; et des idées assez étranges ont été émises sur ce point. Là encore la source des difficultés, c'est une certaine confusion d'idées qui règne chez d'excellents auteurs et qu'on est quelque temps à démêler. D'une question de compétence on a fait, bien mal à propos, une question d'hypothèque judiciaire. Seul à ma connaissance, M. Valette a indiqué la confusion; encore n'a-t-il pas peut-être suffisamment développé sa pensée [2]. Qu'on lise M. Troplong et tous ceux qui lui ont emprunté ses idées pour les adopter ou pour les rejeter : on verra qu'au fond la véritable, la seule question qu'ils agitent est celle-ci : peut-on couvrir par le consentement l'incompétence d'un tribunal ?

Sans doute cette question touche un peu à l'hypothèque judiciaire, puisque l'hypothèque est attachée au jugement et

1. Toutefois il y a lieu peut-être de faire des réserves pour certaines juridictions tout à fait exceptionnelles.

2. Revue du Droit fr. et étr., VI, p. 975.

que, si l'incompétence est susceptible d'être couverte, l'hypothèque est dès à présent définitive comme le jugement. Mais cette conséquence toute naturelle ne fait qu'enlever toute excuse, par sa logique simplicité, à ceux qui posent la question en ces termes : « L'hypothèque résulte-t-elle des jugements rendus par des juges incompétents ? » et qui développent cette question mal posée dans de longues pages nécessairement vagues.

Ils commencent par faire une distinction entre l'incompétence *ratione personæ* et l'incompétence *ratione materiæ*. Si le jugement n'est entaché que du vice d'incompétence *ratione personæ*, pas de difficulté, disent-ils : il emporte hypothèque parce que les parties ont pu couvrir l'incompétence par leur consentement. — Là ils passent sous silence le cas où le défendeur n'a oint voulu couvrir l'incompétence du tribunal et a protesté contre les prétentions de son adversaire : or il arrive souvent dans la pratique que, malgré l'exception d'incompétence proposée et maintenue par le défendeur, le tribunal incompétent prononce sur le fond avant que la question de compétence ait été définitivement tranchée par les tribunaux supérieurs : qu'on se rappelle seulement l'art. 425 du Code de procédure, et on verra qu'il doit y avoir beaucoup de jugements sur le fond entachés d'un vice d'incompétence *ratione personæ*, et dont le vice n'a point été le moins du monde couvert par l'assentiment de toutes les parties. Or qui ne sait que, quand le défendeur proteste, l'incompétence *ratione personæ* intéresse l'ordre public autant que l'incompétence *ratione materiæ* ? Il eût donc fallu refuser à de pareils jugements l'hypothèque, comme on va la refuser aux jugements entachés d'incompétence *ratione materiæ*, quel que soit le sens attaché dans ce système aux mots « *refuser hypothèque* ». — S'il s'agit d'incompétence *ratione materiæ*, l'hypothèque, nous dit-on, *ne résulte pas* du jugement, car la compétence *ratione materiæ* est d'ordre public, et la volonté des parties ne peut y déroger. Y déroger, ce serait établir une juridiction nouvelle qui n'aurait aucun caractère légal. Il s'ensuit qu'un jugement émané de cette juridiction serait inefficace pour la constitution de l'hypothèque judiciaire. Qu'un tribunal civil prononce sur une matière commerciale [1] ou un tribunal de commerce sur une affaire civile, même avec le consentement des parties, il y a là plutôt des espèces de sentences arbitrales que de véritables jugements : l'hypothèque ne peut donc en découler. Toutefois, ajoutent quelques-uns, il faut faire une distinction entre le juge dont la compétence est limitée *ad certam summam*, et le juge dont la compétence est limitée *ad certum genus causarum*. Quand le juge est délégué *ad certam summam*, c'est-à-dire quand il est institué pour juger des contestations qui ne s'élèveront pas au-dessus d'une certaine valeur, comme les juges municipaux chez les Romains et les juges de paix en France, la volonté des parties peut lui soumettre des affaires d'une valeur plus considérable : *judex qui ad certam summam judicare jussus est, etiam de re majore judicare potest si inter litigatores conveniat* [2]. Ainsi si les parties y consentent, le juge de paix pourra juger des sommes supérieures non-seulement à 200 francs, mais encore à 1,000 fr..... C'est ce qui a été jugé par un arrêt de la cour de cassation rapporté par Merlin [3], et par plusieurs autres arrêts de la même cour ou des cours d'appel. La raison en est, comme le dit Merlin d'après

1. Je sais que la jurisprudence reconnaît aux tribunaux civils le droit de connaître des affaires commerciales, quand le défendeur ne proteste pas. Mais, quoiqu'il n'y ait plus d'espérance de réformer sur ce point la jurisprudence, je crois que la doctrine doit toujours maintenir les vrais principes.

2. L. 74, § 1, *de judiciis*. L. 28, D, *ad municip*.

3. Hyp. p. 836, colonne 1

Henrion de Pansey, que les parties en pareil cas ne font que développer une juridiction préexistante, une compétence dont la loi a déposé le germe dans les attributions du juge de paix ; on proroge une juridiction légalement établie. D'où il faut conclure que si le juge est délégué *usque ad certam summam*, le jugement qu'il rend sur une demande d'une valeur supérieure, mais du consentement des parties, emporte hypothèque parce qu'il est légal. Mais si le juge est délégué *ad certum genus causarum*, la volonté des parties ne peut le rendre habile à juger ce qui sort du cercle tracé par la loi ; son jugement, en dehors de ce cercle, ne serait pas légal. L'hypothèque n'en saurait résulter. Telle est, à peu près textuellement rapportée, la manière dont M. Troplong traite la question.

Que veut dire M. Troplong en prétendant que les jugements émanés d'un juge incompétent *ratione materiæ* et qui a jugé en dehors du *certum genus causarum* que lui départ la loi, « ne sont pas des jugements légaux et ne produisent pas l'hypothèque » ? Ces derniers mots contiennent de deux choses l'une : ou une grosse erreur ou une pensée vraie très-obscurément exprimée. S'ils signifient que ces jugements sont nuls comme jugements, par eux-mêmes, et sans qu'on les attaque par les voies légales, que ce sont « de simples sentences arbitrales » insusceptibles de produire, quoi qu'il arrive, les effets des vrais jugements, c'est une erreur, et une erreur capitale : la maxime « voies de nullité n'ont lieu en France » est manifestement oubliée. Chez nous, je l'ai dit, quelque irrégulier que soit un jugement, il subsiste, il porte le nom et produit les effets de jugement tant qu'on ne le fait pas tomber par les voies légales, l'appel, le pourvoi en cassation... Quelque visible que soit le vice d'incompétence, il faut qu'il ait été constaté par un tribunal supérieur pour que le jugement soit nul : si ce jugement est à l'abri des voies d'attaque, parce que les délais sont écoulés, c'est fini, il a l'autorité de la chose jugée, il est irrévocable, il est la vérité : *res judicata pro veritate habetur*. Nul ne peut contester ses effets, et l'hypothèque judiciaire est à jamais consolidée [1]. Qui donc serait juge de cette incompétence, si elle pouvait être constatée en dehors des voies de recours organisées par la loi ? Est-ce le conservateur qui apprécierait ces questions souvent les plus difficiles de toutes? Sont-ce les parties elles-mêmes?... On voit que si tel est le sens des paroles de M. Troplong, l'éminent jurisconsulte s'est pleinement trompé. Aussi je ne puis croire qu'un oubli pareil se soit glissé dans son livre ; et je pense qu'il a voulu dire simplement que l'hypothèque judiciaire *ne résulte pas d'une façon sûre* et définitive d'un jugement entaché d'incompétence absolue, même lorsque ce jugement a été rendu avec le consentement des deux parties ; qu'en un mot l'incompétence *ratione materiæ* ne peut être couverte par l'assentiment des parties, et que ce consentement n'empêche pas le jugement et tous ses effets d'être fragiles et conditionnels. Voilà probablement ce qu'a entendu M. Troplong en disant que l'hypothèque *ne résulte* pas d'un tel jugement. *Elle n'en résulte* pas, parce qu'il peut être attaqué ; il va l'être, et tous ses effets avec lui seront anéantis. C'est dans le même sens, il n'y a pas à s'y tromper, que M. Valette emploie des expressions analogues [2].

Mais alors, je le répète, la question a été mal posée. Il fallait, après avoir établi en règle que l'hypothèque suit le sort du jugement, se demander si un jugement incompétemment rendu peut être néanmoins définitif et produire par conséquent une hypothèque définitive lorsque les parties ont consenti à être jugées par le tribunal incompétent. C'est ainsi que Ferrières et d'Héricourt l'entendaient dans l'ancien droit. Du

1. V. Paul Pont, Hyp., tom. 1, p. 580.
2. Loc. cit.

moins cela ressort pour moi des deux citations suivantes, qui ont été souvent mal interprétées. Parlant d'une sentence rendue par des juges incompétents, Ferrières dit [1] : « Si elle émanait de juges incompétents *ratione materiæ*, elle était nulle (c'est-à-dire annulable), alors même qu'elle avait été rendue du consentement des parties, et ne pouvait produire hypothèque ». D'Héricourt [2] parle de l'incompétence *ratione personæ* lorsqu'il dit : « C'est un usage certain que la sentence rendue par un juge incompétent de connaître une affaire donne hypothèque au créancier du jour qu'elle est intervenue, quand la partie a procédé volontairement devant le juge incompétent, ou, si le condamné n'a point comparu, quand il ne s'est pas pourvu dans le temps prescrit pour faire infirmer la sentence qui a été rendue contre lui [3] ». Aujourd'hui la même distinction doit être faite : l'incompétence *ratione personæ* peut être couverte par le consentement des parties; l'incompétence *ratione materiæ* ne peut pas être couverte par ce consentement; elle ne peut l'être que par l'écoulement de tous les délais d'appel ou de pourvoi. C'est une question de procédure que je n'ai pas à développer ici; mais je veux cependant dire un mot de la distinction que fait M. Troplong, quant à la compétence *ratione materiæ*, entre le juge compétent *ad certam summam* et le juge compétent *ad certum genus causarum*. MM. Valette, Pont, Dalloz la repoussent. Toute prorogation de compétence *ratione materiæ* est interdite, disent-ils, par le silence même de la loi, et par les considérations les plus graves. L'argument qu'invoquent M. Troplong et ceux qui partagent sa manière de voir [4], c'est qu'en prorogeant la

1. Art. 170 de la Cout., § 4, au suppl.
2. Vente des immeubles, ch. 11, sect. 2, nº 30.
3. V. aussi Soulatges (des hyp. ch. 2).
4. V. Merlin, Rép. Hyp. p. 833, col. 1, et une note d'Henrion de Pansey y rapportée p. 938.

compétence *ad certam summam*, on ne fait que développer une compétence qui existe, on féconde un germe préexistant : tandis qu'en élargissant le cercle de la compétence *ad certum genus causarum* on crée une nouvelle juridiction. C'est là une subtilité : dans le premier cas comme dans le second, il y a création de juridiction. Elle est partielle au premier cas, totale au second. Toutes les fois qu'on donne au juge des pouvoirs que la loi lui a refusés, n'est-ce pas faire un règlement de juridiction qui tient à l'ordre public? Mais c'était le système romain!... Sans doute; mais on ne soutiendra pas que la loi 74, § 1 *de judiciis*, soit encore en vigueur. Ainsi raisonne M. Valette[1]. Il a raison, mais M. Troplong n'a pas tort : en théorie et abstraction faite de textes spéciaux, je crois qu'il faut, comme M. Valette, repousser toute prorogation de compétence *ratione materiæ*, quelle qu'elle soit. Mais comme l'art. 7 du Code de Procédure, éclairé par les travaux préparatoires, et rapproché de la loi du 26 octobre 1790, me semble établir une dérogation aux principes stricts, je n'hésite pas à dire que les parties peuvent proroger librement la compétence du juge de paix relative à une certaine somme. La jurisprudence n'a jamais hésité à l'affirmer par ses décisions, et après les pages lumineuses de logique et pleines de preuves qu'a consacrées M. Bourbeau à ce sujet[2], il n'est plus permis d'adopter l'opinion contraire. Or la juridiction du juge de paix est la seule qui puisse aujourd'hui donner lieu à la question, puisque c'est la seule qui ait une compétence *ad certam summam* : il s'en suit que les vrais principes, mis en relief par M. Valette, restent, dans notre droit actuel, à l'état de pure abstraction, et que l'exception à ces principes seule est en vigueur. Mais si une loi créait des compétences nouvelles *ad certam summam*, je ne balancerais pas

1. Loc. cit. p. 975.
2. Théorie de la procéd. civ., Just. de paix, I, p. 27 et suiv.

à déclarer contraire à l'ordre public, contraire à cette loi même, une prorogation de compétence qu'elle n'autoriserait pas expressément.

Maintenant que les principes de la matière sont connus, il faut les appliquer à un assez grand nombre d'hypothèses et d'espèces que la pratique a mises successivement au jour, et sur la plupart desquelles il y a eu ou il y a encore discussion. C'est là surtout qu'il faut se rappeler la règle fondamentale qui s'est dégagée presque d'elle-même à nos yeux au début de ce chapitre : Le jugement proprement dit qui impose une obligation emporte hypothèque. Voilà la commune mesure que nous allons poser sur tous les cas particuliers qui défileront devant nous, et qui nous fera vite reconnaître, pour les repousser du domaine de l'hypothèque judiciaire, tous les actes qui ne sont pas des jugements, tous les jugements qui ne produisent pas d'obligation.

Il y a des actes qu'on appelle jugements convenus ou d'expédient. Ce sont des décisions rendues par un tribunal sur le désir et avec le commun accord des deux parties. Par exemple un procès s'étant engagé entre un créancier et un débiteur, ils arrivent à s'entendre : le débiteur consent à payer, et le créancier lui donne un délai : les avoués rédigent un projet de jugement que le tribunal prononce, donnant ainsi à l'arrangement la forme et la force d'un jugement ordinaire. Par ces derniers mots, je laisse déjà entendre que l'hypothèque judiciaire résulte, à mon avis, de ces actes. Sans doute il y a là plutôt un contrat judiciaire qu'un quasi-contrat judiciaire ; sans doute ces jugements ont des particularités singulières : ainsi il semble bien qu'ils ne soient pas susceptibles d'appel [1], car les parties ne sont pas recevables à reprocher

1. V. Journal du palais, tome XIV, p. 555, — t. IX, p. 480, — t. XI, p. 464.

au juge d'avoir mal jugé, puisque la décision qu'il a prononcée n'a été que l'expression de leurs communs désirs : à moins que, prenant en considération le double caractère de l'expédient, contrat quant au fond, jugement quant à la forme, on ne décide qu'on ne peut l'attaquer que pour les mêmes causes et dans les mêmes cas que les contrats extrajudiciaires, mais par les mêmes voies que les jugements proprement dits[1] : opinion vers laquelle je pencherais. Quelques auteurs en soutiennent une autre, et prétendent que la *convention* peut être attaquée par une simple demande en nullité, et que, dès qu'elle est annulée, la sentence tombe d'elle-même. Quoi qu'il en soit, et malgré ces singularités, ce sont là des jugements proprement dits. Un débat a amené les parties devant le tribunal : c'est pour terminer ce débat qu'intervient ce jugement. Qu'importe qu'il soit inspiré par les parties elles-mêmes ? Est-ce que tous les jugements intervenus sur un aveu, sur un serment, ne sont pas un peu des jugements convenus? Au lieu de se défendre avec mauvaise foi et opiniâtreté, le débiteur se montre sincère et facile : il ne faut pas que le créancier perde quelque chose à avoir un honnête homme pour adversaire; il ne faut pas qu'il ait intérêt à repousser tout arrangement, et à continuer une lutte qu'on pourrait terminer tout de suite pour le grand avantage de chacun. La doctrine et la jurisprudence ont donc raison d'accorder l'hypothèque aux jugements convenus[2]. Mais il y a un danger à éviter et un tempérament à admettre : si les parties avaient feint un procès pour obtenir un jugement d'expédient et créer par là

1. *V.* Nouveau-Denizart, v° Expédient, n° 13; — v° Contrat, § 2, n° 12; — v° Avocat, § 5, n° 93; — et Dalloz, t. 34, p. 197.

2. Bruxelles, 9 janv. 1807 et 8 mai 1822; — Persil, Rég. Hyp., 2123, n° 11; — Merlin, Rép., v° Hyp., sect. 2, § 3; art. 5, n° 2; — Battur, t. II, n° 324; — Zachariæ, III, p. 131, note 1, etc.

une hypothèque générale, le tribunal ne devrait pas prêter son concours à cette violation de la loi.

N'y a-t-il pas une certaine ressemblance apparente entre les jugements convenus et les procès-verbaux que dresse le juge de paix des arrangements des parties en conciliation ? Cependant ces procès-verbaux ne produisent pas l'hypothèque judiciaire, et la raison en est bien simple : c'est que le juge de paix n'a pas en rédigeant ces conventions le caractère de juge, et par conséquent ses actes n'ont point le caractère de jugements. Il n'est plus juge, il est conciliateur, il est, si l'on veut, notaire ; il ne prononce plus de *jugements*, il rédige des actes, il fait des *procès-verbaux*. Ces procès-verbaux sont bien, dans le sens large du mot, des actes judiciaires et j'aurais dù peut-être n'en parler qu'au chapitre suivant ; mais ils ne produisent pas l'hypothèque judiciaire : il n'y a pas le moindre doute sur ce point : la question a été prévue dans les discussions du Conseil d'État et du Tribunat, tant à propos de notre article 2123 qu'à propos de l'article 54 du Code de procédure, et tranchée dans ce sens [1]. L'art. 54 *in fine* le dit lui-même en termes un peu voilés : « Les conventions des parties insérées au procès-verbal ont force d'obligation privée ». Ces derniers mots font voir encore que j'exagérais tout à l'heure le rôle du juge de paix conciliateur en le comparant au notaire : il ne fait que conférer l'authenticité à la convention, il ne lui donne pas la force exécutoire ; bien plus, et voyez comme le procès-verbal de conciliation est loin de produire l'hypothèque judiciaire : le juge de paix n'y peut même pas constituer, sur la demande des parties, une hypothèque spéciale, une hypothèque conventionnelle [2].

Quant aux décisions que le juge de paix prend comme juge,

1. V. Locré, t. XVI, p. 253 et 254 ; t. XXI, p. 252, 253, 399 ; — V. aussi Grenier, t. I, nº 2029 ; Rauter, § 168, etc.
2. M. Bourbeau, à son cours.

j'ai déjà dit qu'elles entraînent hypothèque tout aussi bien que celles qui émanent des tribunaux les plus élevés. Je ne veux insister que sur un point. Ce sont des *jugements* que les décisions rendues par le juge de paix en vertu de l'art. 7 du Code de Procédure. Il juge alors en dehors de sa compétence ordinaire ; mais c'est bien le rôle de juge et non celui d'arbitre que lui donne l'art. 7 : les termes de cet article ne laissent pas naître le doute. *L'exequatur* du président du tribunal n'est point nécessaire, comme pour une sentence arbitrale ; l'hypothèque naît de plein droit, pourvu toutefois que l'on se soit conformé aux formalités exigées par le texte de l'art. 7 : sans cela le juge de paix n'aurait plus les pouvoirs d'un délégué de la puissance publique.

Le jugement d'adjudication produit-il hypothèque ? Non ; mais c'est en m'occupant des actes judiciaires que je le démontrerai bien simplement. Ce prétendu jugement n'est en effet qu'un acte judiciaire. Il intervient sans nulle contestation ; c'est une formalité requise pour donner à l'aliénation une solennité plus grande, c'est une homologation de la vente forcée. Où est le demandeur ? où est le défendeur ? quelle est la condamnation ? Je ne trouve là aucune trace de jugement : or je ne m'occupe que des jugements.

De même, ce sont des actes judiciaires faussement qualifiés jugements que les jugements qui homologuent tels ou tels actes, un partage par exemple ou une transaction. Là encore on peut dire que le juge ne statue pas au contentieux : point de procès, point de condamnation. Le jugement qui homologue un partage peut, il est vrai, consacrer certaines obligations contraires aux vœux d'une partie ; mais ces obligations résultent du quasi-contrat de partage, et non de l'homologation, qui n'est qu'un examen et une confirmation de ce partage ; elles ne sont pas une condamnation, et la preuve c'est qu'elles peuvent être créées à la charge de celui qui a requis le partage, et au profit de celui qui en contestait l'opportunité, et qui peut-être a refusé obstinément d'y concourir. Nous verrons plus tard si ces prétendus jugements produisent l'hypothèque, au moins comme actes judiciaires.

Parfois un obligé vient lui-même faire constater son obligation en justice. Par exemple, un gérant d'affaires ou tout autre administrateur demande à un tribunal de déclarer qu'il a géré ou administré, et se fait autoriser à rendre compte. La déclaration du tribunal, qu'on appelle jugement, n'est évidemment aussi qu'un acte judiciaire.

Même observation sur le jugement qui reçoit une caution judiciaire. Il est vrai que le créancier peut contester, et que ce jugement tranche alors un débat ; mais ce débat n'est point un procès véritable, c'est une simple discussion pour éclairer le tribunal sur la solvabilité de la caution. En admettant même que le jugement qui reçoit la caution fût un vrai jugement, il n'en résulterait pas d'hypothèque sur les biens de la caution. Le jugement est obtenu par le débiteur *contre le créancier* : or un jugement ne produit hypothèque qu'en faveur de *celui qui l'a obtenu*. Et puis quelle condamnation est prononcée contre la caution ? Quelle obligation est mise à sa charge par ce jugement ? Les obligations tacites et futures auxquelles la caution s'est soumise en acceptant d'être caution ne sont pas nées le moins du monde du jugement, mais de la loi, ou, si l'on veut, de son engagement même, de la soumission par elle faite au greffe ou à l'amiable. Elles ne peuvent donc être garanties par l'hypothèque judiciaire. S'il en était autrement, il serait plus avantageux de contester la solvabilité de la caution, même lorsqu'elle est très-solvable, que de la recevoir volontairement.

Voici une question qui a été très-vivement controversée et sur laquelle il faut s'arrêter, bien que la solution m'en paraisse tout aussi claire et tout aussi simple que celles des précédentes difficultés. Un jugement qui nomme un curateur à une succession vacante grève-t-il d'hypothèque les immeubles de ce curateur, comme garantie des obligations qui résulteront de sa gestion ? L'intérêt pratique de cette question est très-grand, car elle est complexe, et je ne la présente que sous une de ses formes pour la commodité de l'argumentation. Ainsi elle se poserait très-bien à propos du jugement qui envoie en possession des biens d'un absent ; — à propos du jugement qui nomme un séquestre judiciaire ; — à propos du jugement qui nomme un administrateur provisoire des biens et de la personne du défendeur dans une demande en interdiction ; — à propos du jugement qui désigne un conseil judiciaire ; — à propos du jugement qui nomme les syndics d'une faillite ; — pour abréger, à propos de tout jugement qui investit quelqu'un d'un pouvoir d'administration. Tous ces cas sont analogues à celui que je prends pour terrain de la discussion, et, sauf des nuances, offrent les mêmes avantages à l'opinion que je vais soutenir. Il s'agit donc de savoir si tous les immeubles de tous ces administrateurs sont grevés d'hypothèque et frappés de l'inévitable discrédit qui en résulte, et s'il faut, sous prétexte d'hypothèques judiciaires, augmenter le réseau des hypothèques légales déjà si large et qui paralyse tant de forces vives de la richesse publique. La négative me paraît évidente, pour cette raison bien simple que le jugement qui nomme par exemple un curateur à succession vacante ne produit aucune obligation, et n'offre par conséquent aucune prise à l'hypothèque. Quelle obligation peut-on attribuer à ce jugement ? L'obligation de payer le reliquat ? mais aucun reliquat n'est encore dû ; le compte n'est pas rendu ; ses éléments n'existent même pas encore. L'obligation de rendre compte ? Mais le curateur ne peut être obligé de rendre compte avant d'avoir géré ! L'obligation de gérer ? mais il est libre de refuser les fonctions que *lui offre* le jugement! Ainsi c'est de son acceptation que naît l'obligation de gérer, c'est de sa gestion que naît l'obligation de rendre compte, et c'est la reddition de compte qui le constituera définitivement débiteur du reliquat; quant au jugement, il ne produit rien, il ne contient qu'un mandat, que l'individu désigné est libre d'accepter ou de refuser, comme tout mandat: or dans le mandat, ce qui oblige le mandataire, ce n'est pas la mission qui lui est offerte par le mandant, c'est l'acceptation de cette mission. Un passage de Pothier va rendre cela encore plus clair. Dans l'ancien droit l'acte notarié était productif d'hypothèque *ipso jure* quand il portait des obligations à la charge d'une partie. Pothier se demande si le mandat notarié sanctionne par l'hypothèque tacite l'obligation, encore éventuelle et future, du mandataire. Et sans hésiter il répond non, ajoutant que l'acceptation du mandataire seule l'oblige, et qu'il n'y aura d'hypothèque que si cette acceptation est elle-même authentiquement rédigée. Cette hypothèse n'a-t-elle pas une analogie remarquable avec la nôtre? Et n'est-il pas visible que la solution doit être la même dans les deux cas?

On a eu l'étrange idée de dire que l'acceptation du curateur n'est qu'une sorte de condition suspensive, qu'elle a un effet rétroactif comme toute condition, et qu'ainsi, en droit, c'est le jugement qui impose l'obligation de gérer. Mais comment peut-on faire d'un consentement une condition? Est-ce que dans toute affaire le consentement n'est pas une chose essentielle, sans laquelle il n'y a ni lien actuel, ni même lien conditionnel?

Et quand même après tout il serait vrai que c'est du jugement lui-même que résulte l'obligation de gérer, est-ce que le système que je combats triompherait pour cela? Nullement. Sans doute l'hypothèque judiciaire prendrait vie, mais elle ne ne sanctionnerait que l'obligation *résultant du jugement*, l'obligation *de gérer*, et ne garantirait que le payement des dommages-intérêts dus pour *défaut de gestion*. Quant à l'obligation de rendre compte, quant à celle de payer le reliquat, comme elles ne peuvent résulter que de la loi, de la gestion, comme elles naissent de faits postérieurs au jugement, elles seraient toujours en dehors de l'hypothèque. C'est là, il est vrai, qu'on invoque la théorie des « obligations en germe » dans le jugement; le jugement qui nomme le curateur, nous dit-on, contient *en germe* l'obligation de rendre compte et de payer le reliquat. Mais j'ai déjà fait voir que cette théorie ne repose que sur des mots équivoques qu'on a tort de prendre au sérieux. Laissons, encore une fois, le germe et les figures: l'obligation de rendre compte et celle de payer le reliquat résultent-elles, oui ou non, du jugement qui nomme le curateur? Non, car on *n'est pas obligé* de rendre compte avant tout acte de gestion; car on n'est pas *débiteur* d'un reliquat qui n'existera peut-être jamais; car il faudra un autre jugement pour forcer le curateur récalcitrant à rendre compte, et un autre encore peut être pour le forcer à reconnaître et à payer le reliquat: ce sont ces jugements-là qui entoureront de l'hypothèque judiciaire l'obligation de rendre compte et celle de payer le reliquat, constatées et imposées par eux.

Et puis, si l'hypothèque résulte du jugement qui nomme le curateur... il faut lui donner un rang, une date: pour les hypothèques légales, la loi a pris grand soin de déterminer leur rang; ici elle ne parle pas: comment suppléer à son silence? Fera-t-on dater l'hypothèque du jour de l'inscription? Oui, sans doute, car toute autre date serait arbitrairement choisie; mais alors quelle faveur exagérée pour ces créances que de donner à l'hypothèque qui les garantit une date bien antérieure à leur naissance! La femme mariée est moins protégée; son hypothèque légale ne prend rang qu'en même temps que ses créances prennent naissance. Voilà certainement une objection très-grosse et qui embarrasse fort nos adversaires.

Les raisons de droit et de bon sens abondent en faveur de l'opinion que je soutiens. On sait que la question ne se pose pas seulement à l'égard du curateur à succession vacante, mais à l'égard de tout administrateur nommé par justice, et que, résolue pour un seul dans le sens de la négative, elle doit être résolue dans le même sens pour tous les autres. Eh bien! je crois que la négative est évidente quand il s'agit de l'envoyé en possession des biens de l'absent : d'abord la loi exige de lui une caution, garantie qu'elle n'exigerait probablement pas si elle avait pris la précaution de l'hypothèque judiciaire; mais il y a plus : le jugement qui envoie quelqu'un en possession est un jugement *obtenu par cette personne*, rendu en *sa* faveur, et par conséquent[1] *contre* l'absent; et l'art. 2123 accorde l'hypothèque à *celui qui a obtenu* le jugement. Donc elle n'est pas accordée à l'absent : qui donc d'ailleurs requerrait l'inscription? Seul l'envoyé représente l'absent, et rien ne l'oblige à prendre cette mesure.

La loi du 30 juin 1838 sur les aliénés, art. 34, me fournira un autre argument, péremptoire et sans réplique. Cette loi donne aux juges qui nomment l'administrateur de la fortune des aliénés le pouvoir de déclarer que les biens de celui-ci seront grevés d'une hypothèque générale ou spéciale, jusqu'à concurrence d'une somme déterminée. Comprendrait-on cette disposition, si tout jugement qui nomme un administrateur emportait hypothèque générale de plein droit? Comprendrait-on que cette loi fût venue rétrécir le droit commun à l'égard des malheureux qu'elle a voulu protéger? N'est-ce pas au

1. On sait en effet qu'une part considérable des fruits des biens de l'absent est attribuée à l'envoyé.

contraire évidemment une faveur nouvelle et exceptionnelle qu'elle leur a accordée ?

Enfin je puis invoquer les travaux préparatoires. Le projet mentionnait positivement comme source de l'hypothèque judiciaire les jugements[1] « qui établissent des gardiens, des *séquestres*, ou cautions judiciaires » ; et le tribunal de cassation dans la rédaction par lui présentée avait reproduit la même doctrine[2]. Mais en définitive la disposition relative aux gardiens, *séquestres* et cautions n'a pas passé dans le Code. Ceci sert en même temps d'argument, comme on voit, à la thèse soutenue plus haut, relativement aux cautions.

Si cette question n'avait pas été si connue, et si l'opinion combattue dans ces lignes n'avait pas été soutenue par quelques jurisconsultes, tels que MM. Dalloz, Flandin... et adoptée par la jurisprudence à plusieurs reprises, je n'aurais pas tant insisté. J'aurais montré que le jugement qui nomme un curateur n'est point un jugement proprement dit : il intervient sans nul procès ; il ne donne raison à personne ; tout le monde est d'accord : et ceux qui demandent un curateur, et le tribunal qui le désigne, et le curateur qui accepte. J'aurais alors rejeté ce prétendu jugement dans la catégorie des actes judiciaires, lesquels, je le démontrerai en deux lignes, ne produisent pas, sauf deux ou trois exceptions, l'hypothèque judiciaire.

La majorité des auteurs s'est prononcée contre la doctrine exagérée de M. Dalloz et de la jurisprudence. M. Troplong surtout[3] l'a énergiquement combattue. M. Paul Pont lui-même la repousse, bien qu'il soit partisan de la théorie des obligations implicites. Tout porte à croire que la jurisprudence

1. V. Fenet, t. II, p. 217.
2. *Ibid.*, p. 557 et 656.
3. Il faut lire l'admirable discussion de M. Troplong, dont la mienne n'est qu'un pâle reflet.

reviendra bientôt aux vrais principes, si même elle n'a pas déjà fait les premiers pas.

MM. Aubry et Rau rangent dans la catégorie des actes judiciaires [1] les ordonnances dont il est question aux art. 191 et 403 du Code de Procédure, tout en admettant qu'elles produisent hypothèque. Je crois qu'il faut plutôt rapprocher ces ordonnances des jugements; ce sont des jugements rendus par le président; on leur donne le nom spécial d'ordonnances; mais il me semble que par leur caractère, par la condamnation qu'elles prononcent, par les voies de recours dont elles sont susceptibles, elles ressemblent aux jugements ordinaires. Et c'est à ce titre qu'on peut, qu'on doit leur attribuer l'hypothèque; il ne serait peut-être pas facile de la leur accorder, si on les rangeait parmi les actes judiciaires.

De même, et là le doute n'est plus possible, les ordonnances sur référé, rendues par le président seul, sont vraiment des jugements; la seule lecture des art. 809 et suivants du Code de Procédure suffit pour en convaincre. Elles produisent donc l'hypothèque, comme les jugements rendus par le tribunal tout entier, quand elles imposent des obligations.

Il nous reste à parcourir un certain nombre de cas où nous trouverons des jugements proprement dits, mais où il s'agira de savoir si ces jugements produisent des obligations et par suite l'hypothèque judiciaire.

L'art. 2123 n'accorde textuellement l'hypothèque qu'aux jugements définitifs et aux jugements provisoires. Les jugements préparatoires et les jugements interlocutoires ne la produisent donc pas? Non, et pour une bonne raison, c'est qu'ils ne font jamais naître d'obligation. Les jugements préparatoires ordonnent certaines mesures qui éclairent le tribunal et préparent le jugement définitif; ils sont relatifs à

1. T. II (3e édition), 705.

l'instruction, jamais au fond de l'affaire; ils décident par exemple qu'il y aura un délibéré sur pièces et rapport, qu'on fera une instruction par écrit... Que viendrait faire là l'hypothèque judiciaire? — Les jugements interlocutoires sont ceux qui déclarent pertinents certains faits, et en ordonnent la preuve; ils laissent entrevoir la décision définitive; ce sont *presque* des décisions conditionnelles. Ils ne sont donc pas aussi éloignés que les jugements préparatoires de la possibilité de produire l'hypothèque; mais ils ne le peuvent ni sur les biens de celui qui doit fournir la preuve, puisque l'inexécution de cette espèce d'obligation a une sanction bien plus efficace dans la perte du procès, ni sur les biens de celui qui, si la preuve est faite, sera probablement condamné: car, qu'on y regarde de près, la condamnation, l'obligation ne *résulte pas même conditionnellement* de l'interlocutoire, puisque l'interlocutoire ne lie pas le juge. *Judex ab interlocutorio discedere potest.* Le juge peut rendre, quoi qu'il arrive, une sentence définitive contraire à celle que semblait présager l'interlocutoire; il est libre après comme avant; aucune obligation ne pèse encore sur le défendeur; aucune hypothèque par suite ne repose sur ses immeubles. C'est donc un arrêt contraire à la fois au texte de l'art. 2123 et aux principes les mieux établis que cet arrêt de la cour de Colmar [1] d'après lequel « les hypothèques judiciaires embrassent même les jugements préparatoires rendus pour instruction de la demande, et qui ne tendent qu'à suspendre la condamnation qui doit la déterminer et en fixer la valeur [2] ». Si cet arrêt signifie ce qu'il a l'air de dire, il contient une énorme erreur.

Des trois sortes de jugements avant dire-droit, les jugements

1. 26 juin 1832.

2. M. Dalloz, (Pr. et Hyp., n° 1115) adopte une opinion presque conforme à cet arrêt.

provisoires sont donc les seuls qui produisent hypothèque, parce que ce sont les seuls qui soient susceptibles de produire de vraies obligations. Les jugements provisoires détachent du fond et décident séparément et provisoirement certaines questions qui demandent une solution prompte. Le meilleur exemple qu'on en puisse donner, c'est, au début d'un procès de séparation de corps, le jugement qui assigne à la femme un domicile et qui impose au mari l'obligation de lui payer une pension alimentaire jusqu'à la fin des débats. Les jugements provisoires ne produisent pas tous des obligations, mais la plupart. L'art. 2123 donne à ces obligations comme à celles qui résultent des jugements définitifs la sanction de l'hypothèque judiciaire : on conçoit du reste que le jugement définitif doive avoir une grande influence sur la durée des effets du jugement provisoire : il les détruira, ou les absorbera dans ses propres effets.

Nous allons retrouver la théorie des obligations implicites et « en germe dans le jugement » à propos d'une question qui est son véritable champ de bataille, et qui touche de très-près à celle qui a été examinée plus haut à propos des administrateurs nommés par justice. Les jugements qui ordonnent de rendre compte grèvent-ils d'hypothèque les immeubles du rendant ? La plupart des auteurs, Grenier, Persil, Pont, Dalloz, Flandin, etc., et la jurisprudence répondent affirmativement. Avec la doctrine et la jurisprudence je réponds : Oui, ces jugements produisent hypothèque. Mais aussitôt je me sépare et de la doctrine et de la jurisprudence en affirmant que cette hypothèque ne garantit pas du tout l'obligation qu'on veut lui faire sanctionner. Il y a en effet dans cette question des nuances qui, si elles avaient été attentivement observées, auraient épargné bien des discussions. Pour donner naissance à une hypothèque, un jugement doit en même temps donner naissance à une obligation : le jugement qui ordonne la reddition de compte produit-il une obligation ? Oui, assurément, l'obligation de rendre compte. C'est une obligation de faire, prête à se transformer en une obligation de payer, *de payer des dommages-intérêts*. L'hypothèque judiciaire garantit cette obligation, assure le payement des dommages intérêts éventuels. Quand l'obligation est exécutée, c'est-à-dire quand le compte est rendu, l'hypothèque s'évanouit avec elle ; l'accessoire disparaît avec le principal. Mais on ne s'en tient pas là, et l'obligation que garantirait ici l'hypothèque judiciaire, d'après l'avis dominant, c'est surtout l'obligation de payer le reliquat. L'obligation de payer le reliquat est, nous dit-on, implicitement contenue dans le jugement; elle est « en germe » dans ce jugement, elle a donc droit à la protection de l'hypothèque. Je crois avoir déjà fait justice de ce raisonnement. Qu'il me suffise de dire que l'obligation de payer le reliquat ne *résulte pas* du jugement, puisqu'on ne sait pas encore s'il y aura un reliquat ; et puisque, s'il y en a un, il faudra ou un autre jugement ou un exécutoire[1] du juge commissaire pour forcer le débiteur à payer, s'il conteste ou s'il tergiverse. Le jugement, comme le dit M. Pigeau, rend le gérant débiteur d'un compte et non débiteur de sommes. Est-ce qu'un tribunal prononce des condamnations éventuelles ? Est-ce qu'il déclare débiteur quelqu'un qui sera peut-être créancier ? A quelles conséquences n'aboutirait-on pas avec ce système *des germes* et des *obligations implicites* Il faudrait décider que le jugement qui ordonne une preuve contient aussi *un principe* de créance et produit l'hypothèque :/ la cour de Colmar, nous l'avons vu, a eu ce courage ; il faudrait décider que le jugement qui constate une filiation contient *en germe* l'obligation future et éventuelle de payer une

1. Art. 535 du C. de Pr.

pension alimentaire, et donne le droit d'inscrire hypothèque. Sans aller chercher si loin, il faudrait décider que le jugement qui ordonne une reddition de compte contient le principe d'une créance éventuelle au profit du rendant (car il est certain que la reddition de compte peut le constituer créancier au lieu de le constituer débiteur), et lui permet de prendre aussi une inscription sur les immeubles de l'oyant-compte. Ce serait un beau triomphe, comme le dit spirituellement M. Troplong, pour la maxime que tout est dans tout ; mais ce serait une triste défaite pour les principes simples et justes du droit.

Les principaux arrêts où la jurisprudence s'est prononcée dans le sens des *obligations implicites* sont : un arrêt de Metz du 29 janvier 1808, confirmé par un arrêt de la chambre civile du 28 août 1810, rendu malgré les conclusions de M. l'avocat général Giraud, et qui porte : « Attendu que la condamnation à rendre compte comprend essentiellement celle d'en payer le reliquat, s'il s'en trouve après la liquidation et l'apurement dudit compte, parce qu'elles dérivent toutes deux d'une obligation consentie par le régisseur » ; — un arrêt de Paris du 12 décembre 1833, qui est plus hardi encore et décide qu'un jugement par lequel un administrateur provisoire est nommé aux biens et à la personne du défendeur à une demande en interdiction frappe d'hypothèque générale les biens de cet administrateur : c'est là qu'on trouve cette idée risquée de l'acceptation faisant condition : « dans l'espèce l'effet du jugement est sans doute subordonné à l'acceptation de l'administrateur nommé ; mais par l'effet de l'acceptation il se soumet à toutes les conséquences du jugement, l'acceptation est dans ce cas une condition qui une fois accomplie a un effet rétroactif; sans doute, il faut une dette, mais il n'est pas nécessaire qu'elle soit actuelle et certaine, elle peut n'être que conditionnelle et future » ; — un arrêt de la cour de Montpellier du

7 janvier 1837, qui attribue l'effet hypothécaire au jugement qui reconnaît l'existence d'une société, et renvoie pour la liquidation devant des arbitres [1]; — un arrêt de la même cour du 2 juin 1841, qui porte que « la reconnaissance judiciaire de l'existence d'une société confère à chaque associé tous les droits qui sont attachés à cette qualité, et leur impose les obligations qui en dérivent, et notamment celles de se rendre respectivement compte et de payer toutes les sommes dont ils pourront être reconnus reliquataires par le résultat de la liquidation... »; — l'arrêt de Colmar dont j'ai parlé, etc. Un seul arrêt, de Nancy, 1836, semble avoir jugé dans le vrai sens.

MM. Troplong et Valette [2] ont protesté contre l'opinion générale; ils ne l'ont point renversée, mais ils l'ont ébranlée. A leurs côtés est venue se ranger une petite armée d'adhérents, qui verra peu à peu ses rangs se grossir. Pour moi, je m'y enrôle avec conviction.

Le jugement qui ordonne le règlement d'un mémoire d'ouvrier donne lieu aux mêmes débats et aux mêmes solutions que celui qui ordonne une reddition de compte. Il ne résulte de ce jugement qu'une obligation, celle de régler le mémoire. Quant aux créances qui pourront par la suite être constatées au profit de l'ouvrier, elles sont encore dans l'incertain et l'inconnu quand le jugement est rendu. Le doute règne et sur leur existence et sur leur exigibilité; la compensation, la prescription, la novation ont pu éteindre tous les droits de l'ouvrier. Qu'on ne dise donc pas que le jugement proclame et impose ces droits, et que la loi leur donne la protection de l'hypothèque judiciaire. Le juge, dit M. Troplong, en ordonnant le règlement

1. MM. Aubry et Rau partagent cette manière de voir, au moins quand un associé dénie l'existence de la société.

2. Ajoutez Pigeau (procédure).

du mémoire, n'a pas entendu trancher les questions qui se rattachent à ces points divers ; il ne se lie pas par les mesures successives auxquelles il croit nécessaire d'avoir recours pour découvrir la vérité ; il laisse le fond tout à fait intact, et c'est cependant au moment même où il s'abstient de prononcer en définitive qu'on voudrait que son jugement produisît hypothèque sur tous les points mis en réserve ! ! ! Quelle confusion d'idées ! Quel oubli des vrais principes sur la cause de l'hypothèque judiciaire ! »

Le jugement qui ordonne de fournir caution produit hypothèque, car il impose une obligation : l'obligation même de fournir la caution. Quand la caution est fournie, l'obligation est éteinte *per solutionem lato sensu* ; l'hypothèque s'évanouit. M. Persil a soutenu pourtant que, par exception, cette obligation n'est pas sanctionnée par l'hypothèque judiciaire. Il invoque cet argument, que l'art. 2041 permet au débiteur qui ne trouve pas de caution, de la remplacer par un gage ou nantissement suffisant. Comment concevoir, dit-il, que la loi ait donné cette faculté au débiteur si ses biens sont grevés d'une hypothèque générale ? Comprend-on que le débiteur puisse restreindre la garantie du créancier, la limiter à une chose spéciale, alors que le jugement aurait produit contre lui une hypothèque générale ? — Pourquoi pas, si, ainsi restreinte, la garantie est suffisante ? Du reste c'est s'exprimer inexactement que de parler de *garantie restreinte*, puisque l'hypothèque générale, qui résulte, selon moi, du jugement, et le gage, que peut fournir au lieu de caution le débiteur, ne sont pas la même garantie plus large d'abord, plus étroite ensuite, mais deux garanties distinctes, sanctionnant des obligations différentes, et dont l'une est le moyen d'atteindre l'autre qui est le but. Prenons une espèce : je vous promets dix mille francs pour une cause quelconque, et je m'engage à vous fournir caution ; je refuse ensuite de vous la fournir ; vous m'attaquez, le tribunal me condamne à fournir la caution promise : une hypothèque générale naît alors sur mes immeubles ; mais que sanctionne cette hypothèque ? Mon obligation de vous payer 10,000 fr. ? Nullement. Cette obligation, je ne l'ai jamais contestée ; elle n'a point passé par les mains de la justice. L'hypothèque garantit seulement l'obligation de fournir caution que m'a imposée le jugement, c'est-à-dire seulement les dommages-intérêts que mettra à ma charge l'inexécution de cette obligation, dommages intérêts qui pourront très-bien être inférieurs à ma dette de 10,000 fr. Si j'exécute mon obligation, si je fournis la caution, l'hypothèque judiciaire s'évanouit ; la sûreté que vous aviez droit d'attendre vous est acquise ; vous n'avez plus de dommages intérêts à réclamer pour privation de cette sûreté. Qu'importe ensuite que la loi m'autorise à changer la nature de cette sûreté, si vous n'y perdez rien, si votre créance de 10,000 fr. est également sauvegardée ? Cela empêche-il que mon obligation de vous *donner une sûreté* ne soit accomplie, que la raison d'être des dommages-intérêts ne soit détruite, et que l'hypothèque n'ait disparu en même temps ? Ainsi la caution ou le gage qui la remplace garantit votre créance de 10,000 fr. ; l'hypothèque qui résulte du jugement garantit les dommages intérêts que vous auriez droit de me demander si je ne vous procurais pas la sûreté promise ou son équivalent. Voilà la distinction délicate mais exacte qui a échappé à M. Persil.

M. Troplong remarque ici qu'il y a certains cas où le jugement qui ordonne que caution sera fournie ne porte pas hypothèque : « c'est lorsque le défaut de présenter cette caution ne se résout pas en dommages intérêts, mais en une autre peine dont la garantie ne peut être effectuée par une hypothèque. Par exemple le juge ordonne-t-il que le jugement sera exécuté provisoirement, moyennant caution ? Si celui qui a obtenu gain de cause ne donne pas caution, sa peine sera qu'il ne pourra passer outre à l'exécution du jugement : l'on conçoit qu'alors il n'est soumis à aucune hypothèque. Ainsi encore un jugement accorde un délai à celui qu'il condamne, moyennant qu'il fournira caution. S'il ne fournit pas cette caution, sa peine sera la perte de ce bénéfice, et l'on conçoit encore que l'hypothèque ne puisse se présenter ici ». Ces remarques sont-elles utiles ? Sont-elles même bien exactes ? Je ne le crois pas. La caution dans ce cas n'est pas impérativement exigée ; le jugement ne *condamne* pas à donner caution ; il n'impose pas l'*obligation* de la fournir ; il laisse la faculté de la fournir en attachant à l'exercice de cette faculté tel ou tel bénéfice ; or, s'il n'y a pas *obligation*, il ne peut pas y avoir hypothèque, et il ne faut pas présenter ces cas comme des exceptions, ils offrent au contraire la plus simple application des principes.

Quant à la caution, est-il besoin de dire que le jugement qui ordonne au débiteur de la fournir ne met à sa charge aucune hypothèque, quand même elle serait nommément désignée dans la convention des parties et par suite dans le jugement ? La caution n'est point encore obligée par ce jugement. La soumission qu'elle fera soit au greffe, soit à l'amiable, seule l'obligera[1].

D'un avis unanime et sans difficulté, le jugement qui renvoie devant un notaire pour partage de succession et opérations de liquidation ; — celui qui envoie les parties devant un arbitre rapporteur ; — celui qui nomme un expert pour constater la réception des travaux dans le cas de l'art. 2103 n° 4, ne produisent pas l'hypothèque. Ce ne sont là après tout que des mesures préparatoires et d'instruction.

D'un avis unanime aussi, et en sens contraire, on admet,

1. V. Duranton, t. XIX, sur l'art. 2123.

que le jugement qui porte prohibition d'aliéner des immeubles jusqu'à ce que des opérations de liquidation soient faites, entraîne hypothèque. Je m'étonne que la plupart des auteurs se donnent la peine de le dire, et j'ai peut-être tort de les imiter. Qui ne voit qu'il y a là une obligation de ne pas faire, susceptible de se convertir en dommages-intérêts et par là d'être hypothécairement garantie? Une remarque cependant est bonne à faire sur ce cas si simple : c'est que l'hypothèque garantit seulement l'obligation de ne pas aliéner, et ne garantit pas du tout le paiement du reliquat qui résulterait d'un compte à intervenir. Un arrêt a décidé le contraire[1]. Mais c'est peut-être là l'exagération la plus audacieuse de ce malheureux système des obligations « en germe dans le jugement », contre lequel il faut protester autant de fois qu'on le rencontre, « dangereux système (c'est M. Troplong qui parle) qui substitue des fictions forcées à la vérité, qui fait parler le juge alors qu'il s'abstient de juger, qui rêve des titres hypothécaires là où le jugement ne voit encore que des doutes »[2].

Nous n'en avons pas encore fini avec les difficultés de détail. En voici une qui se présente parfois dans la pratique. Dans un acte sous seing privé, je vous promets une hypothèque. Cette hypothèque, on le sait, ne peut être conventionnellement établie que dans la forme exigée par l'art. 2127 du Code Napoléon. Je refuse de constituer devant notaires l'hypothèque promise ; vous m'amenez devant le tribunal qui m'ordonne d'exécuter mon obligation. Que résulte-t-il de ce jugement? Une hypothèque judiciaire, donc générale, qui sanctionne l'obligation qui m'est imposée de vous fournir une hypothèque spéciale, et qui disparaîtra le jour où cette hypothèque spéciale aura été enfin constituée. La constitution

1. Montpellier, 27 novembre 1826.
2. Troplong, art. 2123, t. II, Hyp., p. 128.

de l'hypothèque convenue ne fera pas du reste tomber toujours, du moins pour le tout, l'hypothèque générale résultant du jugement : qu'on imagine en effet qu'entre le jugement et la constitution, d'autres hypothèques conventionnelles ou judiciaires soient venues se poser sur mes immeubles, et que celle que je vous confère n'ait pas un rang suffisamment utile. Cette hypothèse n'est prévue nulle part, mais elle est bien simple à résoudre. Il y a là une inexécution partielle de mon obligation, vous pouvez donc faire vos réserves, et retenir, tout en recevant une hypothèque insuffisante, votre hypothèque judiciaire, et prendre rang avec elle pour les dommages-intérêts auxquels vous donne droit cette inexécution partielle de mon obligation.

La question est un peu plus délicate quand le jugement déclare que, faute par la partie condamnée de constituer l'hypothèque spéciale dans un délai fixé, le jugement en tiendra lieu. Comme, dans ce cas, l'exécution de l'obligation semble assurée d'avance, on est tenté de se demander à quoi servirait ici l'hypothèque judiciaire. Mais on voit vite qu'elle a, même dans ce cas, une grande utilité. Le débiteur ne pourrait-il pas se soustraire à la condamnation en aliénant, avant le terme fixé, l'immeuble sur lequel doit porter l'hypothèque conventionnelle, ou en le grevant de charges? L'hypothèque judiciaire met le créancier à l'abri de ces dangers.

L'hypothèque judiciaire résulte-t-elle du jugement qui, sur une opposition à des actes d'exécution, ordonne la continuation des poursuites? On fait d'habitude une distinction qui me paraît très-rationnelle : si l'opposant ne conteste pas l'obligation principale et se fonde sur une irrégularité de procédure, il ne résulte pas d'hypothèque de la sentence qui ordonne la continuation des poursuites et ne reconnaît pas les causes de nullité alléguées. Au contraire si le fond est discuté, et que le jugement, reconnaissant la validité de la créance, ordonne que l'exécution soit continuée, cette décision judiciaire emporte hypothèque. La raison de cette distinction a-t-elle besoin d'être exprimée? Dans le premier cas le jugement ne prononce aucune condamnation proprement dite; il en prononce une dans le second. La jurisprudence semble adopter cette manière d'envisager la question [1].

Un mot enfin sur un cas qui sera plus loin l'objet d'une étude spéciale. Il peut arriver qu'une obligation déjà munie d'une hypothèque conventionnelle soit déduite en procès, et se trouve, après avoir passé par le jugement, munie aussi d'une hypothèque judiciaire. Le législateur n'a pas, en effet, dépouillé le jugement de l'hypothèque judiciaire quand l'obligation est déjà garantie par une hypothèque conventionnelle, et il a bien fait, car sait-on si cette dernière est suffisante? Seulement on comprend que des complications surgissent dans ce concours de deux hypothèques, l'une spéciale, l'autre générale, pour la même obligation, sur le même patrimoine, et dans les mêmes mains. Nous retrouverons cette hypothèse.

III

L'art. 2117 indique les actes judiciaires comme seconde source de l'hypothèque judiciaire. L'étude des jugements nous a déjà révélé ce que sont les actes judiciaires. Leur signe caractéristique, c'est qu'ils n'interviennent pas à propos d'un litige; on ne voit pas s'engager devant le tribunal, sur un point de droit ou de fait déduit en action, un débat que termine et tranche la parole du juge. On demande simplement au juge de constater un fait; c'est une formalité ou une solennité que la loi exige, ou que les parties désirent. En un mot, les actes judiciaires constituent la juridiction gracieuse de nos tribunaux. Ils sont assez nombreux; la plupart, nous le savons

1. V. Dalloz, 31, 2, 99.

déjà, portent improprement le nom de jugements ; un certain nombre ont chacun une dénomination spéciale.

Tous les actes judiciaires produisent-ils l'hypothèque judiciaire ? Si l'on s'en tenait à l'art. 2117, il faudrait sans hésitation répondre affirmativement ; ce serait, avouons-le, une dure nécessité, et on ne comprendrait guère de la part du législateur cette libéralité d'hypothèques. L'autorité de la chose jugée et l'intérêt public attaché à l'exécution des jugements ne pourraient ici servir de raison. Ce serait évidemment un respect exagéré pour le caractère du juge que de faire résulter de sa seule présence, sans qu'il y ait ni condamnation, ni jugement, ni procès, des hypothèques générales contre un homme qui ne résiste à rien, au profit d'un homme qui ne se plaint de rien. Heureusement l'art. 2123, qui est le siége de la matière, limite et précise l'art. 2117 qui n'en est que le programme général.

L'art. 2123 n'accorde l'hypothèque qu'à une seule espèce d'actes judiciaires : aux jugements de reconnaissance ou de vérification d'écriture. Par là même, il la refuse à tous les autres ; et comme c'est le seul texte qui contienne sur l'hypothèque judiciaire des dispositions impératives, je dois faire à la question qui m'était posée tout à l'heure une réponse exempte encore de toute hésitation, mais cette fois négative. On pourrait presque poser en règle que les actes judiciaires ne produisent pas l'hypothèque, et traiter comme exception les jugements de reconnaissance et de vérification. Cependant comme ces jugements sont les plus saillants et peut-être les plus fréquents des actes judiciaires, la généralité de l'art. 2117 s'explique et ne doit pas être absolument condamnée.

Ainsi, les jugements d'adjudication, que nous avons plus haut repoussés de la catégorie des vrais jugements, ne produisent pas, même comme actes judiciaires, l'hypothèque générale. En vain les parties par une clause insérée au cahier des charges tâcheraient ici d'aider, de compléter la loi: l'adjudicataire ne serait point soumis pour cela à l'hypothèque judiciaire, alors même que le jugement mentionnerait et confirmerait cette clause comme condition de l'adjudication. La loi seule a le pouvoir d'attacher à un acte une hypothèque générale; et si elle ne l'a pas fait ici, nul ne peut le faire à sa place. Bien plus, une hypothèque spéciale ne pourrait pas davantage être imposée, comme condition de la vente, à l'acquéreur, sur un immeuble autre que celui qui a été vendu: seul le notaire a le droit de créer des hypothèques; un tribunal ne saurait se l'attribuer. Si un notaire avait été commis pour procéder à la vente, nul doute qu'il ne puisse, du consentement de toutes les parties, faire de cette hypothèque spéciale une charge *actuelle* mise à l'acquisition.

Mêmes remarques et même solution pour les jugements d'homologation: actes judiciaires, ils ne produisent pas l'hypothèque; l'art. 2123 la leur refuse, et avec raison. Mais là il faut noter deux exceptions remarquables, et constater, à leur propos, qu'on est un peu trop exclusif en disant d'habitude qu'il n'y a d'actes judiciaires productifs d'hypothèque que les jugements de reconnaissance ou de vérification d'écriture. Le jugement déclaratif de faillite et le jugement qui homologue un concordat ne sont guère que des actes judiciaires; le premier constate un fait, sans débat véritable, souvent d'après la libre confession du failli. Le second est une formalité protectrice. Or à ces deux jugements, à ces deux actes judiciaires, le Code de commerce attache une hypothèque que je crois devoir appeler judiciaire, car elle n'a point pour origine le consentement des parties; et si elle dérive de la loi, ce n'est pas directement, mais à l'occasion d'une décision de justice. L'art. 490 impose aux syndics le devoir de prendre inscription en vertu du jugement déclaratif de faillite et au nom de la masse des créanciers sur les immeubles du failli dont ils connaîtront l'existence. Il a été controversé entre les auteurs que l'effet de cette inscription fût de manifester une hypothèque au profit de la masse des créanciers et contre les créanciers ultérieurs. Quelques auteurs ont prétendu qu'elle n'avait pour utilité, dans l'intention du législateur, qu'une plus grande publicité donnée à l'état de faillite, un obstacle apporté à des aliénations secrètes et nuisibles à la masse. Suivant la plupart, c'est une hypothèque que l'inscription est destinée à rendre publique. La jurisprudence s'est rangée presque unanimement à cette opinion, que j'adopte aussi sans la moindre hésitation : je me demande comment il est possible d'en avoir, en lisant l'art. 517 du Code de Commerce dont je vais parler.

L'art. 517 déclare que l'homologation du Concordat conservera à chacun des créanciers sur les immeubles du failli, l'*hypothèque inscrite en vertu de l'art.* 490. En sorte que le jugement d'homologation conserve et continue plutôt qu'il ne produit l'hypothèque judiciaire ; du reste il la limite et lui donne la spécialité quant à la créance. De plus, il l'individualise, si je puis dire : les droits qu'elle garantit ne sont plus collectifs et confondus ; chaque créancier a désormais son droit séparé, liquidé, et par conséquent sa part distincte dans l'hypothèque. Cette hypothèque que je nomme judiciaire, que d'autres nomment légale — (toute hypothèque judiciaire n'est-elle pas légale ? et qu'importe, puisque, légale ou judiciaire, l'hypothèque est générale ?) — est légitime et juste. Elle profite à la masse des créanciers, sans préférence pour aucun d'eux ; elle leur assure, indemnité souvent minime, les épaves de la fortune de leur débiteur.

Les jugements qui nomment des curateurs à succession vacante, des syndics, des administrateurs, sont aussi, je l'ai dit, des actes judiciaires ; et le silence de l'art. 2123 à leur égard nous indique qu'ils ne produisent pas non plus l'hypothèque. Mais là aussi cependant je trouve une exception qu'il faut ajouter à la petite liste des actes judiciaires productifs d'hypothèque. J'en ai déjà parlé ; elle m'a fourni plus haut un irréfutable argument *a contrario* : le jugement qui nomme un administrateur provisoire à l'individu placé dans un établissement d'aliénés peut contenir une constitution d'hypothèque sur les biens de cet administrateur pour sanctionner sa gestion, jusqu'à concurrence d'une somme déterminée. Qu'on ne dise pas que cette hypothèque est légale : elle n'est pas plus hypothèque légale que toute autre hypothèque judiciaire. Elle est hypothèque judiciaire, puisqu'elle existe à la suite et à l'occasion d'un jugement. Elle est soumise à la formalité de l'inscription, autre trait de ressemblance avec l'hypothèque judiciaire. Il faut cependant reconnaître qu'elle diffère de l'hypothèque judiciaire par deux endroits : elle ne résulte pas de plein droit du jugement ; le juge doit la mentionner, la constituer dans sa sentence : ce qui me donne maintenant le droit d'affirmer qu'elle est encore plus hypothèque judiciaire que l'hypothèque judiciaire ordinaire, puisqu'elle est expressément établie *officio judicis*. De plus, elle peut être spéciale : le juge a le pouvoir de ne la faire porter que sur certains immeubles.

Le jugement qui reçoit une caution, si on le regarde comme un acte judiciaire, ne produit pas l'hypothèque, même à ce dernier titre, et toujours pour la même raison. L'art. 2123 qui est limitatif n'en parle pas.

La soumission faite au greffe du tribunal par la caution, qui est un acte judiciaire dans toute la force du mot, ne doit pas non plus, par le même motif, donner naissance à l'hypothèque. M. Duranton cependant, et avant lui Delvincourt, ont soutenu le contraire. Ce qui les a trompés, et l'argument qu'ils invoquent, c'est que l'art. 519 du Code de procédure donne à cet acte la force exécutoire, sans qu'un jugement ait besoin d'intervenir ; la contrainte par corps, alors qu'elle existait, y était même attachée. Mais l'hypothèque et la force exécutoire sont-elles donc une seule et même chose? ou doivent-elles être toujours inséparablement unies? Est-ce que les actes notariés ne sont pas exécutoires? Emportent-ils hypothèque cependant? Le raisonnement de M. Duranton eût été juste peut-être dans l'ancien droit; aujourd'hui il n'a aucune valeur.

Les bordereaux de collocation délivrés dans un ordre ouvert après une saisie immobilière ou une purge, actes judiciaires qui se produisent journellement, ne sont point munis de l'hypothèque judiciaire. La procédure d'ordre ne regarde pour ainsi dire pas l'adjudicataire. Que lui importe de payer à tel ou tel créancier? Sa situation à lui est déterminée par l'adjudication : il doit payer comme acheteur, et voilà tout. Il est vrai que le bordereau de collocation est l'expédition *parte in qua* du procès-verbal d'ordre, qui émane de la justice; il est vrai qu'il a contre l'adjudicataire la force d'un titre exécutoire, qu'il permet de le poursuivre pour le payement de son prix par voie de saisie ou par folle enchère; mais, encore une fois, ne concluons pas sous le Code Napoléon de la force exécutoire à la force hypothécaire. On a prétendu que le procès-verbal d'ordre ne pouvant être clos qu'après une sommation de contredire [1] faite aux créanciers produisants, et la faculté de contredire appartenant aussi à l'exproprié, il résultait de là une espèce de reconnaissance tacite de la dette, reconnaissance qui suffirait pour établir l'hypothèque. D'abord, où a-t-on vu que la reconnaissance tacite d'une dette emporte hypothèque? Et puis est-ce l'adjudicataire, sur lequel doit retomber cette prétendue hypothèque, qui a fait cette reconnaissance? Pas du tout, il est resté étranger à toutes les opérations. — Bien entendu, si l'adjudicataire ne veut pas reconnaître

1. Art. 755, Pr. civ.

le droit d'un créancier, et que sur ce débat intervienne un jugement qui ordonne à l'adjudicataire de payer, l'hypothèque prend naissance par application des règles ordinaires.

Ainsi, à part le jugement déclaratif de faillite, le jugement qui homologue le concordat, le jugement qui nomme, aux termes de la loi de 1838, un administrateur à l'aliéné, — trois exceptions que trois textes spéciaux nous ont fournies —, la règle est que les actes de juridiction gracieuse qui ne sont pas des jugements de reconnaissance ou de vérification ne produisent pas l'hypothèque judiciaire.

Maintenant que le terrain est déblayé, examinons ce que sont ces jugements de reconnaissance ou de vérification d'écriture, seuls actes judiciaires dont parle l'art. 2123.

Lorsque vous vous êtes engagé envers moi par un acte sous seing privé, j'ai le droit de vous assigner pour vous faire reconnaître en justice votre signature. Ce droit est précieux pour moi : car après cette formalité votre écriture aura le caractère d'authenticité qui fait la force des actes notariés ; il ne sera plus possible de l'attaquer que par l'inscription de faux ; je ne courrai plus risque de perdre les moyens de preuve que j'ai en ce moment à ma disposition ; ni vous ni vos héritiers ne pourrez désormais me susciter de difficultés par vos dénégations. Cet usage remonte aux antiquités de notre droit [1]. Il survécut à l'ordonnance de 1667 qui fit disparaître toutes les autres actions interrogatoires, toutes les enquêtes à futur qui se faisaient, dit Jousse, « avant aucune contestation, lorsqu'on appréhendait qu'une preuve vînt à dépérir ». Un édit de 1684 régla avec le plus grand soin la procédure à suivre dans les demandes en reconnaissance d'écriture. Pothier nous dit [2] que le créancier demandant son payement devait toujours

1. Bourjon, Dr. commun de la Fr., t. II, n° 17.
2. Pr. civile, 1re partie, ch. 3, sect. 2, art. 1, § 1.

conclure à la reconnaissance de l'écrit, alors même que la dette était échue. Les deux lois de messidor an III et de brumaire an VII reproduisirent l'ancien droit, et le Code Napoléon le reproduisit à son tour, moins cette dernière disposition.

La procédure en reconnaissance d'écriture, remarquons-le bien, n'a point pour but de *faire condamner* le débiteur à payer sa dette, même à terme : elle n'est destinée à procurer qu'une chose, la constatation de l'écriture et par là de l'engagement du débiteur, la confirmation du titre du créancier. — C'est là la seule demande tendant *uniquement* à établir l'*existence* d'un droit qu'aient admise les Codes civil et de procédure : comme l'ordonnance de 1667 et pour éviter les mêmes abus, ils repoussent toutes autres actions interrogatoires. La demande en reconnaissance d'écriture est au contraire l'objet des faveurs de la loi. Elle peut être formée à bref délai [1] ; elle est dispensée du préliminaire de conciliation [2].

Le débiteur assigné pour ce motif peut faire de deux choses l'une : ou il reconnaîtra sa signature, ou il la déniera. Au premier cas le tribunal donnera acte au créancier de l'aveu du débiteur par un *jugement de reconnaissance*. Au second cas, il faudra que le créancier prouve par la vérification que la dénégation est mensongère, et le tribunal tranchera le débat par un *jugement de vérification*. On voit que dans la dernière hypothèse nous n'avons pas seulement un acte judiciaire, mais un véritable jugement, et que la dénomination d'actes judiciaires appliquée presque toujours aux jugements de reconnaissance *et de vérification* n'est pas entièrement exacte. Ce jugement de vérification, si l'on s'en tenait aux principes plus haut exposés, ne devrait pas produire hypothèque, puisqu'il n'impose aucune obligation, et tranche un dé-

1. Art. 193, C. de Pr. civ.
2. Art. 49, § 7, id.

bat qui ne porte que sur un fait matériel. Mais exceptionnellement la loi a donné la garantie de l'hypothèque à l'obligation qu'il constate indirectement sans la produire ni l'imposer ; et, comme il présente par là la plus grande analogie avec le jugement de reconnaissance, on fait bien de ne pas l'en séparer. Au point de vue de l'hypothèque judiciaire les règles sont les mêmes pour le jugement et pour l'acte judiciaire. Je les unirai donc dans les explications qui vont suivre.

C'est l'ordonnance de 1539 qui la première attacha [1] l'hypothèque judiciaire aux jugements de reconnaissance et de vérification. J'ai déjà dit comment et pourquoi cette disposition s'introduisit dans notre droit : ce fut le premier développement du principe que l'authenticité conférée par les notaires emportait hypothèque. Les lois hypothécaires de la Révolution qui conservèrent l'hypothèque tacite attachée aux actes notariés devaient conserver en même temps l'hypothèque attachée aux jugements de reconnaissance, et c'est ce qu'elles firent. Le Code Napoléon, qui supprima la première hypothèque, garda pourtant la seconde. On a sévèrement critiqué le législateur d'avoir comme par entraînement conservé aux reconnaissances ou vérifications l'effet hypothécaire ; c'est un des points de l'hypothèque judiciaire les plus vivement attaqués. J'apprécierai plus tard la valeur de ces plaintes. Ici, je constate, je ne juge pas.

Le moment où naît l'hypothèque, c'est le moment même où il est d[illegible]te de la reconnaissance au créancier, quand le déb[illegible]onnaît sa signature, — où le jugement définitif de vér[illegible]ation est rendu, quand le débiteur dénie ou méconnaît l'écriture, — où le jugement qui tient l'écrit pour reconnu est prononcé, quand le débiteur fait défaut ou garde

1. Du moins, comme mesure générale ; mais nous avons vu que plusieurs Coutumes avaient devancé cette ordonnance.

le silence : troisième parti qu'il est libre de prendre, et qui équivaut, comme on voit, à une reconnaissance, sauf l'opposition à lui réservée par le droit commun. En un mot, ce sont ces actes ou jugements qui produisent l'hypothèque. J'insiste, parce que dans l'ancien droit, au cas où le débiteur déniait sa signature, c'était vraiment sa dénégation, si elle était démontrée fausse, qui produisait l'hypothèque. La Coutume de Paris disait expressément que la dénégation des écritures et signatures avait le même effet que la reconnaissance, lorsque par l'événement il était démontré que la pièce était véritablement l'œuvre de celui auquel elle était attribuée. L'ordonnance de 1539 disait elle-même : « Si aucun est adjourné en connaissance de scédule, compare ou conteste déniant sa scédule, et si par après, est prouvée par le créancier, l'hypothèque courra et aura lieu du jour de ladite négation et contestation ». Cela fut pratiqué jusqu'à la loi de brumaire an VII. Aujourd'hui le jugement seul produit l'hypothèque ; elle ne rétroagit pas au moment de la dénégation : il eût été impossible de concilier cette rétroactivité avec la publicité.

On peut assigner son débiteur en reconnaissance d'écriture avant l'échéance de la dette : ceci est juste et utile. Mais l'hypothèque va-t-elle grever tout de suite les immeubles du débiteur ? Est-il juste que le créancier puisse à son gré, quelques jours, quelques heures après l'engagement du débiteur, faire peser sur celui-ci une hypothèque générale, alors que la convention ne contient pas même la promesse d'une hypothèque spéciale, et que le débiteur a peut-être opiniâtrement repoussé toute demande d'hypothèque avant et pendant le contrat ? Est-il utile que l'hypothèque résulte de ces reconnaissances ou vérifications faites avant l'exigibilité de la créance ? Dans l'ancien droit on avait compris l'inconvénient, le danger ; et sans le détruire tout à fait, on l'avait singulièrement diminué par la déclaration du 2 janvier 1717, qui portait que « les jugements rendus *avant* l'échéance des billets ou lettres de change, promesses ou billets passés pour faits de commerce et marchandises ne pouvaient produire hypothèque sur les biens du débiteur ». Les lois intermédiaires ne reproduisirent point cette disposition ; le Code n'en parle pas non plus. On en avait conclu que la déclaration de 1717 était tacitement abrogée ; et, malgré quelques protestations, la jurisprudence décida invariablement, dans les premières années du droit nouveau, que *toutes* les reconnaissances ou vérifications faites avant l'échéance étaient néanmoins productives d'hypothèque. Trois arrêts de la cour de cassation de 1806 et 1807 le proclamèrent coup sur coup en argumentant surtout de l'art. 56 de la loi du 11 brumaire an VII qui déclare abrogées « toutes les lois sur les constitutions d'hypothèques ».

Alors le législateur fut obligé d'intervenir, et la loi du 3 septembre 1807 est venue corriger cet abus. Elle *n'enlève pas* l'hypothèque aux reconnaissances ou vérifications survenues avant l'échéance ; elle ne fait point pour tous les écrits ce que la déclaration de 1717 avait fait pour les écrits commerciaux : elle décide simplement, pour *toutes* les reconnaissances et vérifications, que l'hypothèque *produite* par elles, ne pourra pas *être inscrite* avant l'échéance ou l'exigibilité de l'obligation. — « Avant l'échéance ou l'exigibilité », dit la loi ; ces deux mots ne sont pas synonymes ; rappelons-nous l'art. 1188 : le débiteur qui diminue les sûretés de son créancier perd le bénéfice du terme ; l'obligation n'est pas *échue*, mais elle est *exigible*, et cela suffit, aux termes de la loi de 1807, pour que l'inscription puisse être prise.

Ainsi la loi de 1807 crée cette chose unique dans nos lois, une hypothèque condamnée pendant un temps plus ou moins long à vivre cachée, inutile, une hypothèque qui dort, et qui ne passera à l'état actif par l'inscription qu'à un moment donné :

à l'échéance, s'il n'y a pas paiement. Cette combinaison assez singulière s'était produite pour la première fois au Tribunat [1] pendant les travaux préparatoires du Code. Un amendement du Tribunat demandait que l'hypothèque « ne pût avoir d'effet que du jour de l'échéance de l'obligation ». Repoussé par le conseil d'État, cet amendement est devenu en 1807 disposition législative.

La loi de 1807 n'excepte point les obligations à échéances successives et périodiques, le canon d'un bail, les rentes... Toutes ces obligations sont traitées comme les autres obligations à terme, et il a été jugé avec raison que l'inscription prise en vertu d'un jugement de reconnaissance d'un bail sous seing privé ne peut avoir d'effet hypothécaire immédiat que pour les termes échus au moment de l'inscription et non pour ceux à échoir [2].

Au reste, la loi du 3 septembre 1807 permet aux parties de convenir que l'inscription sera prise avant l'exigibilité. Cette convention peut avoir lieu avant ou après le jugement de reconnaissance; rien n'empêche même qu'elle ne se trouve dans le billet lui-même, en prévision de la reconnaissance qui sera faite en justice avant l'exigibilité. Cette latitude laissée aux parties n'est-elle pas une atteinte au principe que la convention ne doit pas créer d'hypothèques générales?

La loi du 1807 a fait naître une question transitoire qu'il n'est pas encore impossible de voir se produire dans la pratique. Je suppose qu'un acte sous seing privé passé avant la promulgation de la loi soit, depuis sa promulgation, reconnu ou vérifié en justice. L'hypothèque peut-elle être inscrite aussitôt, ou faut-il attendre l'exigibilité? En un mot, porterait-on atteinte au principe de la rétroactivité des lois en sou-

1. Fenet, XV, p. 413.
2 Nîmes, 23 février 1829.

mettant cet acte à la loi du 1807 ? Je ne le crois pas, et à mon avis l'hypothèque ne sera valablement inscrite qu'à l'échéance : car les procédures, judiciaires ou autres, ne produisent jamais que les effets que leur donne la loi en vigueur au moment où elles ont lieu. Ainsi, qu'une loi vienne demain dépouiller de l'hypothèque judiciaire les reconnaissances et vérifications faites en justice : les créanciers qui ont actuellement des actes sous seing privé ne pourraient pas prétendre qu'ils ont un droit acquis à ce que la reconnaissance judiciaire de cet acte produise hypothèque; c'est une simple expectative que le législateur est maître de leur enlever. Mais, bien entendu, les reconnaissances d'écriture antérieures à 1807 ont *acquis* tout de suite et définitivement l'hypothèque générale aux créanciers, bien que l'échéance de leurs créances ne soit survenue qu'après 1807.

A côté de la disposition qui concernait les reconnaissances et les vérifications faites en jugement, la déclaration de 1717 portait, relativement aux affaires commerciales, défense de prendre hypothèque en vertu d'*aucun acte de reconnaissance* faite devant notaire ou autrement : après le Code civil et même après la loi de 1807, il y avait donc ici un second intérêt à se demander si la déclaration de 1717 était encore en vigueur. La cour de cassation se conforma à la doctrine de ses arrêts de 1806 et de 1807 en décidant que la déclaration était abrogée sur ce point comme sur les autres, et les reconnaissances volontaires régies par le droit commun. Si donc elles contiennent une hypothèque, elle peut être inscrite du jour de leur date, pourvu que les règles d'authenticité et de spécialité soient observées.

Je mentionne en passant un troisième chef, un peu étranger à notre matière, de la déclaration de 1717. Elle abrogea l'usage qui s'était introduit dans quelques parlements d'accorder aux porteurs d'effets de commerce protestés une hypothèque du jour du protêt. Est-il besoin de dire que les protêts ne produisent pas aujourd'hui non plus l'effet hypothécaire ?

L'art. 2123 attribue la force hypothécaire aux reconnaissances et vérifications *faites en jugement* : il ne dit pas devant quel juge elles doivent avoir lieu pour produire cet effet. Est-ce que tout juge est compétent pour les reconnaissances ou vérifications régulières et productives d'hypothèques ? Il en était ainsi dans l'ancien droit ; il n'y avait d'exception qu'à l'égard des juges ecclésiastiques, qui n'avaient qu'une juridiction personnelle, sans territoire ni pouvoir sur les biens. Il était dans l'esprit de l'ordonnance de 1539 et de l'ancien droit de ménager au créancier tous les moyens d'obtenir hypothèque en vertu d'une promesse sous seing privé. Le créancier pouvait donc faire citer le débiteur, quelque part qu'il fût, même pendant le cours d'un voyage, et le débiteur pouvait être traduit devant tout juge quelconque séculier du lieu où il se trouvait. La personne citée n'avait le droit, aux termes de l'art. 92 de l'ordonnance, « d'alléguer aucune incompétence ». Cependant je dois faire remarquer que cela n'était complétement vrai qu'à l'égard des reconnaissances : quand le débiteur déniait ou méconnaissait l'écriture, tout juge quelconque n'était plus compétent, mais celui-là seul qui pouvait condamner au fond, et l'affaire devait être renvoyée devant lui.

Aujourd'hui je crois que pour être légale et produire tous les effets légaux la reconnaissance d'écriture doit être faite devant le juge compétent pour connaître du fond de l'affaire. Cela me semble plus rationnel que le système opposé qui en arriverait à regarder comme parfaite une reconnaissance survenue devant un conseil de guerre ; et je trouve dans l'art. 1322 du Code Napoléon un mot qui favorise mon opinion : il est question dans cet article de l'écriture reconnue, « ou *légalement* tenue pour reconnue ».

Par application de cette règle, et conformément à l'interprétation que j'ai donnée avec MM. Merlin, Troplong, Bourbeau... à l'art. 7 du Code de Procédure, je déciderais hardiment que le procès-verbal d'un juge de paix procédant comme juge (mais non comme conciliateur), devant qui un débiteur se présente volontairement pour reconnaître sa signature, et qui donne au créancier présent acte de cette reconnaissance, emporte hypothèque, non-seulement lorsqu'il s'agit d'un écrit constatant des sommes inférieures à 200 fr., mais lorsqu'il s'agit de sommes plus élevées. M. Paul Pont repousse, avec une certaine timidité cependant, cette application des principes. Il en fait voir le danger ; il s'effraye de la facilité avec laquelle on peut par là créer des hypothèques générales qui sont vraiment conventionnelles. Je ne dirai certes pas que ces dangers soient imaginaires ; mais ne sont-ils pas communs [1] à toutes les vérifications et reconnaissances d'écriture ? — Et quand ils n'existeraient que dans les reconnaissances faites en justice de paix, serait-ce une raison pour oublier la généralité de l'art. 2123 et la restreindre arbitrairement ?

Quant aux reconnaissances faites en conciliation, il est certain qu'elles n'emportent pas plus hypothèque que les conventions constatées par le procès-verbal du juge de paix conciliateur. Nous avons sur ce point les explications les plus catégoriques dans les travaux préparatoires. Le conseiller d'État Jolivet et le consul Cambacérès, exprimant la pensée du Conseil, observèrent à plusieurs reprises que les reconnais-

1. M. Paul Pont en arrive, en effet, à dire que l'hypothèque ne s'attache aux jugements de reconnaissance ou de vérification qu'autant « qu'ils interviennent à la suite de contestations élevées entre les parties, soit sur la convention elle-même, soit sur telle ou telle des conditions qui la constituent, et qu'elle ne s'attache pas à des jugements qui, procédant de la seule volonté des parties, ne seraient pas autre chose que l'équivalent de la convention ». Mais que fait des textes M. Paul Pont ? — Et si la distinction était vraie, qu'il serait facile de l'éluder en simulant une difficulté sur le terme !

sances faites devant les bureaux de conciliation ne donneraient pas hypothèque. — Dans le doute, on doit présumer que les reconnaissances faites en justice de paix sont intervenues devant le juge et non devant le conciliateur.

J'ai toujours supposé, dans les explications qui précèdent, que la demande en reconnaissance ou vérification d'écriture était principale. Elle peut être incidente; les règles sont les mêmes, les effets aussi; en théorie seulement: en pratique et au point de vue de l'hypothèque judiciaire, il y a une différence : c'est que la reconnaissance ou vérification incidente est absorbée pour ainsi dire dans la condamnation, et que l'hypothèque résulte plutôt de cette condamnation que de la reconnaissance, puisque le même jugement constate la seconde et prononce la première.

Celui qui a un acte notarié ne peut point avant l'échéance de sa créance assigner son débiteur pour obtenir une hypothèque judiciaire. Il n'a aucun prétexte à alléguer pour engager une pareille procédure, puisque son titre est déjà authentique et même exécutoire. Il résulte pourtant de là cette anomalie que le créancier muni d'un acte sous seing privé a un immense avantage sur le créancier muni d'un titre notarié: c'est qu'il peut obtenir une hypothèque générale avant l'échéance. Il est vrai que la loi de 1807 lui défend de l'inscrire avant cette échéance; mais il a toujours une précieuse avance : il peut inscrire son hypothèque, qui est toute prête à prendre vie, à l'instant qui suit l'échéance. Le créancier qui a un acte notarié ne peut obtenir qu'après l'échéance un jugement et l'hypothèque, et pour lui point de dispense de conciliation, point de délais abrégés, point de procédure sommaire. C'est la Faculté de Paris qui a mis en relief, dans l'enquête de 1841 cette singularité, cette *inelegantia juris*, comme dirait Gaius.

Je viens de dire qu'après l'échéance ou l'exigibilité le créancier porteur d'un titre exécutoire peut obtenir, même quand son titre n'est pas contesté, un jugement et une hypothèque. Cela est enseigné par la plupart des auteurs, et adopté à peu près généralement par la jurisprudence [1]. Mais il faut que le créancier conclue à la condamnation de son débiteur; et s'il ne demandait qu'une chose, l'hypothèque judiciaire, le tribunal devrait repousser cette demande inusitée, qui serait du reste contraire à son titre. Sans doute, c'est uniquement pour obtenir l'hypothèque judiciaire qu'il conclura à la condamnation; mais il faut respecter les principes, et c'est un peu le cas dire : *Expressa nocent, non expressa non nocent.*

J'aurai fini de parler de la seconde source de l'hypothèque judiciaire quand j'aurai fait cette dernière remarque : que les tribunaux et surtout les juges de paix ne doivent pas se prêter aux fraudes qui peuvent prendre le masque d'une demande en reconnaissance d'écriture. Si c'est une convention que les parties cherchent à faire sanctionner par le juge et à munir d'une hypothèque générale, le juge doit refuser son concours. Ainsi, au moment de prêter une somme, le futur créancier exige de son débiteur qu'il vienne reconnaître en justice un reçu donné d'avance, et lui conférer hypothèque générale par ce moyen détourné : voilà une violation de la loi que le juge devrait empêcher s'il s'en apercevait. S'il ne s'en aperçoit pas, je crois que tous les intéressés, principalement les autres créanciers hypothécaires pourraient, en prouvant la fraude, faire rayer l'hypothèque, qui a été inscrite en vertu d'un pareil acte, et qui les prime. Une telle hypothèque n'a aucune existence légale, la loi n'a pas attaché aux reconnaissances feintes et qui *ne sont pas des* reconnaissances l'effet hypothécaire, et je ne vois pas ce qui pourrait empêcher de faire constater dans ces cas que l'hypothèque n'existe pas.

1. Dalloz, Alph. priv. et hyp., p. 330, n° 113.

IV.

Les sentences arbitrales sont une troisième source de l'hypothèque judiciaire. Mais elles diffèrent des jugements et des actes judiciaires en ce qu'elles ne la produisent pas immédiatement et sans un secours étranger. Il faut, pour qu'elles emportent hypothèque, qu'elles soient revêtues de l'ordonnance judiciaire d'exécution. La sentence arbitrale en effet a bien force de chose jugée ; mais elle n'a point par elle-même la force exécutoire ni la force hypothécaire. Une ordonnance d'exécution délivrée par le président du tribunal de première instance [1] lui confère seule ce double bénéfice.

Il en était ainsi dans l'ancien droit. La sentence arbitrale n'était qu'une décision sans force exécutoire, sans hypothèque, une lettre morte tant que les tribunaux ordinaires ne l'avaient pas autorisée, homologuée. Il n'y avait à cet égard aucune distinction entre l'arbitrage volontaire et l'arbitrage forcé [2]. L'arbitrage était forcé, c'est-à-dire prescrit par la loi lorsqu'il s'agissait de contestations entre associés commerciaux et pour raison de la société. L'ordonnance de 1566 porte que « les sentences entre associés pour négoces, marchandises ou banque seront homologuées en la juridiction consulaire ». Sur quoi Jousse remarque que l'homologation est nécessaire : 1° pour avoir une hypothèque sur les biens de celui qui a été condamné ; 2° afin que cette sentence emporte exécution parée.

En droit romain la décision arbitrale était encore plus dépourvue de force. D'abord les arbitres libres n'avaient aucun pouvoir de contrainte pour obliger les parties à comparaître et à fournir leurs défenses. En outre, la partie condamnée

1. Et, dans quelques cas, de la cour d'appel *vide infra*.

2. Pothier, Hyp., ch. I, sect., art. 2, 5e alinéa ; — et introd. au tit. XX, de la Coutume d'Orl.

n'était pas, du moins directement, forcée d'exécuter la sentence prononcée : le compromis n'avait de valeur qu'autant qu'il était accompagné de la stipulation de la peine contre celle des parties qui par sa faute empêcherait l'arbitre de rendre sa sentence ou qui refuserait de l'exécuter. La sentence arbitrale du reste n'avait point les caractères de la chose jugée ; elle n'engendrait ni l'action *judicati* ni l'exception *rei judicatæ*.

Ainsi en généralisant, par un procédé d'induction ou d'analogie, les observations qui précèdent, je puis dire que dans aucune législation les arbitres ne prononcent des sentences aussi énergiques que les jugements d'un tribunal. La raison, c'est que les arbitres sont choisis par les parties, et n'ont point reçu une délégation du souverain et de la société ; ils n'ont point d'*imperium ; horum proprie judicium non est,* dit Cujas [1]. Nos vieux auteurs, qui ne croyaient pas rabaisser la science sévère du droit en y mettant quelques grains de sel gaulois, exprimaient encore la même idée d'une façon plus originale : *non judices*, disaient-ils en parlant des arbitres, *sed simiæ judicant.* Remarquez que le féminin augmente singulièrement l'énergie du mot.

Le droit intermédiaire conserva la législation de l'ancien droit sur les sentences arbitrales. Pour l'exécution parée, la loi des 16-24 août 1790, pour l'hypothèque judiciaire, la loi du 9 messidor an III exigent l'ordonnance d'exécution. On avait mis en doute, un instant, que la loi de brumaire an VII eût conservé ces dispositions : Merlin [2] a victorieusement prouvé qu'elle ne les avait pas abrogées.

Quant au droit nouveau, les art. 1021 du Code de Procédure et 2123 du Code Napoléon sont aussi formels que possible : il faut pour la force exécutoire et pour l'hypothèque une

1. Sur la loi 1, D. *de recep.*
2. V. Quest. de dr., vº Hyp., § 2.

ordonnance accordée par le président du tribunal de première instance (ou par le président de la cour d'appel dans le cas prévu au § 2 de l'art. 1020) au bas ou en marge de la minute, sans qu'il soit besoin d'en communiquer au ministère public[1].

Cette ordonnance n'est, en somme, qu'une formalité, qu'une marque de respect envers les tribunaux établis par la société : l'affaire n'est point révisée, la question n'est point remise en débat. — Cette formalité était imposée dans le nouveau droit, comme dans l'ancien, aussi bien à l'arbitrage forcé qu'à l'arbitrage volontaire. L'arbitrage forcé était pourtant une sorte de juridiction légalement établie à côté des tribunaux consulaires; les mêmes règles lui étaient appliquées pour l'appel et le pourvoi en cassation Mais, comme les arbitres étaient individuellement choisis par les parties, la loi leur refusait l'*imperium* comme aux arbitres volontaires, et l'ordonnance d'exécution était nécessaire dans tous les cas. La loi du 23 juillet 1856 a supprimé l'arbitrage forcé, et l'art. 2121 § 3, ne s'applique donc plus qu'à l'arbitrage volontaire qui subsiste seul, mais qui est peu employé dans la pratique.

Jusqu'à ce que l'ordonnance soit rendue, l'hypothèque ne peut pas être inscrite en vertu de la sentence arbitrale, qui n'est encore qu'un acte privé. La loi aurait donc peut-être mieux fait de déclarer que l'hypothèque résulte de l'ordonnance d'exécution que de dire qu'elle résulte de la sentence arbitrale elle-même, mais ne sera valable qu'après l'ordonnance judiciaire. En pratique, c'est la même chose ; mais en principe et en théorie, je crois que la première façon de s'exprimer eût été plus juste : c'est l'ordonnance qui *donne* la force exécutoire ; c'est elle qui doit *donner* la force hypothécaire. Il pourrait bien se faire, du reste, que l'art. 2117, qui attribue avec une généralité si exagérée l'hypothèque aux

1 Art. 1020 et 1021 du Code de procédure civile.

actes judiciaires, comprenne dans cette formule large les ordonnances dont il est ici question.

Quand l'ordonnance judiciaire a revêtu la sentence du caractère d'autorité qui lui manquait, toutes les règles relatives aux jugements s'appliquent; l'inscription peut être prise tout de suite, nonobstant les voies de recours, par exemple malgré l'opposition à l'ordonnance d'exécution, qui est une voie de recours spéciale aux sentences arbitrales [1].

Quelques auteurs ont prétendu voir une antinomie entre l'art. 2123 du C. N., qui fait résulter l'hypothèque des sentences arbitrales, et l'art. 1022 du Code de procédure, qui décide que « les jugements arbitraux ne pourront en aucun cas être opposés à des tiers ». N'est-ce pas là créer gratuitement des difficultés? L'art. 1022 fait-il autre chose que reproduire la règle de justice et de bon sens écrite pour les jugements dans l'art. 1351 : *res inter alios acta alteri neque nocet neque prodest*? Et la même objection ne pourrait-elle pas être soulevée à l'égard de toutes les décisions judiciaires ?

V.

Les contraintes administratives sont une quatrième source de l'hypothèque judiciaire. L'art. 2123 n'en parle pas, parce qu'elles ne sont point des jugements, ni même des actes judiciaires. C'est en effet par une extension un peu arbitraire du sens des mots qu'on appelle judiciaire l'hypothèque qui résulte des contraintes. C'est une hypothèque légale, ou plutôt c'est une hypothèque *sui generis*, qu'on pourrait appeler hypothèque administrative. Néanmoins, pour me conformer à l'usage, et puisque plusieurs textes [2] rattachent cette hypothèque à l'art. 2123 au moyen d'une assimilation assez audacieuse des contraintes aux condamnations

1. Art. 1028 du Code Procédure.
2. *V.* Les avis du Conseil d'État que je cite plus bas.

judiciaires, je vais m'occuper ici de cette matière, qui présente un ou deux endroits délicats.

Il faut bien se garder de confondre les contraintes administratives avec les décisions rendues par les tribunaux administratifs. Il y a une justice administrative, quoi qu'en aient dit quelques auteurs ; l'esprit de système aveugle assurément ceux qui ne voient pas qu'il y a (et qu'il doit y avoir), à côté de la hiérarchie des tribunaux civils, une hiérarchie de tribunaux administratifs, ayant tous les caractères de véritables tribunaux, statuant sur un nombre immense d'affaires. Les considérations les plus graves exigent cette dualité de la justice. Les mêmes considérations exigent que la justice administrative se suffise à elle-même, que ses décisions aient autant de force pour se faire respecter que celles de la justice civile. Aussi la loi leur a accordé et la force exécutoire et l'hypothèque judiciaire. Cela ne fait pas difficulté, et j'ai admis plus haut, sans laisser entrevoir la possibilité d'un seul doute, que tous les *jugements* administratifs sont compris dans les termes généraux de l'art. 2123 et munis de l'hypothèque judiciaire : car ce sont de vrais jugements, émanés de tribunaux organisés, et tranchant des contestations. Les contraintes administratives sont tout autre chose.

On appelle contraintes les mandements décernés par les agents de l'administration contre les redevables de deniers publics ou de droits fiscaux. L'État, représenté par ses agents, peut poursuivre directement ses débiteurs ; il n'est point forcé, comme un particulier, de prouver sa créance en justice pour obtenir un titre exécutoire. Une présomption de vérité s'attache à la fixation du chiffre de la créance par l'administration elle-même, et une opposition régulièrement formée peut seule faire tomber cette présomption. Il y a déjà fort longtemps que l'État jouit de ce privilége d'agir sans jugement et par voie de commandement. L'ordonnance célèbre de février 1566[1], celle qui formula le principe de l'inaliénabilité du domaine, contient dans son art. 18 la disposition suivante : « pour les droits dépendants de notre domaine, sera et pourra être en tous lieux et parlements *procédé par saisie* ». Ce droit a été reproduit par nos lois modernes, et voilà pourquoi on a donné le nom de contrainte à l'acte impératif qui émane de l'administration et qui ordonne de payer : l'exécution parée y est attachée; la saisie, la vente des meubles, la contrainte par corps dans les cas où la loi du 23 juillet 1867 ne l'a pas abolie, en découlent *de plano*, sauf l'opposition [2].

Une foule de lois ont armé les préposés des différentes administrations et le ministre des finances leur chef, du pouvoir de lancer des contraintes. La loi des 6-22 août 1791, tit. 13, art. 23 [3], a donné ce droit aux préposés à la douane; celle des 19 août-12 septembre 1791, art. 4, l'a donné aux préposés de l'administration des domaines et de l'enregistrement; celle du 1er germinal an XIII, art. 43 et 44, l'a donné aux préposés aux contributions indirectes (désignées alors sous le nom de droits réunis); celle des 12 vendémiaire-13 frimaire an VIII, combinée avec l'arrêté des consuls du 18 ventôse de la même année, l'a donné au ministre des finances, etc.

Non-seulement les contraintes emportent exécution parée, mais elles produisent, comme je l'ai dit, l'hypothèque judiciaire ; et c'est à ce point de vue seulement que je dois les étudier. — Dans l'ancien droit cela allait de soi, puisque tout acte authentique et exécutoire produisait hypothèque. —Pendant la première période du droit révolutionnaire, il n'y avait pas non plus de difficulté, puisqu'on avait conservé le même principe; de plus, la loi du 28 octobre 5 novembre 1790, t. 2, art. 14, avait presque un texte formel : « Le ministère des no-

1. Rendue à Moulins.
2. V. M. Ducrocq, Cours de dr. administr., p. 492, n° 570.
3. Sirey dit à tort : *art.* 13, *tit.* 23.

taires ne sera nullement nécessaire pour la passation desdits baux (ceux des biens domaniaux), ni pour *tous les actes d'administration*. Ces actes, ainsi que les baux, seront sujets au contrôle, et ils emporteront hypothèque et exécution parée ». — La loi de brumaire, par son art. 3 qui énumérait limitativement les sources de l'hypothèque et ne parlait pas des contraintes, sembla enlever à ces dernières l'effet hypothécaire. Néanmoins on pouvait soutenir qu'elle la leur conservait par le § 4 dudit article, conçu en ces termes généraux : « 3° pour celles (les créances) auxquelles *la loi* donne le droit d'hypothèque ». — Après le titre des priviléges et hypothèques du Code civil, la question devint encore plus douteuse, ou plutôt il devint presque certain que les contraintes étaient dépouillées de l'hypothèque, puisque l'art. 2123 n'en parlait pas, qu'il n'était guère possible de les faire rentrer dans la catégorie des jugements, et que le principe de l'ancien droit sur l'hypothèque tacite, résultant de la seule authenticité des actes, était effacé. On consulta le Conseil d'État quelques mois à peine après le vote du titre des hypothèques. Le Conseil d État s'empressa d'interpréter l'art. 2123 dans le sens le plus large ; il le compléta plus qu'il ne l'interpréta ; et comme ses avis avaient alors force de loi après l'insertion au Bulletin des lois, il est aujourd'hui législativement établi que les contraintes administratives emportent hypothèque. C'est l'avis du 16 thermidor an XII qui contient cette importante disposition. Il faut en citer le texte, car j'aurai besoin d'y recourir plus d'une fois, et il est assez célèbre pour mériter d'être connu. A lui se réfèrent un grand nombre d'autres avis du Conseil d'État, de décrets et d'ordonnances postérieurs ; l'avis du 21 novembre 1811, approuvé le 24 mars 1812 ; le décret impérial du 5 novembre 1814 ; un autre avis, très-connu, du 29 octobre 1811, dont j'aurai aussi à m'occuper, etc.

— « Le Conseil d'État, après avoir entendu le rapport des

sections de législation et des finances sur le renvoi qui leur a été fait de celui du ministre du trésor public, présentant la question de savoir si le § 2 de l'art. 3 de la loi du 11 brumaire an VII sur le régime hypothécaire, et l'art. 2123 du Code civil des Français, qui accordent l'hypothèque aux condamnations judiciaires à la charge d'inscription, s'appliquent aux actes émanés de l'autorité administrative; considérant que les administrateurs auxquels les lois ont attribué, pour les matières qui y sont désignées, le droit de prononcer des condamnations *ou de décerner des contraintes*, sont de véritables juges dont les actes doivent produire les mêmes effets et obtenir la même exécution que ceux des tribunaux ordinaires, et que ces actes ne peuvent être l'objet d'aucun litige devant les tribunaux ordinaires sans troubler l'indépendance de l'autorité administrative, garantie par les constitutions de l'empire français, est d'avis : 1° que les condamnations et les *contraintes* émanées des administrateurs, dans les cas et pour les matières de leur compétence, emportent hypothèque de la même manière et aux mêmes conditions que celles de l'autorité judiciaire; 2° que, conformément aux articles 2157 et 2159 du Code civil français, la radiation non consentie des inscriptions hypothécaires faites en vertu de condamnations prononcées ou *de contraintes* décernées par l'autorité administrative, doit être poursuivie devant les tribunaux ordinaires; mais que si le fond du droit y est contesté, les parties doivent être renvoyées devant l'autorité administrative ».

Tel est l'avis du 16 thermidor an XII, approuvé le 25 thermidor.

On voit que le Conseil d'État y déclare que l'hypothèque est attachée aux *jugements* des tribunaux administratifs en même temps qu'il affirme qu'elle résulte des contraintes. La première déclaration était inutile; le doute n'était pas possible pour les décisions des tribunaux administratifs, vrais jugements, à l'égard desquels l'art. 2123 suffisait parfaitement.

C'était pour les contraintes seulement qu'un texte formel était urgent. On ne peut en désirer de plus formel que l'avis du 16 thermidor. On sent, à la lecture de cet avis, que le Conseil d'État cherche à faire voir, pour justifier sa libre interprétation, un lien entre l'art. 2123 et les contraintes : il compare l'administrateur qui les délivre à un juge ; il les assimile à des condamnations judiciaires. Le rapprochement est un peu forcé ; et si l'hypothèque des contraintes n'avait pas d'autre raison d'être que ces imparfaites ressemblances, avouons qu'elle serait illogique, exorbitante, injuste. La contrainte est plutôt, encore une fois, un acte d'autorité qu'un acte de juridiction ; elle est décernée sans débats ; non-seulement le débiteur ne contredit pas, mais il n'est même pas présent. M. Serrigny [1] va jusqu'à dire que l'avis du 26 thermidor sent un peu le régime despotique de l'Empire. Aussi quelques auteurs ont soutenu que l'hypothèque ne résulte que des contraintes décernées à la suite d'un litige et en vertu de véritables condamnations administratives. Mais cette opinion, qui ne peut s'accorder avec le texte de l'avis de l'an XII, est abandonnée. Ce qui justifie le Conseil d'État, ce qui rend légitime et presque nécessaire l'hypothèque des contraintes, c'est l'intérêt public ; il faut que l'impôt rentre ; il faut que l'État soit payé ; et il me semble que ceux-là mêmes qui attaquent l'hypothèque judiciaire doivent faire des réserves à l'égard de l'hypothèque des contraintes.

J'ai parlé jusqu'ici comme si toutes les contraintes emportaient hypothèque : c'est en effet ma ferme conviction. Et qui pourrait croire qu'en face d'un texte aussi général, aussi explicite que l'avis du 16 thermidor an XII, cette conviction ne soit pas celle de tout le monde ? Cependant à plusieurs reprises des difficultés ont été soulevées sur ce point, bien à

1. Compétence administrative, t. II, n° 1055.

tort selon moi. Dès 1811 le Conseil d'état était forcé de rendre un second avis sur une question déjà résolue par celui du 16 thermidor, et de donner à ce dernier une nouvelle confirmation. Ceux qui soulevèrent des doutes à cette époque avaient au moins une excuse : c'est que l'avis du 16 thermidor n'avait pas encore été inséré, on ne sait trop pourquoi, au Bulletin des lois. Le nouvel avis, du 29 octobre 1811, approuvé le 12 novembre, ordonna qu'il y fût inséré, et tous deux y parurent en même temps. C'était sur les contraintes émanées de l'administration des douanes que le Conseil d'État avait été de nouveau consulté : permettaient-elles l'inscription hypothécaire ? Le Conseil d'État répondit affirmativement par un renvoi pur et simple à l'avis de l'an XII : «... vu l'avis du Conseil d'État approuvé par Sa Majesté le 25 thermidor an XII, duquel il résulte que... (suit le texte de l'avis de l'an XII); considérant que la question proposée par le ministre est décidée par l'avis précité, mais que cet avis n'a point été inséré au Bulletin des lois, et qu'il est nécessaire de lui donner la publicité légale, afin que les parties intéressées en aient connaissance ; — est d'avis que des ordres soient donnés par Sa Majesté pour que l'avis du Conseil, approuvé le 25 thermidor an XII, soit inséré au Bulletin des lois ».

Après un témoignage si précis et si autorisé, la généralité de l'avis de thermidor devait être indiscutable, et nul, ce semble, ne pouvait plus refuser hypothèque à telle ou telle espèce de contraintes. Il n'en fut pas ainsi pourtant, et la Cour de cassation refusa le 20 janvier 1828 d'attacher l'hypothèque judiciaire aux contraintes de la régie de l'enregistrement. La Cour de cassation n'a point invoqué pour unique argument, comme on le prétend quelquefois, que l'avis du 29 octobre 1811 ne décide la question qu'à l'égard de l'administration des douanes : une pareille raison ne serait pas digne d'une Cour qui apporte tant d'attention et de réflexion à ses moindres arrêts. La seule lecture de l'avis de 1811 suffit pour faire voir que cette raison n'est pas sérieuse, puisqu'il renvoie, *à propos* des contraintes des préposés aux douanes, à l'avis de l'an XII, et que les deux avis se trouvent par là avoir la même étendue. L'argument invoqué par la Cour de cassation est plus spécieux ; voici les considérants de son arrêt : « Considérant que la régie ne cite aucune loi qui attache le droit d'hypothèque aux contraintes décernées par ses receveurs ; — que l'avis du Conseil d'État du 16 thermidor an XII ne s'applique qu'aux contraintes que les administrations ont le droit de décerner en qualité de juges, et *sans que ces actes puissent être l'objet d'aucun litige devant les tribunaux....* ».

Comme on voit, c'est dans l'avis même de thermidor an XII que la Cour de cassation cherche des armes pour le mutiler. Elle s'empare de ces mots de l'avis «... ces actes ne peuvent être l'objet d'aucun litige devant les tribunaux ordinaires » ; elles les isole, et leur attribuant un sens qu'ils n'ont pas dans le corps du texte, elle raisonne ainsi : les contraintes de l'enregistrement ne produisent pas l'hypothèque judiciaire, parce que l'avis de l'an XII n'accorde cet effet qu'aux contraintes *dont l'objet ne peut jamais être déféré aux tribunaux civils*. Or la contrainte de l'enregistrement n'est pas dans cette catégorie : sur l'opposition formée par le prétendu redevable, l'affaire est portée devant les tribunaux ordinaires, et un jugement est rendu : s'il est favorable à l'État, ce sera là son seul titre hypothécaire. — Voici donc la distinction que fait la Cour de cassation : s'agit-il d'une contrainte qui dans aucun cas ne puisse être l'objet d'un litige devant la justice civile ? Elle produit l'hypothèque. S'agit-il d'une contrainte qui soit susceptible, sur une opposition, d'amener un jugement de tribunal civil ? Elle ne produit pas l'hypothèque. — J'affirme que cette distinction n'est pas dans la loi : et c'est fort heureux, car on en justifierait difficilement la subtilité : en quoi, je le demande, la possibilité d'un recours aux tribunaux civils, au lieu d'un recours ouvert seulement auprès de l'administration, modifie-t-elle le caractère essentiel de la contrainte ? Dans le premier comme dans le second cas, la contrainte n'est-elle pas une sorte de décision préparatoire rendue par un administrateur sur un objet de sa compétence ? L'intérêt général, l'intérêt de l'État, est-il moins pressant quand l'opposition du débiteur doit enfanter un procès civil que lorsque ses réclamations provoquent une décision des administrateurs supérieurs ? Cette distinction n'est donc pas rationnelle, et je répète, malgré mon respect pour la Cour de cassation, et puisque c'est la vérité, qu'elle n'a jamais existé que dans l'arrêt de cette Cour : qu'on relise l'avis du Conseil d'État, et on verra que la phrase détachée par la Cour de cassation n'a pas le sens qu'elle lui donne. Cette phrase n'est destinée dans l'avis qu'à justifier l'existence de la justice administrative et la force de ses décisions : c'est une raison de plus à l'appui de l'interprétation large que le Conseil d'État fait de l'art. 2123 ; les mots « sans troubler l'indépendance de l'autorité administrative », qui suivent immédiatement, en sont la preuve évidente. Le Conseil d'État entend si peu exclure les contraintes susceptibles de faire naître une décision judiciaire, que son avis de 1811 est précisément relatif à des contraintes de ce genre : les contraintes de l'administration des douanes peuvent être, comme toutes autres, l'objet d'une opposition : or sur cette opposition l'affaire est portée devant le juge de paix [1]. Comment la Cour de cassation a-t-elle pu passer par-dessus cette objection ? Elle l'a fait par un moyen extraordinaire : elle prétend, dans un troisième considérant que je n'ai pas cité, que cet avis de 1811

1. M. Ducrocq, *loco cit.*, p. 542, n° 633.

ne fait que reproduire, à l'égard des douanes, l'art. 23 tit. 13 de la loi du 22 août 1791, et qu'on ne doit rien conclure de là pour les autres contraintes. M. Valette déclare que cette assertion est évidemment erronée, et il est difficile de ne pas être de son avis. « L'hypothèque dont parle la loi de 1791 n'a rien de judiciaire, dit-il, partant rien de commun avec celle qui dérive des contraintes, puisqu'elle résulte (l'art. 23 de la loi le dit expressément) de la soumission faite par le redevable sur les registres de l'administration et signée de lui ou de son fondé de pouvoir.... C'est là, on l'aperçoit tout de suite, un des cas d'application de l'ancien principe suivant lequel l'hypothèque générale s'attachait à tous les actes émanés de l'autorité publique : en sorte que si l'hypothèque de la loi du 22 août 1791 existait encore (nous la regardons comme abrogée par la loi du 11 brumaire an VII, art. 56), elle pourrait avoir une date de beaucoup antérieure à celle de la contrainte lancée contre le soumissionnaire. Aussi l'avis de 1811 ne fait-il pas la moindre allusion à la loi de 1791 et à l'acte authentique de soumission ; il déclare, ce qui est tout autre chose, que la question proposée (sur l'inscription hypothécaire à prendre en vertu des contraintes de l'administration des douanes) est décidée par l'avis du Conseil d'État approuvé par Sa Majesté le 25 thermidor an XII »[1].

Enfin ce qui démontre jusqu'à la certitude que la loi ne fait pas une telle distinction, c'est que cette distinction est presque impossible dans toute la force du mot, et qu'on trouve très-difficilement deux groupes de contraintes répondant aux deux membres de la division : je vois bien des contraintes pouvant sur l'opposition être déférées aux tribunaux judiciaires : les contraintes des receveurs des douanes, je l'ai dit ; les contraintes des receveurs de l'en-

1. Revue du dr. fr. et étr., IV, p. 841.

registrement, que l'opposition du prétendu redevable défère aux tribunaux civils d'arrondissement; les contraintes des directeurs ou des receveurs des contributions indirectes qui rentrent aussi, en cas de contestation, dans le contentieux des tribunaux civils..... Mais où sont donc les contraintes qui ne donnent jamais lieu à un litige devant les tribunaux civils, et qui forment, d'après la Cour de cassation, la catégorie des contraintes produisant l'hypothèque judiciaire? — La Cour parle des contraintes que les administrateurs décernent en qualité de juges: ces expressions semblent désigner les jugements administratifs. Mais ces jugements ne sont pas des contraintes; il ne faut pas fausser le sens des mots; les jugements des tribunaux administratifs sont de vrais jugements, et non des contraintes; tous portent légitimement le nom générique de *jugements*, et chacun d'eux a en plus un nom spécial; mais aucun ne s'appelle *contrainte*. Toutes ces décisions, nous le savons, produisent l'hypothèque sans difficulté; si l'avis de thermidor n'avait été fait que pour elles, il serait complétement inutile. Les contraintes sont une chose à part; leur dénomination a un sens consacré et qu'on ne peut changer arbitrairement. Le Conseil d'État a parfaitement respecté ce sens, et à trois reprises il oppose, dans son avis de l'an XII, les contraintes aux condamnations. Donc les jugements administratifs ne peuvent pas remplir la seconde catégorie de contraintes, qui est encore vide, et il faut s'adresser ailleurs. — Parlera-t-on de l'acte appelé contrainte qui émane du receveur particulier des contributions directes? C'est en effet la contrainte que des auteurs très-estimables présentent comme produisant sans difficulté et par excellence l'hypothèque judiciaire [1]. Je dois

1. M. Valette, Revue du dr. fr. et étr., IV, p. 822 et 3; M. Ducrocq, *loco cit.*, p. 526. Ces deux auteurs condamnent du reste la doctrine de la Cour de cassation.

reconnaître en outre que le contentieux des contributions directes relève exclusivement de l'administration, parce qu'il ne s'agit pas ici d'interpréter et d'appliquer un tarif, mais de rectifier des opérations administratives, telles que la répartition et la confection des rôles. Mais M. Serrigny [1] a très-bien démontré que cette contrainte des contributions directes que les uns présentent la première, que d'autres présentent seule comme productive d'hypothèque, est précisément celle à qui l'hypothèque peut être le plus facilement refusée ; et il ne faut pas même hésiter, selon lui, à la lui refuser : parce que, dit-il, cette contrainte n'a de la contrainte que le nom et non la chose ; elle n'en a pas la nature ; ce n'est pas une contrainte : sa forme, son but le démontrent ; et ce n'est pas mutiler l'avis du Conseil d'État que de soustraire à sa disposition sur les contraintes un acte qui n'est pas une contrainte. J'examinerai un peu plus tard si l'opinion hardie de M. Serrigny doit être ou non adoptée ; pour le moment je me contente d'avoir montré combien le système de la Cour de cassation est arbitraire, puisqu'elle refuse l'hypothèque aux contraintes de l'enregistrement, et par là aux contraintes des contributions indirectes, en un mot à toutes [2] les véritables contraintes, pour ne l'accorder qu'à une catégorie de contraintes dont le caractère est douteux.

M. Serrigny [3] invoque, en faveur de la doctrine qui est ici défendue, un autre argument, dont elle n'a pas besoin, et que M. Valette repousse avec raison comme inexact. Il prétend que le visa des agents de l'autorité judiciaire, que doivent porter la plupart des contraintes, est un acte judiciaire, et qu'il

1. Revue critique de législation, IX.

2. Sauf celles des douanes, parce qu'il faut bien s'incliner devant un texte formel.

3. Supplément au Traité, nº 990 ter, p. 131.

produit par conséquent l'hypothèque, aux termes mêmes de l'art. 2117. Nous avons vu que les mots *actes judiciaires* n'ont point dans ce texte le sens vague et large que leur suppose ici M. Serrigny. Cet argument manque donc de fondement. Du reste, je le répète, la doctrine qu'a si bien établie M. Serrigny et qui me semble inébranlable, peut se passer d'étais et de contreforts. Elle est destinée à triompher et de la jurisprudence et des quelques jurisconsultes qui se sont inspirés de cette dernière.

N'en a-t-elle pas déjà triomphé? Et le débat n'est-il pas vidé en sa faveur? Dès 1829, la Cour de Lyon [1] a jugé que l'avis du 16 thermidor an XII est applicable aux contraintes décernées par l'administration des contributions indirectes; qu'en conséquence l'hypothèque judiciaire résulte d'une contrainte décernée contre un liquoriste pour payement de droits par lui dus. Or qui ne voit que la Cour de Lyon eût jugé de la même façon s'il se fût agi d'une contrainte de l'enregistrement, car il n'y a pas le plus léger motif de décider pour l'une ce qu'on ne déciderait pas pour l'autre? Toutes deux en cas d'opposition sont soumises aux tribunaux civils et jugées dans les mêmes formes, sur simples mémoires, sans plaidoiries et sans appel. Cette analogie est si vraie que l'arrêt de la Cour de cassation de 1825 a été invoqué dans l'affaire. Mais ni le tribunal de première instance ni la Cour royale de Lyon n'en ont tenu compte, et ils ont jugé conformément à la vraie doctrine en se fondant uniquement sur la généralité des avis de l'an XII et de 1811. Tout porte à croire que si la question était de nouveau soumise à la Cour de cassation, elle reviendrait sur sa première opinion. L'administration de l'enregistrement et des domaines aurait donc « tort, dit M. Ducrocq, de rester inclinée sous le coup de l'arrêt de 1828 [2] ».

1. 7 août, Sir. 29, 2, 339.
2. *Loco cit.*, p. 492, n° 570.

Dans la doctrine tous les auteurs qui ont étudié cette matière n'hésitent pas à condamner l'arrêt de 1828. MM. Serrigny, Ducrocq, Dareau, etc., parmi les auteurs voués spécialement au droit administratif; MM. Paul Pont, Valette (que M. Paul Pont et M. Serrigny mettent à tort au rang de leurs adversaires sur ce point), parmi les jurisconsultes qui s'occupent de droit civil, ont montré dans tout son jour l'erreur de la Cour de cassation. Cette erreur, qui n'aura plus, je crois, de défenseurs dans l'avenir, a eu quelques partisans dans le passé : ce sont des jurisconsultes, fort éminents sans doute, mais qui n'ont touché la question qu'en passant et pour en dire un mot. Je ne vois parmi eux aucun professeur de droit administratif. M. Troplong [1], après avoir dit que « les ordonnances du roi rendues en Conseil d'État sur des matières contentieuses, les arrêts des Conseils de préfecture, les *contraintes décernées par l'administration des douanes* emportent hypothèque », ajoute « qu'il ne faut pas assimiler à un jugement administratif une contrainte décernée par un receveur de l'enregistrement. C'est si peu un jugement, dit-il, qu'une simple opposition suffit pour mettre cet acte en litige devant les tribunaux ordinaires ». Je n'ose pas dire que M. Troplong n'a pas lu les avis de l'an XII et de 1811 ; mais à coup sûr il ne les avait pas sous les yeux en écrivant ces lignes. Qu'importe que cette contrainte ne soit pas un jugement si c'est une contrainte et que les contraintes produisent l'hypothèque? Et puis, est-ce que la contrainte des douanes offre, plus que celle de l'enregistrement, les caractères d'un vrai jugement? — M. Persil, dont M. Troplong n'a fait que reproduire la pensée, se borne à dire aussi que les contraintes décernées par la régie de l'enregistrement n'ont pas le caractère de jugements ; il ne cite ni les deux avis du Conseil d'État,

1. Hyp., t. II, nº 447.

ni l'arrêt de la cour de cassation de 1828[1]. Nulle contrainte, avec un pareil raisonnement, ne devrait produire hypothèque, car aucune n'a le caractère d'un véritable jugement. — M. Baudot se range sans examen à l'opinion de la Cour de cassation. — MM. Aubry et Rau dans leurs premières éditions alléguaient sans aucune preuve que « les simples contraintes décernées pour le recouvrement des droits fiscaux ne produisent pas en général l'hypothèque judiciaire ». Dans leur dernière édition, si je ne me trompe, les illustres professeurs de Strasbourg ont effacé cette affirmation gratuite et absolue; les avis de l'an XII et de 1811 ont cessé d'être pour eux une lettre morte; mais ils se bornent à renvoyer aux auteurs spéciaux pour la discussion relative à la portée de ces deux avis.

Maintenant que j'en ai fini avec cette question, je puis aborder celle que j'ai indiquée dans le cours de la discussion : les actes appelés contraintes, qui émanent des receveurs particuliers des contributions directes sont-ils de véritables contraintes, et doivent-ils produire hypothèque? M. Serrigny a soutenu la négative, et il l'a fait avec des arguments qui sont propres à faire naître le doute sur un point où l'affirmative avait paru certaine jusqu'à lui. Il fait remarquer qu'aucune loi n'attribue aux receveurs des contributions directes le pouvoir de décerner des contraintes véritables; que les actes ainsi nommés qui émanent des receveurs particuliers ne sont point des contraintes, mais seulement des injonctions aux agents y désignés de se transporter à la résidence des percepteurs à l'effet d'exercer des poursuites contre les redevables en retard. L'acte exécutoire, en vertu duquel le commandement et au besoin les actes de poursuite ultérieurs auront lieu, c'est, dit M. Serrigny, le rôle nominatif arrêté par le préfet, et la Cour de cassation a eu raison de juger que le commandement à la

1. Régime hypoth., t. I, art. 2123.

requête du percepteur est valable, bien qu'il ne contienne pas la copie de la contrainte, s'il contient copie du rôle en ce qui concerne le contribuable [1]. M. Durieu soutient la même thèse que M. Serrigny. MM. Aubry et Rau l'ont aussi adoptée. Malgré la compétence et l'autorité de ces auteurs, je ne crois pas devoir me ranger à leur opinion ; je m'en tiens à l'opinion commune qui accorde, avec les avis de l'an XII et de 1811, l'hypothèque à toutes les contraintes. En vain on dira que ce ne sont pas là des contraintes ; je réponds que la loi, l'usage, les auteurs, la jurisprudence appellent ces actes contraintes : il y a subtilité à prétendre qu'une telle appellation est fausse parce que ces contraintes diffèrent des autres par la forme de la rédaction. Qu'importe la forme si les effets sont les mêmes, savoir : commencement des actes de poursuite contre les redevables en retard ? Bien que le receveur adresse la parole au *porteur de contraintes*, les redevables en retard sont nommés dans la contrainte ; quoi d'étonnant que l'hypothèque frappe leurs immeubles ? Et puis, la doctrine de M. Serrigny offre cette inconséquence que la rentrée des contributions directes serait la seule qui fût privée de la garantie de l'hypothèque judiciaire : or qui ne sait que les contributions directes sont l'impôt le plus favorable et le plus protégé ? C'est là le revenu fixe, et sur lequel l'État compte chaque année ; pour parler familièrement, c'est le pain sur la planche : comprendrait-on que cet impôt fût privé d'une faveur qui est accordée à tous les autres ? MM. Valette [2], Ducrocq [3] et la grande majorité des auteurs n'hésitent pas à reconnaître aux contraintes des contributions directes comme aux autres, l'effet hypothécaire.
ments rendus en pays étrangers qui produisent *ipso jure* l'hy-

1. Revue critique de législation, IX. — Durieu, poursuites en matière de contributions directes (t. I, p. 466).
2. Revue du dr. fr. et étr. IV.
3. *Oper. citato*, n° 570.

Quant aux exécutoires délivrés par les préfets et par les maires pour effectuer les recettes du département ou de la commune, M. Valette fait remarquer qu'ils ne doivent pas être assimilés aux contraintes : ce serait donner une extension par trop grande aux textes. Quel déluge d'hypothèques si les exécutoires produisaient l'effet hypothécaire ! La seule confection des états de la préfecture et de la mairie tranformerait en titres hypothécaires toutes les créances des départements et des communes sans distinguer leur cause et leur origine !

L'hypothèque qui résulte des contraintes est liée à leur destinée ; si l'opposition les fait tomber, elle s'évanouit ; si l'opposition est repoussée et la contrainte déclarée valable, l'hypothèque est consolidée et garde sa date. Quels dangers offrirait ici le système de la cour de cassation ! Une opposition donnerait au redevable le temps d'aliéner impunément ses biens, et l'État ferait des pertes considérables.

VI.

La dernière partie de l'art. 2123 indique enfin une cinquième source de l'hypothèque judiciaire : ... « L'hypothèque ne peut pareillement résulter, dit-il, des jugements rendus en pays étrangers qu'autant qu'ils ont été déclarés exécutoires par un tribunal français... » Là encore on pourrait adresser au législateur, si cela en valait la peine, un reproche : n'eût-il pas été plus simple de faire résulter l'hypothèque de l'acte par lequel le tribunal français déclare exécutoire le jugement étranger que de la faire résulter du jugement étranger lui-même, mais après cette déclaration ? — Un autre reproche, un peu plus grave, doit être adressé aux rédacteurs de l'art. 2123 : c'est qu'en parlant des jugements *rendus en pays étrangers*, ils ont employé des expressions trop larges et par conséquent inexactes : il est des *juge-*

pothèque comme les jugements rendus en France : ce sont les jugements rendus par nos consuls sur les différends des nationaux, dans les cas prévus par les lois, ordonnances ou décrets. Pothier le dit formellement [1], et personne, je crois, ne l'a jamais contesté [2]. Ne peut-on pas dire du reste que l'hôtel du consul français est territoire français ? De même il y a des *jugements rendus en France* qui ne produisent pas l'hypothèque de plein droit : ce sont ceux des consuls étrangers. L'art. 546 du Code de Procédure est plus exact que l'art. 2123 en ne soumettant à un régime exceptionnel que « les jugements *rendus par les tribunaux étrangers* ».

Dans tous les pays civilisés la justice est rendue au nom du souverain : un jugement est un acte de souveraineté émané d'un délégué du chef d'État. Cela est vrai surtout dans les pays où le jugement n'a pas seulement pour effet de trancher un débat et d'être chose jugée, mais encore est armé de l'hypothèque, et, de plus, est exécutoire sans qu'il soit besoin de recourir à l'*imperium* d'un autre magistrat. Il en est ainsi en France et chez les peuples voisins qui ont nos lois ou des lois calquées sur les nôtres. Le jugement qui va être ramené à exécution est revêtu des formules exécutoires : il commence comme une loi ; il se termine par un ordre aux agents de l'autorité et de la force publiques. On comprend dès lors que les jugements ne doivent avoir de force et de valeur que dans l'étendue du royaume gouverné par le souverain au nom duquel ils sont rendus. Dans les autres États ils n'ont pas plus d'autorité que toutes les injonctions qu'un souverain étranger aurait la fantaisie d'adresser aux sujets de ces États. L'autorité de la chose jugée ne dérive pas du droit des gens, mais du droit civil de chaque nation.

1. Hyp. ch. I, sect. 1, art. 2.

2. *V.* Persil, Régim. hypoth. ; Duranton, t. XIX, art. 2123 ; Aubry et Rau, etc.

Cependant si les peuples s'en tenaient à ces principes logiques mais étroits, il en résulterait de graves inconvénients. Les relations commerciales seraient assurément gênées par cette doctrine puriste ; un surcroît de travail inutile, pénible, mal fait, pèserait sur la justice de tous les pays. Aussi *propter comitatem* d'une part, *propter reciprocam utilitatem* d'autre part, on s'est départi de la rigueur des principes. On a pensé qu'après tout, les hommes étant partout les mêmes, la justice est aussi bien rendue dans un État que dans un autre (ce qui est à peu près vrai, malgré le mot de Pascal), et les différents États ont mutuellement reconnu une certaine force à leurs jugements. On n'a pas été jusqu'à reconnaître aux jugements étrangers la même force et, si je puis dire, la même liberté d'action qu'aux jugements du pays : ainsi un jugement étranger ne peut pas mettre en mouvement les agents de l'autorité sans examen, sans autre formalité que la remise de la grosse à un huissier pour en poursuivre l'exécution. Ce serait là, de la part des États, une véritable abdication de leur souveraineté ; ils assisteraient souvent à la violation de leurs propres lois sacrifiées aux lois étrangères. Cela ne doit pas être, et cela n'est pas. Voici quel est le juste milieu que la plupart des législateurs ont gardé : ils ont reconnu aux jugements étrangers l'autorité de chose jugée ; puis, ils leur ont accordé la force exécutoire et la force hypothécaire (dans les pays où elle est un effet du jugement), mais moyennant un examen fait avec soin par les tribunaux du pays, et ceux-ci peuvent refuser l'exécution pour des motifs graves. Avec quelques États dont les lois sont à peu près les mêmes que celles de leur patrie, ils ont pu aller plus loin et se montrer moins prudents. Des traités ont réglé ces situations particulières. Du reste la réciprocité est presque partout une condition *sine quâ non* des concessions étroites ou larges qui sont faites sur ce terrain.

Il semble, à la lecture de l'art. 2123 N. et de l'art. 546 Pr., que les règles générales que je viens de donner comme le résumé, ou plutôt comme la moyenne des législations européennes, soient justement l'expression de la pensée du législateur français. S'il en était ainsi, ma tâche serait bien simple : j'aurais seulement à dire que c'est après l'examen du jugement étranger par le tribunal français, après la déclaration qu'il peut être exécuté, que l'hypothèque prend naissance et peut être inscrite. Il n'y aurait à cette règle aucune exception : tous les jugements étrangers déclarés exécutoires produiraient l'hypothèque à cet instant. Mais il s'en faut de beaucoup que ces textes, en apparence si clairs, comportent des explications si simples et si rapides. Je ne crois pas qu'il y ait dans tout le Code Napoléon cinq endroits plus difficiles, plus controversés que celui-ci. Trois systèmes principaux se partagent les auteurs et les tribunaux, et plusieurs autres systèmes accessoires, se distinguant des premiers par des nuances très-fortes, ont aussi leurs partisans. Les uns, armés de textes de l'ancien droit qu'ils présentent comme non abrogés, veulent faire, dans un sens restrictif, de larges exceptions aux art. 2123 C. N. et 546 du Code et déclarent nuls toute une catégorie de jugements étrangers. Les autres affirment que les textes de l'ancien droit sont abrogés ; mais aussitôt ils se divisent. D'une part, on prétend que les jugements étrangers doivent être soumis à la révision ; de l'autre côté, qu'ils ne doivent subir qu'un simple examen de la part des tribunaux français. Ce qui est assez singulier, c'est que chaque opinion se croit et se dit maîtresse du terrain, et parle des autres opinions comme si elles n'étaient plus ni soutenables ni soutenues. M. Demolombe [1] et M. Valette [2] par exemple, dans deux ouvrages parus à la même époque, parlent cha-

1. T. I, n° 320, et 3e édition de 1845.
2. Revue du dr. fr. et étr., IV.

cun du système que défend l'autre comme d'un système déserté et sans avenir.

Il faut expliquer rapidement les principaux systèmes et tâcher de choisir le meilleur. Cela n'est pas étranger à mon sujet, puisqu'il s'agit de savoir d'abord si une classe très-nombreuse de jugements étrangers sont sans valeur en France et par conséquent ne produisent pas l'hypothèque judiciaire ; ensuite, si c'est un jugement français absorbant le jugement étranger, ou si c'est le jugement étranger muni d'un exécutoire qui donne naissance à l'hypothèque judiciaire. Je ne relèverai point toutes les erreurs, toutes les pensées mal exprimées, toutes les contradictions qu'on trouve sur sa route en parcourant cette délicate matière ; ce travail ne serait pas sans fruit ni sans enseignement, mais il serait trop long.

Le premier système fait une distinction entre les jugements étrangers rendus contre des Français, et les jugements étrangers rendus contre des étrangers. Ces derniers jugements seraient les seuls dont se fût occupé le législateur dans les art. 2123 du Code Napoléon et 546 du Code de procédure ; ils auraient l'autorité de la chose jugée; ils produiraient hypothèque en France après avoir été déclarés exécutoires par les tribunaux français. Mais les premiers seraient dépourvus de toute force ; ils n'auraient pas même l'autorité de chose jugée ; le Français condamné pourrait de nouveau débattre ses droits ; non-seulement l'*imperium*, mais la *jurisdictio* elle-même manquerait aux magistrats étrangers à l'égard des Français. En un mot, ce système dénie tout effet aux jugements rendus à l'étranger contre des Français ; aux autres, il applique purement et simplement les art. 2123 et 546. Sur quelles raisons s'appuient les partisans nombreux de ce premier système ? Uniquement sur des raisons tirées de l'ancien droit et surtout de l'ordonnance de 1629 ; voici comme ils argumentent :

L'art. 121 de l'ordonnance de 1629 était ainsi conçu : « Les jugements rendus, contrats et obligations reçus ès-royaumes et souverainetés étrangères, pour quelque cause que ce soit, n'auront aucune hypothèque ni exécution en notre royaume. — Ains tiendront les contrats lieu de simples promesses ; — et nonobstant les jugements, nos sujets contre lesquels ils ont été rendus pourront de nouveau débattre leurs droits comme entiers par devant nos officiers ».

Ce texte renferme deux dispositions bien nettement distinctes, quoique liées ensemble. La première, conçue en termes généraux, refuse aux jugements étrangers l'exécution et l'hypothèque en France : elle suppose donc que ces jugements ne pourront obtenir ces effets qu'en suite de l'ordre émané d'un tribunal français. D'après Boullenois [1], c'était même en chancellerie qu'il fallait se pourvoir pour obtenir un *pareatis* par lettres revêtues « du grand sceau que le prince emploie dans les grandes affaires et que l'on appelle le grand sceau parce que l'exécution dans son royaume de pareils actes et jugements intéresse directement son autorité, et c'est à lui à peser s'il doit ou ne doit pas permettre dans ses États que l'on y exécute aucuns actes émanés d'une autre souveraineté, actes qui ne peuvent être exécutés que de son ordre et de son commandement exprès ». Mais il paraît que l'usage s'était introduit de s'adresser tout simplement aux parlements pour l'*exequatur* des jugements étrangers.

La seconde disposition de l'art. 121 de l'ordonnance du 15 janvier 1629 est spéciale aux jugements rendus à l'étranger contre des Français, et, par une sollicitude facile à comprendre, elle refuse non-seulement la force exécutoire, mais l'autorité de chose jugée à ces jugements. Le texte ne distingue pas entre le cas où le Français a plaidé devant le tribunal

1. De la personnalité et de la réalité des lois, t. I, p. 606.

étranger en qualité de demandeur, et celui où il a plaidé en qualité de défendeur. Peu importe aussi que ce soit un étranger ou un Français qui ait obtenu gain de cause : du moment que c'est un Français qui a été condamné par un tribunal étranger, l'art. 121 de l'ordonnance dépouille le jugement de toute autorité en France. Aucune exécution ne peut être poursuivie sur les biens du Français condamné sans qu'au préalable la disposition du jugement ait été de nouveau débattue devant un tribunal français. Aucune exception de chose jugée ne peut lui être opposée en vertu de ce jugement, nul aux yeux du législateur de 1629.

La première disposition de l'art. 121 de l'ordonnance, application des principes les plus légitimes, ne faisait que reproduire le droit antérieurement reçu dans toute la France. La seconde généralisait une règle admise, si l'on en croit Chopin [1], dans quelques parlements ; elle était inspirée par la crainte des vexations et des injustices qui pouvaient, dans les pays hostiles, être dirigées contre nos compatriotes. Du reste, à cette règle qui enlevait tout effet au jugement étranger rendu contre un Français, trois traités apportèrent trois exceptions : l'un avec la Sardaigne, l'autre avec la Suisse, le troisième avec la Russie sur les contestations relatives à la succession des Français décédés dans cet Empire [2]. On peut ajouter une déclaration du roi, du 9 avril 1747, qui déclare que les actes publics passés et les jugements rendus en Lorraine emporteraient hypothèque et seraient exécutés dans l'étendue du royaume.

Telles furent les règles appliquées dans l'ancien droit, et Merlin nous rapporte que ces mêmes règles furent observées pendant tout le droit intermédiaire [3].

1. Sur la Coutume d'Anjou, l. 3, ch. 7, t. 3, nº 11.
2. Je reviendrai sur ces traités.
3. Rép, vº Jugement, § 8 ; quest. de dr., *eod. verbo*, § 14.

Ainsi, concluent les partisans du système que j'expose, l'art. 121 de l'ordonnance était loi de l'État au moment où fut promulgué le Code Napoléon. Or le Code Napoléon ne l'a point abrogé; le Code de Procédure non plus : donc il subsiste toujours. Les art. 2123 du C. N. et 546 du C. de Pr. sont la reproduction de sa première disposition Sa seconde disposition, il est vrai, n'y est point reproduite ; mais qu'on ne dise pas qu'elle est par là tacitement abrogée. Ce serait une erreur. Les Codes N. et de Pr. n'avaient point à s'occuper de cette disposition : ils devaient dire *à quelles conditions* un jugement étranger *valable* peut devenir exécutoire et produire hypothèque ; mais ils ne devaient pas dire *quand* les jugement étrangers sont *valables*. Ceci est une question de compétence, et les textes relatifs à la compétence restent en général dans les lois organiques ou autres, et ne sont pas codifiés.

Telle est la charpente du système. Elle est revêtue de longs développements par plusieurs auteurs fort habiles. Un des traits saillants de leur argumentation, c'est la multitude de noms d'anciens jurisconsultes qu'ils citent à l'appui de leur opinion sur l'ordonnance de 1629. Ils invoquent, souvent sans les avoir lus (je le prouverai, et ne leur en fais point un crime), et sans se douter que le lecteur ira les consulter : Bourjon, Julien, Rousseau-Lacombe, Boniface, Boullenois, Dumoulin, etc., etc.

Ce système, qui ne manque pas de raisons bien enchaînées, se recommande surtout par le nom et le mérite de ses partisans. MM. Merlin, Malleville, un des rédacteurs du Code N., Pigeau, un des rédacteurs du C. de Pr., Carré, Berriat Saint-Prix, Dupin aîné, Dalloz, Duranton, Maniez, Fœlix, Valette l'ont adopté. Toutefois MM. Merlin, Carré, Berriat-Saint-Prix, ont changé d'avis après un arrêt de la cour de cassation rendu en 1819.

Cependant je ne crois pas que la vérité soit là. Il n'est pas difficile d'expliquer pourquoi tant d'auteurs ont pensé l'y trouver : presque tous ces auteurs avaient déjà vécu longtemps quand le Code Napoléon a paru : habitués qu'ils étaient aux anciennes règles, ils les ont transportées dans le nouveau droit. Du reste trois d'entre eux, on vient de le voir, les ont en partie abandonnées. Depuis que cette génération de jurisconsultes est passée, leur opinion compte beaucoup moins de défenseurs. Les plus récents sont M. Fœlix qui l'a adoptée dans son remarquable ouvrage sur le droit international [1] publié en 1843, et M. Valette qui l'a développée savamment dans un bel article [2] publié en 1849 dans la Revue du droit français. Il est certain qu'aujourd'hui la majorité regarde l'ordonnance de 1629 comme abrogée, et pour mon compte je n'en puis douter. Comme les art. 2123 et 546 sont clairs, formels, généraux ! Laissent-ils entrevoir la moindre distinction entre tels et tels jugements étrangers ? Les arguments sont nombreux pour prouver l'abrogation de l'ancien droit sur ce point ; mais aucun n'a la force de celui que me présentent ces deux textes si simples et si absolus. Je ne veux pas invoquer l'art. 1041 du C. de Pr. ; je le pourrais pourtant, malgré un avis du Conseil d'État du 12 mai 1807 qu'on objecte, et qui n'a qu'un sens vague et peu clair ; je ne veux pas même invoquer la loi du 30 ventôse an XII qui déclare cependant que « les lois... ordonnances, cessent d'avoir force de loi dans les matières réglées par le présent Code » ; je ne tirerai pas non plus de l'art. 7 du Code d'instruction criminelle un argument *a fortiori*, qui ne serait cependant pas aussi faible qu'on l'a prétendu. Il n'est pas besoin de ces arguments indirects et de ces textes écartés. Je m'en tiens aux art. 2123 et 546 ; ils suffisent à mon esprit pour le convaincre : ils ne reproduisent pas la distinction de l'art. 121 de l'ordonnance entre les jugments

1. Pages 398 et 3.
2. Fœlix, Revue du dr. fr. et étr., t. VI, p. 5.

étrangers rendus contre des Français, et ceux qui sont rendus contre des étrangers : donc ils l'abrogent ! Est-il permis de supposer qu'une disposition si grave soit sous-entendue ? Est-il possible qu'une exception qui embrasse tous les jugements étrangers rendus contre des Français ne soit pas indiquée par un seul mot dans nos Codes ? Et remarquez que j'emploie à tort le langage de mes adversaires, langage prudent et calculé, en appelant exception ce qui serait la règle : n'est-il pas évident que les jugements étrangers qui ont besoin d'être exécutés en France sont, trois fois sur quatre, des jugements rendus contre des Français ? Les partisans du système que je repousse devraient donc dire franchement que les jugements étrangers n'ont pas de valeur en France, en règle ordinaire ; mais qu'exceptionnellement ils ont une certaine autorité lorsqu'ils sont prononcés contre des étrangers. On n'ose pas donner au système sa vraie formule : car comment soutiendrait-on que les art. 2123 et 546 ne parlent que de l'exception et passent la règle sous silence ? On nous dit, il est vrai, que ces textes n'avaient point à s'occuper de la question de savoir *quand* les jugements étrangers sont *valables* et susceptibles de recevoir l'*exequatur* ; que c'est là une question de compétence qui doit être traitée à part... Cette réponse n'est qu'une échappatoire. Est-ce que les rédacteurs de nos Codes ont l'habitude d'apporter une délicatesse si scrupuleuse et si exagérée dans l'ordre et le classement des matières ? Est-ce qu'on les croit assez méthodiques ou plutôt assez peu méthodiques (car ce serait une subtilité ridicule) pour séparer toujours soigneusement et disperser aux quatre coins de notre législation les différents effets des jugements : autorité de chose jugée, exécution, hypothèque ? Est-ce que l'art. 121 de l'ordonnance ne parlait pas lui-même de la force de chose jugée, à propos de l'exécution et de l'hypothèque ? Dans un texte où l'on énumère les sources de l'hypothèque judiciaire, ne fallait-il pas dire et *limiter* toutes les catégories d'actes qui la produisent? Et en l'attribuant sans distinction, *sans limitation*, aux jugements rendus par les tribunaux étrangers, alors qu'il eût été si facile d'ajouter « contre des étrangers », l'art. 2123 n'abroge-t-il pas ouvertement l'art. 121 de l'ordonnance de 1629?

Mais, après tout, cette ordonnance avait-elle vraiment force de loi au moment de la promulgation du Code? A-t-elle jamais eu même une autorité législative incontestée? Non; je vais le prouver et par là frapper au cœur le système que je combats. Cette ordonnance est celle qui est connue sous le nom de Code Michaud; elle fut, comme on sait, l'œuvre du chancelier Michel de Marillac; elle renfermait un grand nombre de dispositions heureuses, et c'est peut-être un des meilleurs monuments législatifs qu'ait laissés l'ancien droit. Pothier déclare que c'est une belle ordonnance, et Pothier s'y connaît. Mais les contemporains de l'infortuné Michel de Marillac ne furent point de cet avis : ils ne goûtèrent pas les idées neuves mises en œuvre dans cette ordonnance; on la ridiculisa sous le nom de Code Michaud. Un certain nombre de parlements, et notamment celui de Paris, refusèrent de l'enregistrer. Le parlement de Bourgogne ne l'enregistra qu'à la condition qu'il serait dispensé d'observer *l'art. 121*; celui de Franche-Comté reçut seulement les art. 39 et 169. A Paris on n'osa pendant plus d'un siècle parler de l'ordonnance, à cause de la disgrâce de son auteur. Quelques citations montreront combien était faible dans l'ancien droit l'autorité de cette loi qu'on prétend encore forte et vivante aujourd'hui. Elles seront d'autant plus probantes que je les emprunterai aux auteurs mêmes qu'on invoque et dont on cite les noms dans le camp que j'attaque.

Je trouve dans Boullenois[1] : « ... On propose l'ordonnance

1. Statuts réels et personnels, l. II, t. II, c. 5, obs. 14.

de 1629 art. 121 ; mais sans parler du sort de l'auteur de cette ordonnance, *qui a fait tomber l'ordonnance même*, que les uns prétendent néanmoins avoir été enregistrée au parlement de Paris, et les autres ne l'avoir pas été, il est *certain* qu'elle n'a pas *eu d'exécution*, et d'ailleurs elle contient des dispositions contre lesquelles les jurisconsultes ont toujours *réclamé* depuis, et que les arrêts *n'ont point suivies*. »

Bourjon [1], faisant le commentaire de l'art. 164 de la Coutume de Paris, ne parle pas plus de l'ordonnance de 1629 que si elle n'avait jamais existé, et voici ce qu'il dit à propos des jugements étrangers : « Les jugements étrangers ont en France la force de chose jugée ; et le condamné n'est point admis en France à en faire la critique... La maxime *res judicata pro veritate habetur* étant de droit des gens [2] ». Plus loin, il énumère les conditions nécessaires pour faire une saisie, et ne fait encore aucune allusion à l'ordonnance : « Si le titre n'est pas exécutoire dans le lieu de la saisie, il faut la permission du juge : cette condition est plus de politique et d'ordre extérieur que de justice » [3].

Brodeau [4] s'exprime ainsi : « Les jugements et actes étrangers n'ont ni exécution, ni hypothèque en France ; il faut se pourvoir par action suivant la doctrine des arrêts, quoique le contraire ait été jugé par plusieurs arrêts ». De l'ordonnance, pas un mot !

Un autre commentateur de la Coutume de Paris, Lemaistre, se demande si et à quel moment les contrats dressés par un notaire étranger emportent hypothèque ; et, après avoir indiqué que l'ordonnance de 1629 art. 121 leur donnait seule-

1. Dr. comm. de la Fr., II, p. 536 et 5.
2. Ces derniers mots sont contestables, mais cependant dans un certain sens ils ne sont pas complétement faux.
3. Dr. comm. de la Fr., nos 677, 711.
4. Sur l'art. 164 de la Cout. de Paris.

ment la force de simples promesses, ajoute : « Cette question est fort controversée ». Donc l'ordonnance, aux yeux de Lemaistre, n'avait pas tranché la question et n'avait pas force de loi.

Pendant le droit intermédiaire des protestations se produisirent à plusieurs reprises contre la prétendue autorité de l'ordonnance de 1629. Un jugement de Besançon[1], du 18 messidor an XII, déclare que l'ordonnance de 1629 n'ayant point été enregistrée par le plus grand nombre des parlements, « ne peut être considérée comme une loi de l'Etat, comme une loi générale, obligatoire pour toutes les parties de la France ». Un jugement du Havre du 29 vendémiaire an X, confirmé par un jugement de Caen le 26 ventôse de la même année, avait décidé la question dans le même sens.

Pour ne rien exagérer, il faut reconnaître que l'art. 121 de l'ordonnance avait force de loi dans quelques parlements; j'avouerai même facilement qu'un grand nombre observaient, avant et observèrent après l'ordonnance, la distinction que son art. 121 consacrait ; mais cela n'empêche pas que la question ne fût discutée, et qu'une partie des jurisconsultes et des parlements ne repoussassent cette distinction. Dès lors comment oser affirmer que la partie finale de l'art. 2123 reproduit, des deux idées qui divisaient l'ancien droit, celle qui s'adapte le moins à son texte, et qui est le plus contraire aux tendances modernes, aux dispositions bienveillantes qui animent les peuples les uns à l'égard des autres depuis 89 ? C'est l'autre opinion qu'a voulu reproduire l'art. 2123; et si l'on ne se contente pas de la démonstration qu'il en donne lui-même par son texte général et formel, voici de quoi convaincre les plus incrédules :

C'est Pothier qui fut l'inspirateur et le conseiller ordinaire des rédacteurs du Code. Or Pothier est du nombre des juris-

1. Merlin, Rép. v°, Jugement, n° 8.

consultes qui n'admettaient pas l'ordonnance de 1629 comme loi obligatoire, et qui de plus repoussaient la distinction de son art. 121. Dans la *Coutume d'Orléans* [1] il se demande, comme Lemaistre, si les actes des notaires étrangers emportent hypothèque en France, et il répond : « Ces personnes ont bien en France une espèce d'autorité publique, qu'on peut appeler *de créance*; mais elles n'ont pas l'autorité publique de *pouvoir*, telle qu'elle est nécessaire pour imprimer le droit d'hypothèque sur les biens des contractants, n'y ayant en France aucune autorité publique de cette espèce que celle qui émane du roi. Ce sentiment a été embrassé par l'ordonnance de 1629, art. 121 ; mais *cette ordonnance étant, comme on sait, demeurée sans exécution, la question demeure indécise* ». Ailleurs il dit encore : « ... L'ordonnance de 1629 accordait en ce cas la restitution, mais seulement lorsque le saisi était mineur ; l'*ordonnance de 1629 n'a point été, comme on sait, exécutée* » [2]. L'ordonnance de 1629 et son art. 121 n'ont donc pour Pothier qu'une valeur doctrinale, et leur doctrine à l'égard des jugements étrangers, il la repousse ; il n'admet que la première disposition de l'art. 121, celle qui prive de la force exécutoire et de l'hypothèque les jugements étrangers; il n'admet pas la seconde qui enlève de plus la force de chose jugée à ceux qui sont rendus contre des Français; c'est ce qui résulte de ces mots : « Les jugements rendus et les actes des notaires passés en pays étrangers ne peuvent être exécutés dans le royaume. Nous ne connaissons en France d'autre autorité que celle qui émane du roi : celle des juges et notaires étrangers, n'émanant pas du roi, ne peut donner à leurs actes la vertu et le droit d'exécution. Ces actes ne forment que des *engagements privés* et *de sim-*

1. Introd. au tit. XX de la Cout. d'Orléans, n° 2.
2. Saisie-réelle, n° 665.

ples promesses, suivant l'art. 121 de l'ordonnance de 1629 »[1]. Peut-on dire plus simplement que les jugements étrangers ont force de chose jugée? Du moment qu'ils valent comme engagements privés, la partie condamnée n'en peut point demander la révision, et, comme on voit, Pothier ne fait pas de réserves pour le cas où c'est un Français qui a été condamné. Multiplions les citations de cet auteur. En voici une qui met encore tous les jugements étrangers sur la même ligne; elle est d'autant plus importante que je crois que le législateur de 1804 l'avait sous les yeux en écrivant l'art. 2123: « *Les jugements d'un pays hors de la domination* du roi, des juges d'Église, et *des arbitres*, ne peuvent produire d'hypothèque sur les biens du condamné; celui au profit duquel ces sortes de jugements sont rendus ne peut l'acquérir que du jour qu'il en aura fait *prononcer l'exécution* par un juge compétent pour cela »[2]. Remarquez l'assimilation des jugements étrangers aux jugements d'Église et des arbitres: elle prouve jusqu'à l'évidence que Pothier reconnaît l'autorité de chose jugée aux jugements étrangers, et cela sans distinction. Or, le législateur du droit nouveau n'a fait que reproduire, presque sans l'altérer, le passage que je viens de citer : comme Pothier, l'art. 2123 parle en même temps des jugements étrangers et des jugements arbitraux; seulement il en parle en deux paragraphes différents, parce qu'il exige pour les jugements étrangers quelque chose de plus qu'une ordonnance du président; il ne dit rien des jugements d'Église, parce qu'ils n'existent plus. La petite inexactitude de langage, qu'on reproche à l'art. 2123, il l'a prise dans le

1. Saisie-exécution, § 3.

2. Introd. au titre XX de la Coutume d'Orléans. Cette introduction forme un traité de l'hypothèque; elle n'est du reste que l'abrégé de son Traité de l'hypothèque.

même passage : Pothier parle en effet des « *jugements d'un pays* hors de la domination du roi », oubliant que ce qui importe, ce n'est pas le pays où le jugement est rendu, c'est la nationalité *du tribunal*. La même tournure de phrase, les mêmes formules négatives se retrouvent dans le passage de Pothier et dans l'art. 2123. Enfin voyez comme Pothier a évidemment servi de modèle à notre législateur : il parle des jugements étrangers deux fois, comme nos codes : la première fois, c'est à propos de l'hypothèque judiciaire : la citation qui précède est tirée de son traité de l'hypothèque. La seconde fois, c'est à propos de l'exécution des jugements et des actes ; les citations faites plus haut sont tirées de son traité de la procédure civile, chapitre des saisies : le lecteur a déjà complété ma pensée en se rappelant la place et l'objet des art. 2123 C. C. et 546 Pr.

Après tant de preuves accumulées, il serait inutile de citer l'exposé des motifs fait au Corps législatif par M. Réal, et le discours prononcé au nom du Tribunat par M. Favard, à propos de l'art. 546 du C. de Proc. Les arguments tirés des travaux préparatoires n'apprendraient plus rien à ceux que la discussion qui précède a convaincus de l'abrogation de l'ordonnance de 1629, et n'ébranleraient point ceux qu'elle n'a point touchés. Qu'il me suffise de dire que le langage de ces deux orateurs est en tout conforme à celui de Pothier et du Code : même généralité, même silence à l'égard des jugements rendus contre des Français.

Ainsi le premier système est écarté ; le C. N. n'a point reproduit les règles dominantes (mais non universellement admises) de l'ancien droit. Il ne faut plus distinguer entre les jugements étrangers rendus contre des Français et ceux qui sont rendus contre des étrangers. Tous sont soumis au même régime ; tous ont la même valeur. Mais quels sont ce régime, cette valeur ? Voilà le nouveau terrain sur lequel il faut combattre encore énergiquement pour faire triompher la vérité. Ce triomphe malheureusement sera purement moral et platonique, si je puis dire : car des deux opinions qui sont ici en présence, celle que je crois fausse s'est emparée de la pratique, et elle occupe là des positions qu'il faut presque désespérer de lui enlever.

Voici les éléments de cette opinion : elle regarde (avec raison) comme abrogées les distinctions de l'art. 121 de l'ordonnance ; mais d'après elle le nouveau législateur a eu pour but en les effaçant de généraliser l'usage reçu à l'égard des jugements étrangers rendus contre des Français, c'est-à-dire de refuser en France à tous les jugements étrangers l'autorité de chose jugée, et de les soumettre tous à la révision des tribunaux français. Il a cessé de considérer les qualités accidentelles des parties qui ont figuré au procès, pour ne plus considérer que l'extranéité du pouvoir dont le jugement est l'ouvrage. L'étranger comme le Français peut donc aujourd'hui demander la révision à nos tribunaux et se défendre par tous les moyens de droit, soit en la forme, soit au fond. — Tel est le système que les Cours de Poitiers, Colmar, Paris, Rennes, Toulouse, Montpellier, Grenoble, Douai, Bordeaux, ont successivement appliqué, et que la Cour de cassation a consacré à plusieurs reprises ; son premier arrêt en ce sens est de 1819. Elle en avait rendu un dans le sens du premier système en 1806 [1]. Celui de 1819 fut rendu dans l'affaire Holker contre Parker ; il est resté célèbre, et c'est lui qui détermina Merlin, Carré, Berriat-Saint-Prix à se ranger du côté de la nouvelle doctrine. Beaucoup d'autres jurisconsultes, Delvincourt, Toullier, Persil, Pardessus, Troplong, Rauter, Boncenne [2], ont contribué par leur talent à enraciner dans la pratique

1. Sir. 1806, I, 129.
2. Proc. civ. III, p. 222.

cette doctrine, qui est pourtant mauvaise, et qu'une loi viendra tôt ou tard arracher, si le raisonnement et les preuves n'en peuvent venir à bout.

Pour avoir eu tant de succès, ce système s'appuie sur des raisons bien peu nombreuses et bien peu concluantes. La révision, dit-on, était admise dans l'ancien droit au profit des Français ; comme ces cas étaient plus fréquents que les cas où la révision n'était pas permise à cause de l'extranéité du condamné, il faut présumer que c'est la règle appliquée le plus souvent que les art. 2123 et 546 ont voulu imposer uniformément à tous les jugements étrangers. L'art. 2123 en contient la preuve : il exige que tout le tribunal soit présent pour déclarer le jugement exécutoire : cette présence de tout le tribunal n'indique-t-elle pas qu'il s'agit d'une révision, d'une vraie sentence, et non d'une simple ordonnance d'exécution que le président rendrait très-bien tout seul, comme pour les sentences arbitrales ?

Je n'ai pas trouvé, dans les considérants de l'arrêt de 1819 ou des arrêts des Cours d'appel, d'autres motifs à l'appui du système de la révision, sinon des craintes chimériques de vexations et d'injustices (que le troisième système, comme on le verra, préviendrait très-bien), et des lieux communs sur les limites du pouvoir judiciaire qui doit expirer aux frontières avec le pouvoir du souverain. La plupart de ces arrêts, notamment ceux de Nîmes et de Bordeaux, ont leur fondement unique dans la confusion qu'ils font entre la faculté de déclarer exécutoire un jugement et le pouvoir d'examiner le bien jugé.

Ainsi des présomptions hasardées et faciles à détruire, voilà sur quoi repose le système de la révision. Celle que l'on tire de l'ancienne jurisprudence, je l'ai ruinée d'avance en dévoilant plus haut les divergences d'opinion qui divisaient les auteurs et les parlements, et surtout en montrant que c'est à

Pothier que l'art. 2123 a été presque textuellement emprunté : or Pothier, nous l'avons vu, ne parle pas du tout, même pour un Français, de la possibilité de faire réviser le jugement étranger. Celle que l'on déduit de la présence de tout le tribunal s'évanouit devant cette considération que la présence de tous les juges n'est pas de trop pour décider si le jugement dans son dispositif et dans les voies d'exécution qu'il prescrit, n'est pas contraire à nos lois d'ordre public. Je développerai cette pensée en exposant le troisième système, que je crois le seul vrai. Personne, remarquons-le, ne soutient que la formalité exigée par l'art. 2123 soit un simple *visa* apposé aveuglement sur le jugement étranger [1]. Sans que le tribunal ait à étudier de nouveau l'affaire au fond, il doit faire subir au jugement un examen très-attentif et parfois assez délicat. Voilà pourquoi le président n'est pas seul pour cette opération.

Les arguments du système de la révision sont donc des armes bien faibles et bien vite émoussées. Contre lui, nous en avons au contraire de redoutables, devant lesquelles il succombe promptement sur le terrain de la doctrine. L'art. 2123 à lui seul fournit deux ou trois arguments de texte très-puissants. D'abord il déclare que *c'est le jugement étranger qui produit* l'hypothèque après la déclaration du tribunal français ; il eût mieux valu peut-être ne la faire résulter que de la déclaration même de ce dernier tribunal ; dans l'enquête de 1841, la Cour de Grenoble réclama ce léger changement pour l'honneur des principes et par égard pour la justice française ; mais la loi, jusqu'à nouvel ordre, est telle qu'elle est : c'est le jugement étranger qui produit l'hypothèque à un certain moment. Eh bien ! le système de la révision se met en contra-

1. Le système du simple visa est supposé par M. Paul Pont et quelques autres pour la symétrie, et pour avoir le système de la révision, le système de l'examen, le système du visa. — Mais personne ne l'a jamais soutenu.

diction avec ce texte formel : d'après ce système, ce n'est jamais le jugement étranger qui produit l'hypothèque, c'est le nouveau jugement français qui, détruisant et absorbant le jugement étranger, produit seul l'hypothèque. Cela est évident si le tribunal français juge autrement que le tribunal étranger ; mais cela est encore vrai si sa décision est exactement semblable à la première : car c'est toujours une sentence française qui remplace, qui supplante une sentence étrangère. — En outre, comment concilier avec le système de la révision les mots « déclarés exécutoires » de l'art. 2123 ? De bonne foi, est-ce que c'est déclarer exécutoire un jugement que de le réviser, et de mettre à sa place un autre jugement qui seul sera exécuté ? — A ce double argument, on a fait une réponse. C'est M. Valette qui l'a fournie aux partisans d'une doctrine qu'il n'a pourtant pas adoptée. Le jugement étranger, dit-on, est, dans cette occurrence, semblable à un jugement de première instance soumis à une Cour d'appel : or le jugement de première instance n'est point mis à néant par cela seul qu'il est frappé d'appel ; on ne dit point que l'hypothèque ne soit pas produite par lui : loin de là, l'art. 2123 la lui attribue formellement..... Cette assimiliation du jugement étranger et du jugement de première instance n'est pas heureuse pour nos adversaires. D'abord elle est inexacte au point de vue de l'hypothèque judiciaire : on peut et on doit dire que c'est le jugement de première instance qui produit l'hypothèque, parce qu'en effet l'inscription peut être prise aussitôt qu'il est prononcé; mais en est-il de même du jugement étranger? Non, personne n'oserait le soutenir; l'inscription ne peut être prise qu'après la déclaration du tribunal français; et si vous faites de cette déclaration un vrai jugement, c'est lui seul qui produit l'hypothèque, en vertu des principes ordinaires : on ne voit pas à quoi sert le texte final de l'art. 2123, s'il vient seulement attribuer l'hypothèque en termes obscurs à des jugements à qui les règles élémentaires l'attribuaient d'une façon très-simple et très-claire. — De plus, cette assimilation n'explique en rien les mots « ... déclarés exécutoires... » ; au contraire elle tend à démontrer leur incompatibilité avec le système de la révision ; « est-ce qu'on s'est jamais avisé de dire que nos Cours d'appel sont organisées pour rendre exécutoires les jugements des tribunaux de première instance ? Qui osera prétendre que rendre un jugement exécutoire, c'est prononcer sur l'appel de ce jugement [1] ? » — Enfin il y a un troisième argument à tirer de l'art. 2123 ; on n'y a guère songé, et cependant il me paraît bien fort : c'est le rapprochement des sentences arbitrales et des jugements étrangers, et le mot « *pareillement* » qui unit les deux paragraphes. Ce mot *pareillement* est un non-sens dans le système de la révision : car où serait l'analogie entre les sentences arbitrales, qu'un simple *exequatur* rend exécutoires et qui ont une autorité de chose jugée devant laquelle le tribunal doit s'incliner, et les jugements étrangers sans autorité de chose jugée et tenus pour nuls par le tribunal français qui rejuge l'affaire ? Ce seul mot suffit, à mon avis, pour démontrer que le système de la révision est faux, que le jugement étranger a en France l'autorité de chose jugée, que l'œuvre du tribunal français se réduit à une formalité *analogue* à l'ordonnance d'exécution qui émane du président pour les sentences arbitrales.

Non-seulement le système de la révision est une erreur, mais c'est une erreur funeste, quoi qu'en aient dit ses défenseurs et quelques-uns mêmes de ses adversaires [2]. Il est contraire à l'esprit moderne qui abaisse les barrières entre les peuples ; il est plein d'une défiance presque outrageante pour

1. Marcadé, I, art. 15.
2. Demolombe, I, p. 320.

les magistrats des autres nations. Que signifient ces précautions? Croit-on qu'en dehors de notre pays l'impartialité et la justice soient inconnues? Est-ce que nos tribunaux ont l'habitude de donner tort aux étrangers qui ont raison, pour qu'on suppose ces dispositions aux tribunaux étrangers à l'égard des Français? Pourquoi s'en tenir avec tant de rigueur à cette règle, vraie en théorie pure, mais gênante en pratique et peu généreuse à une époque de civilisation, que la chose jugée dans un pays, émanant de la souveraineté locale, n'a aucune autorité là où expire le pouvoir du souverain? Est-ce que tous les peuples chrétiens et civilisés, les seuls avec lesquels nous ayons de véritables rapports, n'ont pas des lois analogues aux nôtres, ne sont pas animés du même esprit que nous, n'ont pas une justice aussi sagement organisée que la nôtre? Aussi voyez ce qui est arrivé : en s'apercevant de l'attitude prise par notre jurisprudence, la plupart des États, qui avaient depuis plus ou moins longtemps rejeté la règle étroite qu'elle relevait chez nous, l'ont aussi reprise, mais seulement contre les jugements rendus en France : en sorte qu'un très-grand nombre de législations contiennent, plus ou moins explicitement, à l'égard des jugements étrangers, la disposition suivante : « Les jugements rendus par les tribunaux étrangers — excepté par les tribunaux français, — ont l'autorité de chose jugée et obtiennent l'exécution (et l'hypothèque) moyennant un *exequatur* ; les jugements français n'ont pas l'autorité de chose jugée ; le condamné peut débattre de nouveau ses droits devant nos tribunaux ». L'Autriche, la Prusse, le Wurtemberg, le duché de Bade, la Saxe, la Hesse, les Etats-Pontificaux, la Belgique, les Deux-Siciles, les Pays-Bas, la Grèce, la Russie, Haïti même ont été successivement obligés de prendre vis-à-vis de nous ces mesures de rétorsion. Je veux, à titre d'exemple, citer l'arrêté qui a été pris en Belgique, uniquement à l'égard des jugements français : « Art. 1. Les arrêts et jugements rendus en France n'auront aucune exécution en Belgique.

« Art. 3. Nonobstant ces jugements, les habitants de la Belgique pourront de nouveau débattre leurs droits devant les tribunaux qui y sont établis, soit en demandant, soit en défendant. »

Quant aux autres jugements étrangers, les art. 2123 et 546 de nos Codes, et, depuis la révision dont ils ont été l'objet dans ce pays, les articles correspondants, ont continué à former le droit commun de la Belgique [1].

Le système de la jurisprudence aboutit donc à faire perdre aux étrangers tout respect pour notre propre justice, en même temps qu'il affaiblit chez tous la confiance dans les tribunaux, puisqu'il dévoile que leurs sentences ont quelque chose de relatif et d'accidentel. Ajoutez à cela que les habitants de la France trouvent peu de crédit à l'étranger : qui ne serait effrayé en songeant aux difficultés qu'on rencontrerait pour obtenir justice contre eux ? — Et puis quelle chose singulière ! Un tribunal français qui s'érige en juge d'appel d'un tribunal étranger, un juge français qui examine, critique, réforme les décisions rendues par un juge belge, autrichien, américain ! Comme si chacun de ces juges n'était pas à même d'appliquer dix fois mieux que le tribunal français les lois de son pays ! Quelle perte de temps et d'argent pour les particuliers, quel travail pour les magistrats, s'ils sont forcés d'étudier les législations étrangères ! Et comment connaître les usages commerciaux, les coutumes de chaque pays ? M. Maniez, savant conseiller à la Cour de Bastia, cite, dans une dissertation sur la matière, un réquisitoire de M. Desglageux, qui résume très-nettement les difficultés inextricables que peut faire surgir à chaque instant le système de la révision : « Vous voudrez

1. *V.* Fœlix, Droit international, p. 428.

être plus justes que les juges étrangers : serez-vous sûrs de pouvoir l'être? On vous enverra des parères, des avis de jurisconsultes : y trouverez-vous des doctrines suffisantes, des guides sûrs, quand, dans notre propre langue, dans nos propres lois les esprits les plus sages sont partagés sur leur interprétation ; quand vous avez besoin de toutes vos lumières pour saisir le fil conducteur qui doit vous mener à la vérité ; et quand il vous échappera à chaque pas, sur un terrain que vous ne connaîtrez pas, à travers des obscurités sans cesse renaissantes, qu'éclaireront d'une lueur bien incertaine les oracles lointains que vous aurez consultés ?[1] »

Remarquons que tous les inconvénients qui viennent d'être décrits peuvent être aussi allégués, quoique dans une mesure un peu moindre, contre le premier système ; et cependant ses défenseurs sont les plus ardents à faire ces reproches aux partisans du second

En quoi consiste donc le troisième système, pour lequel j'ai déjà laissé voir mes préférences? Il ne sera pas long à exposer : je n'ai qu'à réunir les traits épars que j'en ai disséminés dans les discussions précédentes.

Les jugements étrangers, *quels qu'ils soient*, ont en France l'autorité de chose jugée, ils n'ont point par eux-mêmes la force exécutoire ni la force hypothécaire ; mais ils l'acquièrent par l'*exequatur* que leur donnent les tribunaux français. Cet *exequatur* n'est point un simple visa, une pure formalité : il n'est obtenu qu'à la suite d'un examen qui peut présenter plus d'une délicate question, et qui peut avoir pour résultat le refus de l'exécution. Voilà pourquoi l'art. 2123 exige ici la présence du tribunal entier. Ce ne sont pas les intérêts privés des parties qui sont l'objet de l'examen. C'est d'abord le caractère de l'acte présenté qu'il faut vérifier : est-ce un jugement

1. P. 22 de la dissertation.

rendu dans les règles et par les tribunaux légaux du pays étranger? N'est-il pas suspendu dans ses effets par l'exercice d'une voie de recours? Puis, il y a un ordre de questions plus graves à aborder : ce jugement viole-t-il une de ces lois d'ordre public de la France, qui ne doivent être sacrifiées à aucune convention et, à plus forte raison, à aucune volonté étrangère? Les voies d'exécution qu'il ordonne sont-elles permises en France? Par exemple ordonne-t-il la contrainte par corps, interdite aujourd'hui, sauf dans quelques cas exceptionnels, par notre législation? Il faudra voir si ce jugement ne tend pas à appliquer, contrairement à l'art. 3 du C N., le statut réel étranger à des immeubles situés en France; si l'égalité dans les partages entre les fils et les filles est observée comme principe, si le droit d'aînesse ou tout autre privilége proscrit chez nous n'a pas dicté sa décision, etc. Si ces lois fondamentales sont violées par le jugement, alors le tribunal français devra refuser l'exécution, ayant ainsi le pouvoir de protéger l'intérêt de la souveraineté, et non pas l'intérêt des parties, du moins directement.

Ce système est conforme aux textes des art. 2123 et 546 : il s'adapte à toutes leurs expressions. Il est d'accord avec l'esprit du droit moderne, qui devient, qui est presque déjà tout entier droit des gens. Il épargnerait, s'il était suivi, à nos tribunaux et aux particuliers, tous les embarras dont il a été question plus haut. Il suffirait à prévenir tous les dangers réels que présente une trop grande liberté d'exécution accordée aux jugements étrangers, et une partie des dangers imaginaires que redoutent les premiers systèmes; en respectant la justice des autres pays, il ferait respecter celle de la France. Les autres systèmes, le second surtout, se vantent d'être logiques et conformes à la règle rationnelle que les jugements n'ont aucune autorité là où expire le pouvoir du souverain [1].

1. *V.* notamment Toullier

Je ne sais si le troisième ne peut pas revendiquer aussi bien et plus qu'eux le mérite d'être logique au nom d'un principe très-rationnel aussi : *Locus regit actum*. Pourquoi cette règle ne s'appliquerait-elle pas au quasi-contrat judiciaire, comme aux contrats? Il y a là un point de vue qui découvre, ce me semble, un horizon, et qui peut faire réfléchir [1].

Et pourtant ce système qui me paraît satisfaire à toutes les exigences n'est pas connu dans la pratique, et fut même quelquefois dédaigneusement repoussé de la doctrine. M. Fœlix ne constate pas même son existence ; M. Valette en dit quelques mots pour le condamner et déclarer que presque personne ne le soutient. M. Valette se trompait déjà, et les vingt années qui ont suivi lui ont apporté de nouveaux démentis. Aujourd'hui ce système me paraît triompher en doctrine ; du moins il compte un nombre d'adhérents respectable par la quantité, et encore plus par la qualité : Boitard, Demolombe, Marcadé, Mourlon, Paul Pont en sont les chefs. A l'abri de ces noms je me sens tranquille, je crois avoir défendu le vrai et le bon.

Comme le système de la révision est suivi dans la pratique, et constitue, si je puis dire, notre législation active, c'est à lui qu'il faut revenir maintenant pour régler certains détails.

Pour obtenir un jugement français confirmatif du jugement étranger, il faut procéder par voie d'assignation, puisque c'est un procès nouveau qu'on engage. — Dans le système que je préfère, c'est par simple requête, et non par assignation, sauf le cas de dénégations de la part du condamné, que l'on devrait procéder.

Devant quel tribunal faut-il assigner pour la révision? Aucun texte ne le dit ; mais puisque c'est un vrai procès qu'on

1. V. quelques pages remarquables de Grenier, sur les avantages de ce 3e système ; Grenier croit du reste que ce n'est pas celui de la loi (t. I, Hyp. sur l'art. 2123, n° 192 et 3).

engage, il faut suivre les règles ordinaires de compétence, et aller devant le domicile du défendeur ou à la situation de l'immeuble litigieux.

Il n'y a pas lieu de distinguer si le condamné a été demandeur ou défendeur devant le tribunal étranger : c'est toujours une révision que son adversaire est forcé de demander et de subir en France pour pouvoir profiter du jugement. C'était là l'opinion dominante dans l'ancien droit à l'égard du condamné français ; et c'est encore aujourd'hui la règle admise dans la pratique. M. Valette prétend que la Cour de cassation s'est prononcée en sens contraire ; mais je crois que le savant professeur fait une petite confusion. Voici quelle est à mes yeux la jurisprudence de la Cour de cassation sur ce point : elle juge que le Français qui se porte demandeur à l'étranger renonce au bénéfice de l'art. 14 du C. N., et ne peut plus saisir ultérieurement, après avoir échoué à l'étranger, le tribunal français de la connaissance de la même affaire. Mais elle ne décide pas que le jugement rendu à l'étranger, et qui condamne le Français par suite d'une reconvention, ait en France l'autorité de chose jugée et puisse être exécuté sans révision. Il faut soigneusement distinguer deux ordres d'idées : le Français qui s'est porté demandeur à l'étranger ne peut plus saisir le tribunal français de son propre mouvement et comme demandeur ; mais si son adversaire veut faire exécuter le jugement en France, alors la révision doit avoir lieu pour que l'exécution et l'hypothèque s'en suivent, et le Français trouve l'occasion de débattre de nouveau ses droits. Voilà ce qui résulte pour moi des différents arrêts de la Cour de cassation [1], dont j'ai pu avoir connaissance. Si quelque décision de la Cour suprême ne concorde pas avec ces idées, elle est assurément isolée et motivée par quelque considération exceptionnelle.

1. 15 novembre 1827 ; 14 février 1847 ; etc.

On décide généralement que les jugements émanés des tribunaux de commerce étrangers doivent être déférés pour la révision aux *tribunaux civils* français, qui seraient seuls compétents en cette matière. Cette solution, qui me paraîtrait indubitable dans le système qui maintient aux jugements étrangers l'autorité de chose jugée, me paraît moins sûre dans celui où le jugement étranger est comme non avenu, et où l'affaire doit être jugée à nouveau par les tribunaux français. On la fonde sur la généralité d'attributions des tribunaux civils, et sur un argument d'analogie tiré de l'art. 442 du Code de Procédure.

Comme on voit, les jugements relatifs aux matières commerciales sont soumis eux-mêmes à la règle de l'art. 2123, quelle qu'elle soit du reste. Quelques jurisconsultes ont voulu cependant démontrer qu'elle ne leur était pas applicable, et qu'il y avait exception en leur faveur. On tirait un argument d'analogie du principe qui permet à deux étrangers de plaider devant les tribunaux français en matière commerciale. Mais la généralité de l'art. 2123 ne souffre pas de distinctions fondées sur de simples analogies, et la Cour suprême a rejeté dès l'an XII celle qu'on proposait entre le cas où l'affaire est civile et celui où elle est purement commerciale.

La généralité de l'art. 2123 doit encore nous inspirer cette réflexion vraie, que les jugements rendus dans un pays où l'hypothèque judiciaire n'est pas reçue, la produisent cependant en France après y avoir été déclarés exécutoires. Cette remarque du reste n'a guère d'utilité ou d'à-propos dans le système de la révision, puisque c'est réellement et seulement le nouveau jugement français qui produit l'hypothèque.

Même dans le système de la révision, on admet que les actes d'instruction ordonnés par des juges étrangers pour préparer leur décision doivent garder toute leur force. Il serait dangereux de se priver de preuves recueillies sur les lieux : et comment y suppléerait-on ? Il n'est donc pas tout à fait exact de dire que ce qui s'est passé à l'étranger est nul et comme non avenu en France ; il est certain qu'à certains égards le jugement étranger ressemble à un jugement de première instance soumis à l'appel.

L'art. 2123, après avoir posé la règle qui soumet les jugements étrangers à certaines formalités (j'emploie le mot le plus général possible pour embrasser tous les systèmes), indique que des lois politiques ou des traités diplomatiques peuvent y apporter des exceptions. Les lois politiques dont il est question ne peuvent être, c'est clair, que des lois françaises ; les autres ne sauraient nous obliger, eussent-elles mis la réciprocité comme condition aux faveurs qu'elles accordaient aux jugements étrangers. M. Persil, imitant d'Héricourt, plaide longuement pour démontrer que le pays qui reconnaîtrait à nos jugements l'exécution et l'hypothèque n'aurait pas le droit, par cela seul et au nom de la réciprocité, de prétendre pour ses jugements aux mêmes priviléges chez nous. Je trouve la chose évidente, et par conséquent la démonstration inutile. — Existe-t-il des lois politiques qui apportent quelque restriction à l'art. 2123 ? Pour mon compte je n'en connais pas. — Quant aux traités, véritables contrats qui obligent les nations, trois au moins ont été signés par la France, relativement à cette matière.

L'un est intervenu entre elle et la Suisse. C'est le traité d'Arau, qui remonte au 1er juin 1658, et qui a été renouvelé et complété par trois autres traités signés à Soleure le 28 mai 1778, le 27 septembre 1803, le 18 juillet 1828. Aux termes de ces traités les jugements définitifs en matière civile, ayant force de chose jugée, et rendus chez l'une des deux nations, possèdent chez l'autre la force exécutoire et la force hypothécaire. Ces traités, d'après l'opinion dominante et la jurisprudence, n'ont d'application que pour les jugements rendus entre Suisses, ou entre Français. Rendus au profit d'un individu d'une autre nationalité par les tribunaux suisses ou français, ils rentrent dans la règle générale : parce que, dit-on, le préambule du traité de 1778 porte qu'on a eu pour but de régler « les intérêts des deux nations, de faire servir leur union au bien et à l'avantage communs des États » ; et différents articles de ce traité ou de ceux qui ont suivi ne parlent que des sujets du corps helvétique et de Sa Majesté. Je ne sais si ces raisons sont bien concluantes. Les traités ne parlent-ils pas *de eo quod plerumque fit* ? Je suis très-porté à penser que tous les jugements rendus dans l'un des deux pays sont exécutoires dans l'autre. Ce n'est pas tant l'intérêt privé de ceux qui obtiendraient les jugements que des considérations politiques qu'ont eues en vue les signataires des traités : c'est un échange de bons procédés qu'ont fait les deux pays ; c'est une mutuelle confiance dans la sagesse et la justice de leurs tribunaux qu'ils ont solennellement manifestée. Pourquoi distinguer entre tels et tels jugements émanés de ces tribunaux ?

Une seule formalité est imposée aux jugements suisses en France, et réciproquement : c'est qu'ils soient légalisés par les envoyés respectifs, « de manière, dit Grenier, que la permission des tribunaux français n'est ni requise ni nécessaire ».

J'ai tort de dire qu'une seule formalité est exigée ; il en faut une autre, du moins pour l'exécution. Ce serait une erreur de croire que l'huissier pourrait, en vertu d'une expédition dûment légalisée d'un jugement rendu en Suisse, procéder en France à des actes d'exécution, à la saisie mobilière ou immobilière. L'art. 1 du traité doit être combiné avec l'art. 545 du Code de procédure, qui est général pour tous les cas d'exécution forcée : c'est-à-dire qu'il faut que les jugements et actes rendus ou passés en Suisse soient revêtus, comme ceux qui sont rendus ou passés en France, de la formule exécutoire. Cette formalité s'accomplit, sans qu'on entre dans l'examen du fond, par une ordonnance du président du tribunal du lieu où doit se faire l'exécution. — Quant à l'hypothèque judiciaire, je ne vois rien qui l'empêche d'être inscrite dès que le jugement est légalisé, puisque l'inscription n'est pas un acte d'exécution.

Un autre traité, qui date du 24 mars 1798, a été signé entre la France et la Sardaigne. Est-il annulé par l'art. 1 de la loi du 1er mars 1793 qui porte que tout traité d'alliance ou de commerce existant entre l'ancien gouvernement français et les puissances avec lesquelles la république était en guerre serait désormais comme non avenu ? C'est une question délicate, où les arguments historiques doivent prendre la place des arguments juridiques. La longueur de ce chapitre me défend de l'aborder. La Cour de cassation, appelée une seule fois à l'examiner, aima mieux chercher d'autres motifs, et évita de se prononcer. Quelques tribunaux du Midi ont semblé reconnaître que le traité devait encore être appliqué. Du reste, ce traité, qui consacrait dans l'ancien droit une véritable exception aux règles généralement reçues, qui consacre encore utilement cette exception par rapport au système de la jurisprudence, serait sans utilité si le système que j'ai soutenu était reçu dans la pratique : car il soumet les jugements sardes en France, et *vice versa*, précisément au régime que l'art. 2123 sainement interprété imposerait, selon moi, à tous les jugements étrangers. L'art. 2 du traité dit en effet « que pour favoriser l'exécution réciproque des arrêts ou jugements, les Cours suprêmes déféreraient à la forme du droit de part et d'autre, aux réquisitions qui leur seraient adressées à ces fins, même sous le nom desdites Cours »... De là semble résulter la nécessité de lettres rogatoires de la part des tribunaux sardes. Mais à part cette légère différence, la mission imposée aux magistrats par l'obligation de ne déférer qu'à la forme du droit est exactement celle dont je parlais plus haut : examen pour savoir si l'exécution n'a rien de contraire aux lois du pays et à notre droit public, et si c'est bien un vrai et légal jugement. Ainsi, conclut M. Troplong, on ne peut prendre inscription hypothécaire en France en vertu d'un jugement sarde qu'autant qu'un tribunal français a donné, après cet examen, pouvoir de l'exécuter [1]. Les événements politiques qui ont fait de la Sardaigne l'Italie ont dû, ce me semble, faire naître sur la portée de ce vieux traité des difficultés qui se manifesteront sans doute bientôt dans la pratique.

Il est intervenu un troisième traité de ce genre avec le grand-duché de Bade (16 avril 1846 et ord. du 3 juin 1846). — Quant à l'art. 16 du traité du 11 janvier entre la France et la Russie relativement aux jugements rendus en matière successorale, comme le traité n'avait été signé que pour douze ans, et que l'art. 27 du traité de Tilsitt ne me paraît pas du tout, malgré le dire de quelques-uns, l'avoir perpétué, je n'ai pas à en parler.

Notre époque, féconde en annexions et par suite en séparations, a donné l'occasion à la pratique de décider un certain nombre de questions intéressantes.

Lorsque le pays où un jugement a été rendu est réuni à la France, le condamné conserve-t-il le droit de faire réviser le jugement dans les autres parties de la France où l'on voudra l'exécuter contre lui ? Sans aucun doute. Ce jugement n'a point *de plano* l'exécution et l'hypothèque. L'annexion ne peut avoir privé le condamné d'un droit acquis ; à moins toutefois qu'elle ne soit accompagnée d'un traité ou d'une loi portant que tout acte judiciaire émané des autorités compétentes avant la réunion aura plein et entier effet dans le reste de la France.

1. Troplong, Hyp. II, p. 156.

Les mêmes principes doivent être appliqués au cas de séparation. Le jugement rendu par un tribunal français et ayant acquis l'autorité de chose jugée au moment de la séparation de la province où se trouve le tribunal, conserve en France, après cette séparation, et sa force exécutoire et sa force hypothécaire sans être soumis à la révision ou à l'examen. La séparation peut bien changer, comme le dit M. Troplong[1], les droits de souveraineté, mais nullement les droits des citoyens. Telle est l'opinion de Grenier, Toullier, Troplong, Dalloz. La Cour de Paris a jugé le contraire en 1817, en décidant qu'un arrêt rendu le 20 juillet 1812 au profit du marquis de Crouza contre la duchesse de Mortemart par la Cour de Gênes alors ville française, ne pouvait recevoir d'exécution en France depuis que cette ville était réunie au Piémont. M. Troplong et avant lui M. Grenier ont réfuté victorieusement les considérants de l'arrêt de Paris.

Comme on voit, la règle unique avec laquelle on résout tous ces problèmes juridiques, c'est qu'il faut respecter les droits acquis, et conserver à chacun la situation qu'il avait au moment de l'événement politique qui a changé la nationalité du tribunal.

Une question qui a quelque analogie avec les précédentes a été suscitée par les guerres et les conquêtes qui ont signalé notre siècle : une province française, une colonie par exemple, est *occupée* par l'ennemi, et des tribunaux y sont institués par lui. Les jugements de ces tribunaux, après l'évacuation, doivent-ils être considérés comme jugements étrangers? Non, suivant les Cours de Bordeaux, de Bastia et de Caen, et suivant la Cour de cassation elle-même qui a jugé en 1826 que les actes faits à la Guadeloupe pendant l'occupation anglaise, en vertu de l'ordonnance anglaise du 22 septembre 1810,

1. *Loc. cit.*, p. 158.

sont valables. Je crois que cette jurisprudence est bonne : « C'est une coutume aussi universelle qu'ancienne chez les peuples civilisés, dit avec raison la Cour de Bastia, que les faits, les actes, les contrats, les jugements intervenus entre les habitants pendant l'occupation d'un pays conquis, et revêtus du sceau de l'autorité publique (qui n'est jamais censée défaillir dans les sociétés humaines), restent obligatoires et sont exécutoires, après la retraite du conquérant, comme ceux intervenus avant la conquête, à moins qu'il n'ait été contrairement stipulé par des traités, ou que par des lois formelles il n'ait été dérogé à l'usage consacré par le droit public de l'Europe ». L'occupation militaire, après tout, ne soustrait pas un pays à son souverain légitime, et les peuples ne peuvent se passer de justice.

Enfin une autre question de ce genre s'est encore présentée au commencement du siècle. Le principe que les jugements étrangers n'emportent pas hypothèque et exécution en France de plein droit, doit-il s'appliquer lorsque le pays où il a été rendu a le même souverain que la France? On fut tenté un instant de dire non, puisque c'était au nom du même souverain que les jugements d'Italie (c'est à propos de ce royaume, on l'avait deviné d'avance, que la question se présenta) et ceux de France étaient prononcés. Mais la Cour de cassation repoussa avec raison cette théorie en déclarant que l'empire français et le royaume d'Italie, bien que soumis au même prince, ne formaient pas moins deux monarchies distinctes. On objectait que le souverain ne pouvait avoir deux volontés. La Cour de cassation répondit ingénieusement : « De ce que les arrêts des Cours supérieurs rendus au nom du gouvernement réforment les jugements des tribunaux inférieurs rendus aussi au même nom, l'on n'a jamais imaginé d'en inférer que le gouvernement eût des volontés qui se contredisent ».

A côté des jugements rendus par les tribunaux étrangers,

il faut dire un mot des sentences arbitrales prononcées par des arbitres étrangers. Comment faut-il les traiter? Sont-elles, comme les jugements, soumises à la révision ou à l'examen du tribunal entier? Ou bien produisent-elles hypothèque après une simple ordonnance du président du tribunal français comme les sentences arbitrales rendues en France? C'est à ces dernières qu'on les assimile généralement, sous étexte que l'arbitrage est du droit des gens, que les arbitres doivent être considérés abstraction faite de leur nationalité, et que leur sentence n'émane pas d'un *pouvoir* étranger. Ces raisons ne sont peut-être pas bien réfléchies : car les arbitres jugent suivant les lois et les usages de leur pays : or ces lois et ces usages peuvent être opposés aux nôtres sur des points d'ordre public : il y aurait là un vrai danger. Faut-il donc traiter ces sentences comme les jugements étrangers? Non; mais comme l'art. 2123 n'a pas évidemment songé à elles, il faut leur appliquer le régime que dicte pour elles le raisonnement seul; ce régime *sui generis* ressemble du reste singulièrement à celui que je voudrais voir appliquer aux jugements étrangers : je crois qu'il faut regarder le compromis fait à l'étranger comme un simple contrat, et la sentence arbitrale comme une simple promesse, que le tribunal français *ordonnera* de remplir si elle lui paraît librement consentie, (c'est-à-dire issue d'un véritable et loyal compromis), faite dans les règles, et compatible avec nos lois. La décision du tribunal, véritable jugement, produira, cela va de soi, l'hypothèque judiciaire. Cette théorie, ce me semble, peut être acceptée même par ceux qui soumettent les jugements à la révision.

S'il s'agit d'arbitrage forcé, ou si l'arbitre a été imposé aux parties par les magistrats étrangers, comme la sentence arbitrale procède alors d'une décision de l'autorité publique, elle ne peut plus être considérée comme une simple promesse privée, et doit être traitée exactement comme les jugements. Ceci du reste n'établit de différence réelle entre l'arbitrage volontaire et l'arbitrage forcé que dans le système de la révision.

Pour terminer ce long chapitre par quelques réflexions spéciales à l'hypothèque judiciaire, remarquons que le système de la révision retarde beaucoup et affaiblit par conséquent la garantie que l'art. 2123 promet à celui qui a obtenu le jugement. En effet, l'inscription ne peut être prise qu'après la décision du tribunal français. Bien que ce ne soit pas un acte d'exécution, nous avons emprunté à l'ancien droit l'habitude de ne pas séparer l'idée d'hypothèque de celle d'exécution forcée, et de donner la première seulement quand la seconde est acquise [1]. Cela n'a pas grand inconvénient si l'exécution forcée peut être obtenue facilement, à la suite d'un examen rapide, sur simple requête ; mais cela en a beaucoup dans les systèmes qui exigent une longue procédure de révision soit pour tous les jugements, soit pour ceux qui sont rendus contre les Français. Et je comprends que M. Valette déclare qu'il serait bon d'admettre, à titre de mesure conservatoire, l'inscription provisoire de l'hypothèque.

M. Valette fait aussi des vœux pour qu'une loi vienne régler toute cette matière. Chacun doit s'associer à ces vœux. Qu'une loi tranche le plus tôt possible toutes ces difficultés et épargne aux jurisconsultes à venir des discussions si longues et si pénibles.

VII.

Nous connaissons les sources de l'hypothèque judiciaire. Il faut maintenant l'interroger tour à tour sur son assiette, sur l'étendue de la créance qu'elle protége, sur les personnes au profit desquelles ou contre lesquelles elle existe.

1. Je ne dis pas « est permise ».

Nous savons déjà que l'hypothèque judiciaire est générale. Elle ressemble par là à l'hypothèque légale. Qu'il en fût ainsi dans l'ancienne jurisprudence, cela se comprend sans peine, puisque la généralité était le droit commun des hypothèques; et s'il y avait des critiques à élever, c'était contre le régime hypothécaire tout entier et non contre l'hypothèque judiciaire qu'il fallait les diriger. Mais aujourd'hui que la spécialité est un des fondements de notre régime hypothécaire, la généralité de l'hypothèque judiciaire n'est-elle pas une anomalie peu justifiée? On l'a dit et répété. D'autres ont soutenu que la généralité est ici légitime et salutaire. C'est un des points où les partisans et les ennemis de l'hypothèque judiciaire luttent avec le plus d'ardeur. Je tâcherai plus tard de découvrir lesquels ont raison. Mais avant de chercher ce qui doit être, examinons ce qui est, c'est-à-dire les applications du principe de la généralité de l'hypothèque judiciaire et aussi les exceptions à ce principe

La loi de brumaire an VII avait spécialisé l'hypothèque judiciaire dans une certaine mesure : elle l'avait restreinte aux biens présents. L'art. 2123 lui rend toute son extension : elle portera, dit-il, sur les biens présents et à venir. Ainsi, comme ces corps élastiques qui remplissent toujours la capacité qui les contient et qui se dilatent quand elle s'élargit, l'hypothèque judiciaire s'étend sur tous les immeubles qui viennent augmenter le patrimoine du débiteur, et elle est susceptible de prendre une amplitude illimitée. Donations, acquisitions à titre onéreux, successions, accessions, tout vient élargir son domaine, qui, toujours prêt à croître, ne diminue jamais, car les aliénations ne refoulent pas l'hypothèque de la partie séparée sur le reste du patrimoine. Le droit de suite est l'attribut de l'hypothèque générale comme de l'hypothèque spéciale. Ainsi, au cas d'échange, l'hypothèque judiciaire s'empare de l'immeuble acquis en contre-échange, et elle n'abandonne pas l'immeuble aliéné ; le créancier a deux immeubles, au lieu d'un, affectés à la condamnation. C'est là l'application des principes les plus élémentaires, et je ne comprends pas que Grenier[1] n'ait pas su la faire. Grenier prétend qu'au cas d'échange il y a subrogation d'un immeuble à un autre, subrogation réelle, que le nouvel immeuble, en vertu de la maxime *subrogatum sapit naturam subrogati*, prend la charge hypothécaire de l'ancien, et que celui-ci est dégagé. Cette théorie n'est pas bonne. S'il y a subrogation réelle quand il s'agit d'une hypothèque générale, pourquoi ne se produirait-elle pas quand il s'agit d'une hypothèque spéciale ? Je ne vois pas trop quelles raisons font admettre une différence ici, sinon qu'au second cas les inconvénients et les dangers pour le créancier sont plus visibles parce qu'ils sont plus grands. Et puis, s'il en est ainsi pour l'échange, il faut être logique et décider de même au cas où, un immeuble ayant été vendu, le prix a servi à l'acquisition d'un nouvel immeuble. Le remploi comme l'échange met un immeuble à la place d'un autre ; le dernier venu seul, si Grenier était conséquent à lui-même, serait grevé d'hypothèque ! Tenons-nous-en aux principes : toute hypothèque emporte le droit de suite ; la loi n'a fait aucune exception : n'usurpons pas son rôle. Le créancier peut renoncer à son hypothèque sur l'immeuble aliéné ; on présumera peut-être assez facilement cette renonciation ; on la présumera par exemple s'il a signé le contrat d'échange. Mais à part un acte libre de lui, rien ne peut jusqu'au payement effacer de l'immeuble l'hypothèque qui s'y est une fois imprimée. Il est certain que l'application de ces règles amènera quelquefois ce résultat étrange que le créancier, avec un débiteur pauvre, aura un gage hypothécaire considérable : on n'a qu'à supposer que le débiteur échange à plusieurs

1. Grenier, n° 206. — (Traité des hyp.)

reprises son modique patrimoine immobilier. Mais ce cas se présentera plus souvent dans l'imagination que dans la pratique : et quel est le principe sage et juste qui dans certaines hypothèses ne produise pas une conséquence bizarre ou injuste ? — Qu'on ne dise pas que le créancier obtient un gage plus considérable qu'il ne l'espérait : il a dû compter sur toutes les nouvelles acquisitions du débiteur. — C'est à Soulatges que Grenier a emprunté sa doctrine sur l'échange. Il aurait mieux fait de s'adresser à Pothier, à Denizart, à Domat, qui professent l'opinion que j'ai exposée.

Tous les immeubles susceptibles d'hypothèque aux termes de l'art. 2118, par exemple les usufruits (sauf pourtant ceux du père et du mari), les actions de la Banque de France, naguère encore (avant 1863) les actions immobilisées des canaux d'Orléans et du Loing... sont embrassés par la généralité de l'hypothèque judiciaire. En frappant ces immeubles de toute espèce, l'hypothèque subit l'influence des modalités dont ils sont affectés. Elle est conditionnelle avec l'immeuble dont la propriété est conditionnellement aux mains du débiteur. Quand la propriété de celui-ci s'évanouit rétroactivement par suite d'une condition expresse, ou d'une résolution tacite, ou d'une rescision, l'hypothèque est censée n'avoir jamais touché cet immeuble. Quand c'est une condition suspensive qui, se réalisant, met l'immeuble dans le patrimoine du débiteur, l'hypothèque, incertaine et suspendue jusque-là, se consolide pour toujours.

Je croirais inutile de rappeler que c'est le pacte de réméré qui offre l'exemple le plus remarquable de l'une et de l'autre hypothèses, s'il ne fallait dire un mot d'une espèce qui s'est présentée à ce propos : un vendeur avec pacte de rachat, qui a été condamné sur les poursuites d'un de ses créanciers, n'exerce pas lui-même son droit de rachat, mais le cède à un tiers. Le cessionnaire exerce le réméré, et l'immeuble est à lui. Le créancier, qui a obtenu la condamnation et l'hypothèque contre le vendeur, peut-il prétendre que l'immeuble racheté par le cessionnaire est compris dans son hypothèque? Je ne le crois pas, et un arrêt de la Cour de cassation l'a ainsi justement décidé. La condition à laquelle était soumise son hypothèque sur cet immeuble n'était point que le réméré fût exercé, mais qu'il fût exercé *par le vendeur* et que l'immeuble revînt dans son patrimoine. Que le créancier ne crie pas à l'injustice : si la cession du droit de rachat n'a eu pour but que de le frauder, il a l'action Paulienne. Si elle n'a pas eu ce but, il pourra en souffrir ; mais, après tout, son débiteur n'était-il pas libre de ne pas exercer du tout le réméré ? Il est vrai que les créanciers peuvent exercer les droits de leurs débiteurs : eh bien ! pourquoi ne l'a-t-il pas fait ? Pourquoi n'a-t-il pas dit à son débiteur *avant la cession* : Ou rachetez votre immeuble, ou laissez-le-moi racheter ?

C'est surtout devant l'hypothèque judiciaire et sa généralité qu'on comprend de combien de difficultés, de procès, de recours, le législateur a débarrassé nos tribunaux en écrivant l'art. 883 du C. N. L'hypothèque, sans la théorie du partage déclaratif, grèverait les parts indivises qu'ont si souvent les débiteurs dans une succession, dans une société en liquidation.... Le partage, distribuant aux copartageants des fragments de cette part indivise, les exposerait tous à l'action hypothécaire et les forcerait à se retourner contre le débiteur [1]. Fort heureusement l'art. 883 nous épargne tout cela. Ce que frappe l'hypothèque, c'est la part déterminée que le partage attribue au débiteur.

J'ai parlé tout à l'heure d'immeubles appartenant au débiteur dans une *société en liquidation*. Est-ce donc que pendant l'existence de la société ces immeubles ont une situation juri-

1. Et même les uns contre les autres, à cause de la garantie.

dique différente ? Oui, ils appartiennent à la société et non aux associés. Tant que la société vit, elle est une personne morale, et elle est seule propriétaire de tous les apports mobiliers ou immobiliers qu'ont faits les associés, et de toutes les acquisitions qui ont pu être faites pendant le cours des opérations [1]. Les hypothèques judiciaires dont sont grevés les associés n'atteignent donc pas les biens de la société qui représentent leur part. Cela n'est pas une exception à la généralité de ces hypothèques, puisque ces biens sont biens d'autrui. Les jugement obtenus contre la société peuvent seuls hypothéquer les immeubles sociaux.

Voici encore un point qui ne souffre pas de difficultés. Si un immeuble, une maison périt accidentellement, l'hypothèque judiciaire ne donnerait point le droit au créancier d'être colloqué sur l'indemnité payée par la compagnie d'assurances : car cette indemnité n'est pas le prix, l'équivalent de la maison ; c'est l'équivalent des sommes périodiques que payait le propriétaire à la compagnie d'assurances ; c'est le gain d'un pari, le fruit d'un contrat aléatoire qui ne se rattachait qu'accidentellement, *occasionnellement*, à la maison. Le créancier ne peut donc pas prétendre que la somme versée par la compagnie est subrogée à la maison. Il en serait tout autrement de l'indemnité payée au débiteur pour cause d'expropriation publique. Là c'est vraiment le prix de l'immeuble, son équivalent ; et le créancier hypothécaire a sur ce prix des droits incontestables.

Mais l'application du principe de la généralité de l'hypothèque judiciaire n'est pas toujours aussi facile. Elle a donné lieu à plusieurs controverses sérieuses. Les unes lui sont communes avec l'hypothèque légale, les autres lui sont spéciales.

1. Je parle des sociétés commerciales; j'accorderais difficilement le caractère de personnes morales aux sociétés civiles.

Le jugement rendu contre une femme mariée sous le régime dotal emporte-t-il hypothèque sur les immeubles dotaux ? Comme le fait remarquer M. Valette, cela revient à cette question : les jugements rendus contre une femme dotale sont-ils exécutoires sur sa dot ? Il est clair en effet que si un jugement peut entraîner une saisie des immeubles dotaux, il permet *à fortiori* l'inscription hypothécaire sur ces immeubles. Presque tout le monde [1] se contente ici de faire une distinction entre les dettes contractées avant et les dettes contractées après la célébration du mariage. Au premier cas, la condamnation permettrait l'inscription hypothécaire et l'exécution forcée sur tous les immeuble dotaux. Au second cas, elle ne permettrait ni l'une ni l'autre. Il me semble que c'est là traiter un peu superficiellement une matière qui comporte des distinctions plus nombreuses. Je vais essayer d'analyser de plus près cette question.

Pour les dettes contractées pendant la durée du mariage, je me range à l'avis de tous ceux qui reconnaissent qu'elles ne peuvent pas, étant déduites en justice, produire l'hypothèque judiciaire sur les immeubles dotaux, pas plus qu'elles ne peuvent amener l'exécution forcée sur eux. Que deviendrait le principe de l'inaliénabilité, si la femme pouvait s'obliger même sur ses immeubles dotaux, les hypothéquer tous à la fois, et les faire vendre par saisie ? Incapable de vendre directement un immeuble, elle recevrait à titre de prêt une somme égale au prix qu'elle voudrait retirer de cet immeuble ; puis la justice viendrait elle-même hypothéquer par sa condamnation l'immeuble en question au profit du prêteur, qui ferait aussitôt saisir, vendre, et se porterait adjudicataire ! Apparemment qu'aucun principe de droit n'est à l'abri des controverses, puisque la jurisprudence a eu à se prononcer là-

1. Troplong, Valette, Pont, etc.

dessus, et à sanctionner par ses arrêts cette conséquence si évidente de l'art. 1554. Un auteur qui fut célèbre, Grenier, a soutenu en effet que l'hypothèque judiciaire affectait dans tous les cas les immeubles dotaux, parce que, dit-il, c'est la justice et la loi qui frappent ainsi ces biens. Alors la femme peut s'obliger valablement sur ses immeubles dotaux ?... Alors le créancier peut les saisir ?... Il vaut mieux dire tout de suite que le principe de l'inaliénabilité du fonds dotal n'est qu'un mythe, et qu'il s'agit seulement de faire par voies détournées ce que les autres propriétaires font directement

Si le jugement est rendu après la dissolution du mariage (je suppose toujours une dette contractée pendant le mariage), la solution à mon avis doit rester la même ; l'hypothèque et le droit d'agir sur les immeubles dotaux n'en résulteraient pas. Ce serait encore détruire le principe de l'inaliénabilité que d'admettre le contraire. Il faut, pour que les immeubles dotaux redeviennent susceptibles d'hypothèque judiciaire et d'exécution forcée, que la dette soit née postérieurement à la dissolution du mariage.

Toutefois il est certain que la femme dotale s'oblige par ses délits et ses quasi-délits même sur ses immeubles dotaux. Par conséquent la condamnation dans ce cas produirait hypothèque judiciaire sur la dot [1].

Donc, à part cette exception, les dettes survenues pendant le mariage ne produisent hypothèque que sur les paraphernaux.

Passons maintenant aux dettes dont l'origine est antérieure au mariage. Pour éviter les complications, je suppose qu'elles ont date certaine. La condamnation qu'elles amènent contre la femme après le mariage produit-elle hypothèque et permet-

1. Grenoble, 31 juillet 1846. — Toutefois l'usufruit du mari serait à l'abri de l'hypothèque.

elle l'exécution forcée sur les immeubles dotaux ? C'est là que les explications des auteurs ne me satisfont pas complétement. MM. Troplong, Persil, Grenier, Valette, etc., répondent affirmativement et sans distinction. La première raison qu'ils invoquent[1], c'est que lorsque la dette a été contractée, tous les biens de la femme sont devenus le gage du créancier, et que la dotation postérieure n'a pu diminuer ses sûretés ; « autrement, ajoute M. Persil (je cite ses paroles à cause de l'erreur très-grosse qu'elles renferment), il dépendrait de la femme de se soustraire aux poursuites de ses créanciers, en se constituant en dot l'*universalité de ses biens* ». Cette raison est loin d'être concluante : d'abord elle laisse de côté tous les cas où la dot a été constituée par un tiers, et ces cas sont peut-être les plus nombreux : est-ce qu'alors le gage du créancier est diminué par la dotation ? Est-ce qu'il a jamais eu l'ombre d'un droit sur ces immeubles ? Ils entrent pour la première fois dans le patrimoine de la femme, et ils y entrent inaliénables. Il me paraît sûr et certain que le créancier qui obtiendra condamnation pour dette antérieure au mariage ne pourra ni prendre d'inscription valable, ni pratiquer de saisie sur cette première catégorie d'immeubles dotaux. Il est vrai qu'on a invoqué un autre argument et qu'on a dit : Aux termes de l'art. 1558, la femme peut aliéner avec autorisation de justice ses immeubles dotaux pour payer ses créanciers antérieurs au mariage[2] : or, cette permission est implicitement comprise dans le jugement de condamnation. — Mais comment ose-t-on prétendre que le jugement contient une permission qui n'est pas demandée ? Je sais bien qu'on quasi-contracte en jugement ; mais, parmi toutes les fausses applications qu'on a faites de cette idée vraie, je n'en connais pas de plus exagérée que celle qui sup-

1. *V.* Persil, Quest., p. 233.
2. Au *contrat* de mariage.

pose à une femme qui résiste et qui conteste la dette, l'intention secrète de demander aux juges la faculté d'aliéner ses immeubles dotaux pour payer cette dette.—Mais, objecte-t-on, la justice ne peut pas condamner la femme sans laisser au créancier tous les moyens de faire exécuter le jugement ? — Si, elle le peut, puisqu'elle le fait pour toutes les dettes survenues pendant la durée du mariage ; la justice, en pareilles hypothèses, vérifie et consacre le droit du créancier, mais elle ne s'occupe pas de savoir si le condamné est solvable ou non en biens libres et aliénables. Du reste, le plus souvent la condamnation peut être exécutée pleinement sur les meubles, sur les paraphernaux, et parfois sur les autres immeubles dotaux, car jusqu'ici je ne parle que des immeubles constitués en dot par des tiers. — L'idée que la permission d'aliéner est implicitement contenue dans la condamnation aboutirait à des résultats fâcheux : il arriverait que pour se débarrasser de la surveillance attentive du juge, au lieu de lui demander la permission de vendre tel ou tel immeuble dotal pour payer à l'amiable le créancier antérieur au contrat de mariage, on prierait ce dernier d'agir en justice, et de saisir, après avoir obtenu condamnation, tel immeuble que la justice n'aurait peut-être pas permis de vendre...

Ainsi à l'égard des immeubles constitués en dot par des tiers, je me crois en droit d'affirmer que l'hypothèque judiciaire ne porte pas sur eux, même en vertu d'une dette antérieure au mariage.

Je serai moins affirmatif à l'égard des autres points sur lesquels je vais attaquer encore l'opinion dominante, car là on peut douter. Il s'agit maintenant des immeubles constitués en dot par la femme elle-même : le créancier antérieur au mariage a-t-il l'hypothèque judiciaire et le droit d'exécution

1. Sur l'art. 1558 du C. N.

sur ces immeubles en vertu du jugement qu'il obtient *après* la célébration du mariage ? J'adopte ici les distinctions que fait Marcadé. Les créanciers antérieurs auront action sur les immeubles dotaux, dit-il : 1° si la femme s'est constitué l'*universalité de ses biens*, car tout ensemble de biens, toute universalité restant tenue de son passif (*non sunt bona nisi deducto ære alieno*), il n'y a dans ce cas de vraiment dotal et d'inaliénable que ce qui restera après l'acquittement des dettes : ceci rassurerait sans doute M. Persil, que nous avons vu si effrayé de l'idée que la femme en se constituant en dot l'*universalité de ses biens* se soustrairait au payement de ses dettes; — 2° si l'immeuble qu'il s'agit de saisir, ayant été *constitué individuellement*, était, avant la constitution, grevé d'hypothèque au profit du créancier ; — 3° enfin dans le cas tout exceptionnel où l'immeuble non hypothéqué d'avance, ayant été *constitué individuellement*, le créancier prouverait que la constitution a été faite en fraude de ses droits. Comme on voit, Marcadé traite la constitution de dot absolument comme une aliénation ordinaire. Le droit romain et notre ancien droit pourraient fournir plus d'un argument en faveur de cette manière de voir. La dot aujourd'hui ne devient plus, sans doute, la propriété du mari ; mais, par son régime spécial d'inaliénabilité, ne forme-t-elle pas un patrimoine à part, étranger à la femme elle-même, puisqu'elle n'a sur lui aucune puissance ? C'est en se plaçant à ce point de vue que Marcadé refuse en principe au créancier antérieur le droit d'agir sur les immeubles *individuellement constitués* en dot : conséquemment, il lui aurait refusé sans aucun doute l'hypothèque judiciaire sur ces mêmes immeubles. Sa claire et rapide intelligence n'aurait pas hésité un seul instant, si la mort lui avait laissé le temps d'arriver jusqu'à l'art. 2123. — Ne prétendez pas que la femme peut ainsi soustraire ses biens à ses créanciers : la constitution de dot n'est pas plus dangereuse sous ce rapport qu'une aliénation véritable ; et n'ont-ils pas l'action Paulienne ? S'ils sont vigilants, ils ont dû avertir le mari, au moment du mariage, que leurs droits étaient lésés et qu'ils se réservaient l'exercice de l'action Paulienne, dont le succès aurait été dès lors assuré, car le mari n'aurait pas pu désormais alléguer sa bonne foi. D'ailleurs la non-complicité du mari ne mettrait à l'abri de l'action Paulienne que l'usufruit des immeubles dotaux : en sorte que cette action est vraiment entre les mains des créanciers une arme suffisante pour affronter les dangers qu'on croit voir dans la constitution de dot telle que je l'entends. — On s'écrie que les immeubles dotaux formaient le gage des créanciers : c'est vrai ; mais, je le répète, n'en est-il pas de même des biens donnés, vendus, échangés ? Un bien qui passe du domaine aliénable de la femme dans son domaine inaliénable doit être traité comme un bien qui change de propriétaire.

Je dois avouer pourtant que ceux qui accordent l'hypothèque judiciaire sur tous les immeubles *constitués en dot par la femme*, ont des raisons assez solides. On peut hésiter entre les deux systèmes ; et si je me suis décidé pour le premier, c'est un peu par confiance dans le judicieux talent de Marcadé [1]. Du reste, si j'admettais l'opinion dominante, j'y ferais au moins une modification très-importante : en vertu de principes que je n'ai pas le temps de développer ici, je déciderais que l'hypothèque judiciaire ne peut frapper que la nue-propriété des immeubles constitués en dot *à titre particulier* : on ne niera pas que l'usufruit ait été véritablement aliéné au profit du mari ; les créanciers de la femme n'ont donc plus, sauf le cas de fraude avec complicité du mari, le droit d'agir sur cette

1. La comparaison que mes recherches m'ont forcé de faire entre les divers auteurs a augmenté encore l'estime que j'avais toujours eu pour ce grand jurisconsulte.

partie du patrimoine de leur débitrice, aliénée à titre onéreux au moment du mariage.

Voici plusieurs hypothèses ou problèmes, se rattachant au régime dotal, qu'il faut résoudre avec les seuls principes.

Une femme a été *avant* son mariage frappée d'une hypothèque judiciaire. Elle se marie en se constituant en dot tous ses immeubles à venir. Pendant le cours du mariage, il lui survient des immeubles, par succession ou autrement. L'hypothèque judiciaire grève-t-elle ces immeubles ? Il semble qu'il y ait une raison de douter, car ces biens n'entrent dans le patrimoine de la femme que pour y être inaliénables et dotaux. Cependant l'affirmative me paraît incontestable. La condamnation et l'hypothèque, étant survenues avant le mariage, ont conféré au créancier un *droit acquis* que la dotation postérieure ne peut atteindre. Les immeubles à venir étaient hypothéqués d'avance, pour ainsi dire ; et s'ils entrent dans le domaine dotal, ils y entrent avec l'hypothèque qui, une fois née, ne peut être paralysée par le principe de l'inaliénabilité du fonds dotal. C'est comme si, au moment du mariage, la femme se constituait en dot un immeuble grevé d'une hypothèque conventionnelle.

Je suppose toujours une hypothèque judiciaire acquise avant le mariage. Embrasse-t-elle dans son réseau les immeubles constitués en dot par un tiers ? Oui, en principe, et en vertu des raisons exposées tout à l'heure ; ces immeubles sont des immeubles à venir, après tout, et l'hypothèque les frappe tous sans distinction. Mais le donateur pourrait très-bien spécifier qu'il veut que la dot par lui constituée soit insaisissible et à l'abri de toutes créances même hypothécaires. La jurisprudence valide avec raison de pareilles clauses dans les donations et les testaments, pourvu qu'elles s'appliquent à des biens dont le donateur ou le testateur était entièrement libre de disposer, et qu'elles concernent seulement les créanciers antérieurs à la libéralité, sans mettre l'immeuble[1] hors du commerce pour l'avenir.

Enfin supposons une dot constituée *à titre universel* par un tiers. En vertu de la règle *non intelligiuntur bona nisi deducto ære alieno*, les créanciers du constituant ont le droit de se faire payer par la femme. S'ils obtiennent condamnation contre elle, que frappera l'hypothèque judiciaire ? Incontestablement les immeubles dotaux provenant de leur débiteur, qui à leur égard ne sont pas inaliénables, mais non les immeubles constitués par la femme ou par d'autres personnes.

Une difficulté d'un autre genre, qui n'est pas neuve, et qui n'est point cependant encore tranchée définitivement, c'est de savoir si le jugement obtenu contre un mari marié sous le régime de la communauté frappe d'hypothèque les conquêts de communauté, de *telle sorte que cette hypothèque les suive dans le lot de la femme,* après la dissolution et le partage de la communauté.

Pothier[2] distingue entre la condamnation qui est survenue pendant la durée de la communauté et la condamnation qui est survenue avant le mariage. L'hypothèque qui résulte de la première grève tous les immeubles que le mari avait droit d'hypothéquer conventionnellement pendant la durée de la communauté, par conséquent tous les conquêts présents et futurs. Elle suit ces immeubles entre les mains de la femme, parce que celle-ci, en acceptant la communauté, « est censée avoir fait en sa qualité de commune tout ce que son mari a fait en sa qualité de chef de la communauté ». Sur ce premier point tout le monde est d'accord avec Pothier. Il importe peu,

1. V. Paul Pont, Hyp. II, nº 617. — Du reste la clause d'insaisissabilité pour l'avenir est permise par l'art. 581 de Pr. à l'égard des choses mobilières.

2. Traité de la communauté, Vº partie, art. IV, nº 752 p. 376, de l'édit. Bugnet, tome VII.

remarquons-le, que la dette, au payement de laquelle le mari a été condamné, ait été contractée avant ou depuis le mariage. MM. Troplong et Paul Pont commettent une inexactitude en prétendant le contraire ; ils en commettent une autre en attribuant la première à Pothier. Ils ont mal compris Pothier, qui ne s'attache qu'à la date de la condamnation et de l'hypothèque, et non à la date des dettes elles-mêmes.

Quant à l'hypothèque qui résulte de la condamnation survenue avant le mariage, Pothier accorde bien qu'elle grève tous les acquêts pendant la durée de la communauté ; mais, après le partage, il lui retire les immeubles échus à la femme. Avant le mariage, « le mari, dit-il, n'a pu... hypothéquer la part de sa femme, n'y ayant que la qualité de chef de la communauté, qu'il n'avait point encore, qui eût pu lui donner le droit de la leur hypothéquer ». Un grand nombre d'auteurs repoussent assez légèrement cette seconde partie de la théorie de Pothier. Ils invoquent ce motif que le mari est censé propriétaire des biens de la communauté, et qu'il suffit par conséquent que les conquêts aient été sa propriété quelque temps pour être frappés d'une hypothèque indélébile. Après avoir fait l'objection, on se garde bien d'ajouter que Pothier l'avait prévue et détruite à l'avance. Écoutons-le[1].

« On objectera qu'il suffit que le mari soit, depuis le contrat, devenu propriétaire de tous les conquêts de la communauté pour le total, pendant un temps, pour que tous lesdits conquêts aient été pour le total frappés de l'hypothèque que le mari... a constituée de tous ses biens présents et à venir. Or le mari l'est devenu pendant le temps de son mariage : donc tous lesdits conquêts sont sujets à cette hypothèque, tant ceux échus à la femme que ceux restés aux maris ».

« La réponse est que l'hypothèque ne peut avoir plus d'éten-

1. Tome VII, édit. Bugnet, page 377, n° 783.

due que n'en a le droit de propriété de celui qui l'a constituée, et d'où elle dérive. Or le droit de propriété que celui qui a constitué cette hypothèque avait acquis de tous les conquêts de sa communauté, était un droit qui était de nature à se restreindre, par la dissolution et l'acceptation de la communauté, à ceux qui lui écherraient par le partage. Donc le droit d'hypothèque qu'il a constitué sur lesdits biens auxdits créanciers doit pareillement se restreindre à la part des conquêts qui lui est restée en partage[1]. »

MM. Persil[2], Dalloz, Troplong[3], Aubry et Rau, Bugnet ont accepté ce raisonnement de Pothier. Pour mon compte, il me satisfait pleinement. Après le partage et en vertu de sa rétroactivité, la femme est réputée avoir toujours été propriétaire de sa part de conquêts, le mari ne l'avoir jamais été. Sans doute les hypothèques et autres droits réels constitués par le mari durant la communauté subsistent, mais tout simplement parce que le mari avait mandat de les établir, et parce que la femme est censée avoir été représentée par son mari dans tous les actes et jugements où ce dernier a figuré comme chef de la communauté. Ce motif fait défaut pour les hypothèques générales antérieures au mariage. On me dira peut-être que l'effet rétroactif du partage ne remonte qu'à la dissolution de la communauté ; que par conséquent, pendant un temps, le mari a été, non-seulement en fait, mais en droit, maître et comme propriétaire unique de tous les conquêts, et que cela suffit

1. Les expressions de Pothier s'appliquent surtout à une hypothèque conventionnelle générale ; mais les règles sont les mêmes pour l'hypothèque judiciaire. Il le dit lui-même, et M. Bugnet, son annotateur, le fait aussi remarquer.

2. M. Persil est assez peu précis sur cette question ; on pourrait relever plusieurs erreurs dans les lignes qu'il y consacre.

3. Il paraît que M. Troplong a changé d'avis. *V.* Traité du contrat de mariage, nº 1676.

pour que l'hypothèque générale se soit imprimée même sur ceux qui plus tard iront au lot de la femme. Je sais en effet que l'opinion commune est que la rétroactivité du partage en matière de communauté s'arrête à la dissolution de la communauté. Mais, à mes yeux, c'est une erreur. La rétroactivité dans les partages doit toujours remonter jusqu'au moment où l'indivision a commencé. C'est là un principe qu'on me contesterait difficilement. En matière de succession, c'est à la mort du de *cujus* que commence l'indivision et que rétroagit le partage. En matière de société commerciale, c'est à la dissolution de la société, à la mort de cette personne morale, qui était propriétaire et qui laisse sa succession aux associés, que se produisent les mêmes effets. En matière de communauté, à quel moment commence l'indivision pour les conquêts? Au moment même de leur acquisition : car la communauté n'est point une personne morale dans le sens juridique du mot. On ne la personnifie que pour les besoins du langage ; elle n'est pas propriétaire ; les biens qu'on appelle de communauté sont tout simplement des biens indivis entre les deux époux , sur lesquels le mari a seul l'*exercice* du droit de propriété, parce qu'il est mandataire légal de sa femme. Donc la rétroactivité du partage remonte jusqu'au moment même où l'acquêt est entré dans la communauté ; sans doute (et voilà pourquoi tous les auteurs l'arrêtent à la dissolution de la communauté), cette rétroactivité jusqu'à ce moment lointain n'est pas bien utile , puisque les charges établies depuis ce moment par le mari sur les acquêts subsistent sur la part de la femme, *à cause du mandat* presque absolu que lui a donné la loi. Mais les principes, même quand ils n'ont pas d'effet pratique, doivent être respectés et maintenus en doctrine ; et, après tout, on voit ici qu'il n'est pas sans intérêt pratique de décider que le partage rétroagit en théorie jusqu'à l'entrée de l'acquêt dans la communauté, puisqu'il résulte de là que la part d'acquêts échue à la femme n'a pas été même un instant de raison la chose du mari, et qu'elle est au moins affranchie des hypothèques générales qui embrassent le patrimoine du mari depuis une date antérieure au mariage, c'est-à-dire qui sont nées avant le mandat légal. Le mandat légal ou la qualité de propriétaire, voilà ce qu'il faut au mari pour grever de charges hypothécaires un immeuble qui un jour tombera dans le patrimoine de la femme par l'effet du partage. La propriété, le partage, en rétroagissant, la lui enlève toujours ; le mandat légal, il l'a pour toutes les charges créées pendant la durée de la communauté, mais il ne l'a jamais eu pour celles qui ont une date antérieure au mariage. Donc Pothier a raison. Cette question du reste pourrait servir de thème à d'interminables discussions. Je vois dix objections se dresser contre mon opinion, auxquelles les réponses ne feraient pas défaut. Je ne veux donner place qu'à une seule objection et qu'à une seule réponse : La condamnation antérieure au mariage forme une dette qui, étant tombée dans la communauté, est, après la dissolution de la communauté, exigible pour moitié contre la femme. Comment et pourquoi, me dira-t-on, refusez-vous au créancier l'hypothèque sur des immeubles qu'il pourrait saisir et vendre contre la femme devenue sa débitrice ? — Réponse. D'abord les condamnations prononcées contre le mari avant le mariage ne constituent pas toutes des obligations, destinées à tomber dans la communauté, et une clause de communauté conventionnelle pourrait même les en exclure toutes : en sorte qu'après le partage la femme ne serait nullement débitrice personnellement de la moitié des dettes. Mais comme je n'ai point fait de distinction, et n'ai point restreint la solution que j'ai donnée aux dettes qui ne tombent pas dans la communauté, je dois faire une réponse plus générale et plus péremptoire ; cette réponse est bien simple : est-ce que les acquêts échus à la femme sont les seuls immeubles sur lesquels les créanciers puissent poursuivre la part de dette que l'acceptation de la communauté a mise à sa charge? Nullement; toute sa fortune mobilière et immobilière est le gage de cette dette personnelle[1] : de ce que le créancier peut poursuivre les immeubles propres de la femme, faut-il en conclure qu'il a hypothèque sur eux aussi, et que la condamnation prononcée contre le mari avant le mariage a ce puissant effet d'hypothéquer à la fois tout le patrimoine du mari et tout le patrimoine de la femme? La conclusion serait évidemment menteuse. Eh bien! elle l'est tout autant quand on ne l'applique qu'à une partie du patrimoine de la femme, aux acquêts que le partage lui a départis. Sans doute l'hypothèque et l'exécution forcée se touchent par plus d'un point ainsi : de l'hypothèque judiciaire on peut toujours conclure à l'exécution forcée; de l'exécution forcée on peut même toujours conclure à la *possibilité* de l'hypothèque; mais on ne peut pas conclure de l'exécution forcée à l'existence, à la réalité de l'hypothèque : un acte notarié est exécutoire et n'emporte pas hypothèque[2].

Remarquons bien que, pendant toute cette longue discussion, il a été supposé que la communauté est dissoute et le partage accompli. Pendant la durée de la communauté je reconnais que les acquêts sont hypothéqués, sous condition résolutoire en quelque sorte. Si le mari les aliène, l'hypothèque est définitive et les suit entre les mains des acquéreurs, car il est dès lors certain que la condition résolutoire, c'est-à-dire l'attribution de ces acquêts à la femme, ne s'accomplira pas... Puisque le mari, pendant la durée de la communauté, étant mandataire

1. Devenue personnelle par l'acceptation.

2. Je ne crois pas du reste que le jugement obtenu contre le mari dans ces conditions puisse servir de titre exécutoire contre la femme pour la moitié de la condamnation après la dissolution de la communauté. Il permet d'obtenir contre elle l'exécution forcé, il ne la confère pas.

libre, peut aliéner et hypothéquer les acquêts pour quelque motif que ce soit et notamment pour payer ses dettes antérieures au mariage, je reconnais encore que ses créanciers peuvent exercer ses droits, et profiter de leur hypothèque judiciaire, même sur les acquêts, *pendant la durée de la communauté.* Là encore, s'ils le font, la condition résolutoire ne peut plus s'accomplir. Mais quand elle s'est accomplie, quand le partage a trouvé les acquêts dans la communauté et les a attribués à la femme, alors ni le mari ni les créanciers n'ont les mêmes droits. M. Valette, et plusieurs autres auteurs discutent et rejettent l'opinion de Pothier sans remarquer qu'il fait cette distinction capitale entre les deux époques.

Une question qui tient quelque temps l'esprit en suspens est celle de savoir si l'hypothèque judiciaire embrasse, à la mort du débiteur, les immeubles de son héritier pur et simple. La fiction que l'héritier n'est que la personne du défunt continuée, combinée avec le principe de la généralité de l'hypothèque judiciaire, attire d'abord vers l'affirmative. Mais des motifs très-graves ramènent à la négative, et c'est elle qui est généralement adoptée. — Le droit romain, où la théorie de la continuation de la personne par l'héritier était pourtant encore plus énergiquement appliquée que chez nous, décidait que l'hypothèque générale n'avait pas d'effet relativement aux biens de l'héritier du débiteur : *Paulus respondit : generalem quidem conventionem sufficere ad obligationem pignorum ; sed ea quæ ex bonis defuncti non fuerunt, sed posteà ab herede ejus ex aliâ causâ adquisita sunt, vindicari non posse a creditore testatoris* [1]. Notre ancien droit suivit la même règle. Loysel [2] lui donna une formule bien connue de nos vieux praticiens : « Générale hypothèque de tous biens comprend les biens

1. L. 29, Dr. P. *de pign. et hyp.*
2. Inst., Cout. l. 3, t. 7, règle 21.

présents et à venir, *et non ceux des hoirs* ». On n'avait même pas dans l'ancienne jurisprudence, le droit de pratiquer une saisie contre l'héritier en vertu du jugement obtenu du vivant du *de cujus* : et cela non-seulement sur les biens personnels de l'héritier, mais encore sur les biens du défunt qui lui étaient échus. Il fallait absolument que l'héritier fût condamné comme tel, ou qu'il reconnût la dette par nouvel acte notarié : « toutes exécutions cessent par la mort de l'obligé », disaient la plupart de nos vieilles Coutumes [1].

Le Code Napoléon a-t-il reproduit l'ancien droit ? Il n'a pas reproduit les principes stricts que résume la formule « toutes exécutions cessent par la mort de l'obligé ». L'art. 877 du Code Napoléon déclare que les titres exécutoires contre le défunt sont pareillement exécutoires contre l'héritier personnellement ; il n'exige pour cela qu'une signification de ces titres à la personne ou au domicile de l'héritier, suivie d'un délai de huit jours. Mais faut-il conclure de là, avec Delvincourt [2], que le législateur a rompu aussi avec l'ancien droit en ce qui concerne l'hypothèque judiciaire ? Non : c'est la conclusion contraire qu'il faut en tirer ; quand on abroge expressément une règle sur un point, on conserve tacitement les autres parties de la règle. L'art. 877 veut dire seulement ceci, que les créanciers ne sont plus forcés d'obtenir une reconnaissance solennelle de l'héritier pour agir sur ses biens. — Faire tomber sous l'hypothèque tout le patrimoine immobilier de l'héritier, c'est excéder les termes de la loi qui ne parle que des immeubles *du débiteur*. En outre, il serait difficile de concilier ce système avec les règles de publicité. Est-ce que

1. Art. 441 de la Coutume d'Orléans; art. 162 de celle de Paris. V. Pothier, Intr. au t. 20 de la Cout. d'Orl., nº 20, et Succession, ch. IV, art. 3.

2. T. II, note 5 de la p. 55.

les immeubles de l'héritier situés dans l'arrondissement où une inscription avait été prise sur les immeubles du défunt seront grevés de l'hypothèque sans inscription nouvelle ? Mais alors, pour être au courant de l'état hypothécaire d'un immeuble, il faut donc rechercher si son propriétaire n'a pas recueilli de succession immobilière dans l'arrondissement, et si une hypothèque judiciaire n'est pas silencieusement descendue du patrimoine de quelque *de cujus* sur celui de l'héritier ? — Exigera-t-on une inscription nouvelle ? Alors on fait la loi ; c'est de l'arbitraire.

L'hypothèque dont parle l'art. 490 du Code de commerce, qui est souvent appelée légale, que j'ai cru devoir appeler judiciaire avec MM. Valette et Pont, a-t-elle bien la même assiette que l'hypothèque judiciaire ordinaire ? On l'a nié, et on a voulu la restreindre aux biens présents. Un jugement du tribunal de la Seine a prononcé dans ce sens le 10 juin 1864. Le motif invoqué, c'est que l'art. 490 impose aux syndics l'obligation de prendre inscription « sur les immeubles du failli dont ils connaîtront l'existence ». Mais ce jugement fut réformé sur ce point par la Cour de Paris le 27 mai 1865. Son arrêt fait très-bien remarquer que, légale ou judiciaire, l'hypothèque de l'art. 490 doit porter sur les biens présents et sur les biens à venir, et que les expressions de l'art. 490 n'ont pour objet que de limiter la responsabilité des syndics, dans le cas où ils n'auraient pas pris d'inscription dans un arrondissement où se trouvaient des immeubles du failli inconnus d'eux.

Les études qui vont suivre nous révéleront quelques exceptions à la règle que l'hypothèque judiciaire frappe tous les immeubles présents et à venir. Je les signalerai au passage. En voici une sur laquelle je n'aurai plus occasion de revenir. L'hypothèque judiciaire ne grève point les immeubles qui font l'objet d'une substitution fidéicommissaire. Ces biens sont un dépôt que le grevé doit rendre intact et exempt de toute charge. L'hypothèque légale de la femme n'a même point trouvé grâce ; à plus forte raison les hypothèques judiciaires doivent-elles être effacées par la restitution. Du reste ce n'est pas là, si on veut aller au fond des choses, une véritable exception à la généralité de l'hypothèque judiciaire : ces biens sont dans le patrimoine du grevé sous condition résolutoire ; lorsque la substitution s'ouvre, le grevé est réputé n'avoir jamais été propriétaire. Remarquons que si l'hypothèque judiciaire a frappé le grevé avant que la clause de substitution ait été transcrite au bureau des hypothèques, le créancier peut se prévaloir de ce défaut de publicité, quand bien même il aurait connu par une autre voie cette clause de restitution. — Les immeubles qui forment un majorat ne sont point frappés par l'hypothèque judiciaire : le majorat n'est qu'une substitution perpétuelle [1].

VIII.

Sur l'étendue de la créance que garantit l'hypothèque judiciaire, je n'aurai qu'à isoler, pour le mettre en relief, un principe que le besoin des explications précédentes m'a déjà fait invoquer plus d'une fois.

L'hypothèque judiciaire garantit toutes les obligations, et seulement les obligations qui résultent du jugement. Il faut et il suffit qu'une obligation, petite ou grosse, soit imposée par le dispositif du jugement pour que la garantie de l'hypothèque vienne la protéger.

L'hypothèque judiciaire comprend donc, outre la condamnation au principal, la condamnation aux intérêts, aux frais, aux dommages-intérêts. Il suit de là que la plupart des juge-

1. *V.* actes du 30 mars 1806 ; 14 août 1806 ; lois du 17 mars 1826 ; 12 mai 1835 ; 11 mai 1849.

ments produisent l'hypothèque judiciaire, même parmi ceux que j'ai indiqués plus haut comme incapables de la produire, même parmi ceux qui déboutent le demandeur, car presque tous contiennent au moins une condamnation aux frais, et cela suffit pour que l'hypothèque prenne naissance.

Si la quotité des frais ou dépens n'a pas été liquidée dans le jugement, l'exécutoire des dépens délivré par un juge en constatera la liquidation et en déterminera le montant [1]. Jusqu'à cette liquidation, l'hypothèque ne pourra exister quant aux dépens que pour une somme indéterminée. Mais il faudra pourtant déterminer provisoirement cette somme dans l'inscription : l'art. 2148 4° exige en effet une évaluation approximative des obligations de sommes indéterminées, et cet art. s'applique, je le prouverai, aux condamnations.

Il y a quelques cas où l'hypothèque judiciaire vient garantir l'obligation principale sans avoir à garantir de condamnation aux dépens. L'art. 131 du Code de Proc. en contient plusieurs. Il faut en outre remarquer celui où une reconnaissance d'écriture est demandée avant l'échéance; le débiteur n'a point à payer des frais qu'il n'a pas occasionnés par sa mauvaise volonté [2].

Les remarques qui ont été faites à propos des frais non liquidés doivent être répétées pour les obligations principales de faire, de ne pas faire, de payer un corps certain ou de payer des chose *in genere* autres que de l'argent ou des denrées ayant un cours connu. L'hypothèque garantit les dommages-intérêts qui seront dus pour l'inexécution totale ou partielle de l'obligation; leur chiffre est encore inconnu, et ne

1. Art. 543 et 544 Pr.; — décret du 16 février 1807 sur la liquidation des dépens.

2. Art. 193 du C. Pr.; en revanche, s'il a dénié sa signature, il est condamné à une amende de 150 fr. outre les dépens et dommages-intérêts (art. 213 Pr.).

sera déterminé que par un autre jugement. Mais provisoirement on en fait l'évaluation.

La créance garantie par l'hypothèque de l'art. 490 du Code de Commerce est aussi indéterminée tout d'abord. La nouvelle inscription qui est prise en vertu de l'art. 517 du même Code vient la préciser, et l'hypothèque garantit à chaque créancier le dividende fixé par le concordat.

S'il y a plusieurs condamnés et qu'ils le soient solidairement, l'hypothèque judiciaire, assise sur tous leurs patrimoines, garantit contre chacun d'eux la totalité de la créance, puisque c'est la totalité de la créance que le dispositif du jugement met à la charge de chacun d'eux. Dès que l'un des débiteurs aura payé, l'hypothèque se retirera aussitôt de tous les immeubles de ses codébiteurs, car il n'y aura plus d'obligation. — Si la condamnation n'est pas solidaire, il est clair que l'hypothèque judiciaire qui pèse sur chacun des condamnés ne garantit que la part de la dette mise à sa charge.

Mais tout ce qui n'est pas contenu dans le dispositif directement, véritablement, n'est point compris dans l'hypothèque judiciaire. Ainsi un jugement qui ordonne de payer des intérêts échus ne donne pas l'hypothèque pour le capital. Quant aux obligations qui résultent de faits qui se rattachent à un jugement, mais qui lui sont extérieurs, je crois avoir suffisamment démontré ailleurs qu'elles ne sont point comprises dans la créance hypothécaire.

IX.

Cherchons maintenant au profit de qui peut exister l'hypothèque judiciaire, contre qui elle peut prendre naissance. En d'autres termes, demandons-nous si l'hypothèque judiciaire résulte des jugements, abstraction faite de la personne (*persona*) de celui qui l'a obtenue, et de celui qui a été condamné.

La personne de celui qui a obtenu le jugement est, dans tous les cas, indifférente à la naissance de l'hypothèque judiciaire. Quel qu'il soit, il a droit à cette garantie, et il l'a, si aucune autre cause n'empêche l'hypothèque de résulter du jugement ; que ce soit un particulier ou l'État, une personne réelle ou une personne morale, cela n'importe. Le droit au secours duquel la justice a été appelée sera toujours protégé de la même manière. L'art. 2123 ne souffre pas de distinction, et la raison non plus. — Qu'un incapable, malgré les précautions prises pour l'empêcher d'ester en justice, obtienne un jugement, l'hypothèque y sera attachée, car le vice de ce jugement est purement relatif ; l'incapable seul peut s'en prévaloir.

Quant au condamné, la règle générale, mais non plus absolue (car il y a des exceptions), c'est aussi que sa personne est indifférente au point de vue de l'hypothèque judiciaire. Voici un passage de Pothier où quelques mots à peine seraient à changer aujourd'hui :

« Il n'importe, pour qu'un jugement produise hypothèque, que la condamnation qu'il renferme soit liquide ou non : car l'hypothèque peut être contractée pour des dettes non liquides, et en cela le droit d'hypothèque diffère du droit d'exécution. — *Il n'importe contre qui* le jugement ait été rendu, pour qu'il produise hypothèque sur les biens de la partie condamnée, pourvu néanmoins que la partie contre qui il a été rendu fût capable d'ester en jugement : car si elle n'en était pas capable, la sentence rendue contre elle serait nulle, et ne pourrait par conséquent produire d'hypothèque sur ses biens. »

« Les jugements rendus contre des tuteurs de mineurs, curateurs d'interdits, fabriciens, administrateurs d'hôpitaux, syndicsde communautés, sont censés rendus contre les pupilles, interdits, fabriques, hôpitaux et communautés, et produisent par conséquent hypothèque sur les biens de tous ceux pour lesquels ils ont esté en jugement »[1].

Une société commerciale peut figurer dans une instance, représentée par son gérant. Si elle est condamnée, l'hypothèque judiciaire frappe tous les immeubles qui lui appartiennent. C'est une personne morale qu'on traite en droit comme une personne ordinaire. Dans la société en nom collectif, comme tous les associés sont solidairement responsables des engagement sociaux, l'hypothèque judiciaire, issue d'une condamnation unique et commune, frappe presque toujours tous les immeubles des associés en même temps que ceux de la société. Il n'en serait point de même, comme on sait, pour une société anonyme.

Les établissements d'utilité publique verraient aussi, selon moi, l'hypothèque judiciaire couvrir leurs immeubles en vertu des condamnations prononcées contre eux. Ces établissements sont ceux dont l'existence présente un caractère d'utilité générale et publique qui a été reconnue dans les conditions déterminées par la loi. L'acte de la puissance publique qui leur a reconnu ce caractère leur a conféré la personnalité civile, et le droit de posséder et d'acquérir[2]. Par leur origine ils tiennent donc à l'autorité publique, qui est aussi toujours libre de les supprimer. Mais pendant le cours de leur existence ils sont en dehors de la sphère de l'administration; ils sont indépendants et n'obéissent qu'à leurs statuts, approuvés du reste par le Conseil d'État. En principe, ils peuvent faire librement tous les actes de la vie civile : ils n'ont pas besoin d'autorisation pour aliéner ou pour acquérir, à moins qu'une disposition expresse de leurs statuts ou qu'une loi spéciale ne leur en ait imposé l'obligation. Je ne vois donc aucune raison pour

1. Traité de l'hypothèque, ch. I, art. 2, n° 23.
2. *V.* M. Ducrocq, *loco citato*, p. 566.

qu'en principe ils ne soient pas soumis au droit commun relativement à l'hypothèque judiciaire.

Mais en est-il de même pour les établissements publics, et notamment pour le département et la commune? En est-il de même pour l'État, le premier des établissements publics? Les jugements judiciaires ou administratifs prononcés contre l'État, le département, la commune, donnent-ils à celui qui les obtient hypothèque générale sur le domaine privé de ces personnes morales, dont la première assurément offrirait un beau gage hypothécaire au créancier? — Ici les principes du droit administratif viennent paralyser ceux du droit civil et restreindre le texte général de l'art. 2123.

Pour l'État, il est de règle qu'aucune de ses dettes ne peut être payée sans avoir subi, après sa *déclaration*, les opérations de *liquidation* et *d'ordonnancement* par le ministre compétent. Ceci est inconciliable avec la saisie qu'amènerait l'hypothèque judiciaire. L'hypothèque judiciaire contre l'État serait du reste ou inutile ou funeste. Elle serait presque toujours inutile et ne vaudrait pas les frais que coûterait son inscription, car l'État est le plus souvent solvable, et paye rapidement et intégralement ses créanciers. Parfois sans doute il succombe sous la multiplicité des charges; mais alors quel danger, et quel spectacle si ses créanciers, armés de l'hypothèque, se ruaient sur les lambeaux de la fortune publique, et consommaient, pour la satisfaction avide de leurs intérêts privés, la ruine de la patrie!

A l'égard des communes, des considérations moins graves, mais de même nature, ont déterminé le législateur à dépouiller de leur force active les jugements prononcés contre elles, du moins quand il ne s'agit pas d'une action réelle en revendication. Le créancier ne peut pas ramener son titre à exécution par voie de saisie, comme il le ferait à l'égard d'un particulier. Les communes n'ont pas la libre disposition de leurs fonds. Un avis du Conseil d'État du 12 août 1807 réserve à l'administration le droit d'autoriser les dépenses communales. Un budget prévoit chaque année et limite les sommes qui seront dépensées. L'ordre n'en peut être interverti ; le chiffre n'en peut être augmenté, et le créancier n'a pas le droit de venir, en exerçant une saisie, grossir les dépenses de l'année. Il faut qu'il obtienne du Conseil municipal une allocation pour sa créance dans le budget de l'année suivante. Si le Conseil municipal refuse, le créancier peut s'adresser au préfet. Si le préfet refuse aussi l'allocation, chose bien rare, le créancier se pourvoira devant le ministre de l'intérieur, sauf recours au Conseil d'État délibérant au contentieux contre l'arrêté du ministre. Pour être payé, si les ressources ordinaires ne suffisent pas, le créancier peut demander soit une imposition extraordinaire, soit la vente de biens communaux non affectés à un service ou à un usage public. C'est un décret, d'après la loi du 18 juillet 1837 (art. 46 § 3), c'est un simple arrêté préfectoral d'après la jurisprudence du ministère de l'intérieur, fondée sur une induction tirée du décret de 1852 sur la décentralisation administrative (art. 1, tabl. A, 48° et 67°), qui autorise cette vente. Comme on voit, il n'y a pas là de place pour l'hypothèque judiciaire. Le jugement n'est guère qu'une simple constatation de la dette et de son montant ; l'autorité administrative fait le reste.

Des règles analogues existent et les mêmes réflexions pourraient être faites à l'égard du département et de la plupart des autres établissements publics.

Tels sont les principes qui résultent et des textes et de la pratique. Tous les auteurs de droit administratif les exposent et ils sont incontestables. Néanmoins un doute m'était venu sur la prétendue incompatibilité de ces principes et de l'hypothèque judiciaire. Assurément, me disais-je, le créancier ne peut pas exercer lui-même son droit d'hypothèque et se faire payer sans l'accomplissement des formalités voulues. Mais pourquoi, quand la commune, par exemple, vend ses immeubles, avec la permission de l'administration supérieure, afin de payer ses créanciers, pourquoi, si ces immeubles sont insuffisants pour les payer tous et qu'il faille de longues impositions pour atteindre ce résultat, l'inscription qu'aurait prise l'un d'eux en vertu d'un jugement ne lui assurerait-elle pas le droit de préférence et l'avantage d'être colloqué le premier sur le prix? Ne serait-ce pas là la meilleure conciliation des lois civiles et des lois administratives? Venant de moi, cette idée me parut hasardée; je cherchai quelqu'un qui fût de mon avis; les auteurs de droit civil ne disent pas un mot de ces questions mixtes; les auteurs de droit administratif ne pensent pas pour la plupart à l'art. 2123 en exposant les règles du payement des dettes des communes; quelques-uns font expressément et absolument abstraction de cet article, et condamnent par conséquent mon système. J'étais prêt à l'abandonner aussi, quand je le trouvai exposé dans une page de Foucart et adopté par lui: « Nous pensons, dit le célèbre professeur, qu'il (le créancier) pourrait prendre hypothèque sur les immeubles communaux pour être payé par préférence dans le cas d'une vente volontaire [1]. » Dès lors, ce qui n'était qu'une idée timide est devenu pour moi une certitude. Comment supposer que le législateur ait fait aux créanciers d'un particulier et aux créanciers d'une commune une situation si différente? Pour les premiers, les jugements donneraient la préférence; pour les seconds, l'égalité régnerait, comme dans une faillite, plus que dans une faillite. C'est impossible.

Mais voici des cas où l'hypothèque, à cause d'une situation particulière du condamné, ne prend réellement pas naissance, pas même sous une forme incomplète comme tout à l'heure.

1. Éléments de droit administratif.

Le jugement rendu contre une succession acceptée sous bénéfice d'inventaire, ou vacante, ou répudiée, ne produit pas d'hypothèque. L'art. 2146 défend d'*inscrire* sur les immeubles d'une telle succession une hypothèque née du vivant du *de cujus* : à plus forte raison faut-il décider que l'hypothèque ne peut pas *se produire* sur ces immeubles quand le fait juridique destiné à l'engendrer arrive après l'ouverture de la succession. Le motif de cette rigueur, c'est que la vacance ou l'acceptation bénéficiaire fait présumer l'insolvabilité de la succession, et, dans cette espèce de faillite posthume, la loi a tenu à conserver l'égalité entre les créanciers. — Certaines personnes ne peuvent accepter une succession que bénéficiairement : dans ce cas, rien ne fait présumer l'insolvabilité de la succession ; cependant, *lex non distinguit, nec nos distinguere debemus.*

Si la succession avait été acceptée purement et simplement, le jugement prononcé contre les héritiers frapperait d'hypothèque chacun d'eux proportionnellement à sa part dans la condamnation. Si la condamnation eût été prononcée du vivant du *de cujus*, chaque héritier détenteur d'immeubles de la succession eût été tenu hypothécairement pour toute la condamnation, et non pas seulement pour sa part héréditaire, à cause de l'indivisibilité de l'hypothèque. Mais quand le jugement est prononcé après la mort du débiteur, la dette s'étant divisée de plein droit entre les héritiers à l'instant même du décès du *de cujus*, l'hypothèque naît multiple comme elle, par application de cette règle de justice que nul ne doit voir ses immeubles hypothéqués pour la dette d'autrui.

L'hypothèque judiciaire, qui grève dans ce cas les biens de chaque héritier, porte sur les immeubles de la succession qui lui sont échus comme sur ses immeubles propres. Cela semble certain et indiscutable. Cependant Denizart et Grenier [1]

1. Hyp., t. I, nº 128.

ont prétendu que l'hypothèque ne portait pas sur les immeubles de la succession, sous prétexte que les droits de tous les créancier s'étant trouvés égaux au moment de la mort du débiteur, doivent avoir été fixés par cet événement. Pour ces auteurs, la mort du débiteur, même quand sa succession est acceptée purement et simplement, empêche tout droit de préférence de naître au profit d'un des créanciers entre les autres. La Cour de cassation a jugé dans ce sens le 19 août 1818. D'après cette doctrine, le jugement qu'on obtient contre les héritiers donne hypothèque sur leur patrimoine personnel; mais sur le patrimoine de la succession il ne donne que les droits d'un chirographaire. Cette théorie subtile ne s'appuie sur aucun texte ; elle doit être rejetée. Est-ce qu'il n'y a pas confusion entre les biens de la succession et ceux de l'héritier? Est-ce qu'il y a, en droit, et même en fait, deux patrimoines distincts ? Nullement : le patrimoine de l'héritier comprend la succession. La succession est une partie intégrante du patrimoine de l'héritier.

Mais si quelqu'un des créanciers de la succession demandait la séparation des patrimoines, les choses se compliqueraient. Supposons deux créanciers héréditaires. L'un d'eux a obtenu depuis l'ouverture de la succession un jugement contre l'héritier pur et simple ; ce jugement lui a conféré hypothèque sur tout le patrimoine de l'héritier et sur les immeubles de la succession qui en font partie. Sur ces entrefaites et avant que six mois se soient écoulés, l'autre créancier demande la séparation des patrimoines. L'hypothèque obtenue par le premier créancier se retire-t-elle des immeubles de la succession ? S'évanouit-elle ? Peu de jurisconsultes ont prévu cette hypothèse. M. Paul Pont répond affirmativement sans donner les motifs de son opinion [1]. M. Troplong est du même

1. Hyp., t. I.

avis [1]. C'est aussi l'affirmative que je vais adopter. On pourrait dire, en faveur de la négative, que la séparation des patrimoines n'est demandée que contre les créanciers personnels de l'héritier, et ne doit pas nuire à un créancier héréditaire. Mais cet argument se retournerait avec force contre ceux qui s'en serviraient : ce créancier héréditaire, dans notre espèce, a obtenu son hypothèque *du fait de l'héritier*. Comme créancier chirographaire, il est créancier de la succession seule, et la séparation des patrimoines ne peut lui nuire en rien ; mais, comme créancier hypothécaire, il est créancier de l'héritier, contre lequel a été prononcé le jugement, et la séparation des patrimoines lui est opposable. C'est absolument comme si l'héritier lui avait conféré sur un immeuble de la succession une hypothèque conventionnelle. La séparation des patrimoines empêche donc de naître ou fait tomber au profit de ceux qui l'ont demandée les hypothèques judiciaires obtenues depuis la mort du de *cujus* non-seulement par les créanciers propres de l'héritier, mais encore par les créanciers héréditaires. Comme on a vu, ce n'est point une raison d'analogie tirée de l'art. 2146 qui m'a fait adopter cette opinion : il n'y a pas ici d'analogie entre l'acceptation bénéficiaire et la séparation des patrimoines. La première suppose une déconfiture, une insolvabilité de la succession ; la seconde ne fait soupçonner que l'insolvabilité de l'héritier. La seule, la vraie raison, c'est que le créancier héréditaire a obtenu l'hypothèque du chef de l'héritier, et est devenu, en tant que créancier hypothécaire, créancier personnel de l'héritier.

Nous avons rencontré là une exception à la règle de la généralité de l'hypothèque judiciaire : malgré la séparation des patrimoines, les biens de la succession sont réellement la chose, la propriété de l'héritier ; cependant les hypothèques

1. Hyp., II, n° 459 *bis*.

judiciaires nées des jugements prononcés contre lui ne les atteignent pas, et ne frappent que ses immeubles personnels. De même pour le cas d'acceptation bénéficiaire : les créanciers de l'héritier qui obtiennent condamnation contre lui n'ont point hypothèque sur les immeubles de la succession, qui sont pourtant la propriété de leur débiteur. Du reste soit dans le cas de séparation des patrimoines, soit dans le cas d'acceptation bénéficiaire, ce qui reste de la succession, une fois les créanciers héréditaires payés, se confond avec le patrimoine de l'héritier, et tombe sous l'hypothèque générale.

Il y a encore une classe très-nombreuse de jugements qui sont dépouillés de l'hypothèque judiciaire à cause de la situation du condamné. Ce sont ceux qui sont rendus contre un failli depuis l'époque déterminée par le tribunal comme étant celle de la cessation des payements, ou dans les dix jours qui ont précédé cette époque. Tous les droits de préférence créés pendant cette période sont nuls, à moins qu'ils ne l'aient été en même temps que l'obligation principale [1]. Or la condamnation et l'hypothèque judiciaire sont évidemment toujours postérieures à la naissance de la dette : donc l'hypothèque judiciaire est toujours nulle pendant cette période. A plus forte raison, les jugements qui suivent le jugement déclaratif de faillite ne produisent pas l'effet hypothécaire [2]. Ces dispositions des art. 443 et 446 du Code de commerce sont dictées par la prudence et par la justice : il faut que, dans ce péril commun de la faillite, la faveur et le hasard ne sauvent pa les uns, en aggravant le malheur des autres.

L'état de faillite, qui se présente souvent et avec des consés quences presque toujours très-graves, a paru seul mériter cette mesure exceptionnelle. Le législateur ne l'a point étendue à l'état de déconfiture.

1. Art. 446, C. de com.
2. Art. 443, id.

C'est à une déclaration du 8 novembre 1702 que remontent les règles reproduites par le Code de commerce dans l'article 446.

Remarquons qu'il serait peut-être plus exact de dire, soit dans le cas de succession bénéficiaire, soit dans le cas de faillite, que l'hypothèque judiciaire *qui résulte* des jugements est *paralysée et annulée*, que de dire que l'hypothèque judiciaire ne *résulte pas* de ces jugements : effet légal, elle est attachée à tous les jugements ; seulement, ici, elle meurt en naissant ; elle est détruite, elle est nulle. Ceci du reste n'est qu'une affaire d'exactitude dans l'expression.

Mais ce qui suit n'est plus une affaire de mots : il est faux de dire d'une manière absolue que l'hypothèque judiciaire qui résulte des jugements rendus soit depuis le jour de la cessation des payements ou dans les dix jours qui précèdent, soit depuis le jugement déclaratif de faillite, est nulle : cela n'est vrai que relativement à la masse des autres créanciers. Mais à l'égard du failli lui-même, et à l'égard de ses créanciers futurs, les hypothèques sont valables, elles existent. Cela résulte des expressions mêmes de l'art. 446 du Code de commerce qui porte : « Sont nuls et sans effets *relativement à la masse*... ». La jurisprudence décide unanimement, et avec raison, que les syndics de la faillite ont seuls qualité pour se prévaloir de la nullité des actes qui tombent sous l'application de l'art. 446, et que, si le failli, après le règlement de la faillite, acquiert des immeubles nouveaux, les hypothèques dont je parle grèvent ces immeubles, et sont opposables tant au failli qu'à ses créanciers.

Les hypothèques judiciaires qui grèvent une succession échue au failli ne tombent pas sous l'application des règles précédentes. Tout le monde reconnaît qu'il faut maintenir les priviléges ou hypothèques qui garantissent le payement des obligations considérées comme condition ou charge des acquisitions postérieures à l'ouverture de la faillite. La décision contraire serait d'une injustice révoltante.

X.

En étudiant les divers éléments de l'hypothèque judiciaire, qui sont maintenant tous réunis, j'ai dû parler souvent, par anticipation nécessaire, de l'inscription. Cette hypothèque est en effet soumise à l'inscription. Sans l'inscription, elle n'est pas opposable aux tiers; elle est sans force et sans vie. Le législateur n'a point voulu la dispenser de cette formalité, comme il l'a fait pour certaines hypothèques légales. Il faut reconnaître qu'aucune raison ne militait pour qu'on en fît l'objet d'une nouvelle exception. Celui qui l'a obtenue peut procéder sans peine, par lui-même ou par son représentant, à l'inscription hypothécaire ; il n'est point dans un état de faiblesse ou de subordination qui exige la protection de la loi contre son débiteur. Ajoutez que les hypothèques légales dispensées d'inscription ont par elles-mêmes, par les circonstances où elles se produisent, une certaine publicité qui a encouragé le législateur à ne pas exiger trop rigoureusement la publicité légale. Un mariage, une tutelle sont des faits qui ne se produisent pas sans une certaine *fama*, qui ne sont point fugitifs, mais continus, et qui révèlent presque toujours suffisamment l'hypothèque qu'ils ont fait naître. L'hypothèque judiciaire au contraire naît d'un fait qui, en dehors du palais de justice, n'est point remarqué, et que tout le monde a oublié après quelques jours. Rien donc n'aurait légitimé sur ce second point l'assimilation de l'hypothèque judiciaire à l'hypothèque légale. Sa généralité n'est qu'une raison de plus pour qu'on exige l'inscription : car n'est-il pas clair que plus une hypothèque enchaîne d'immeubles, plus elle est dangereuse si elle reste occulte? Ainsi à tous les points de vue, le législateur qui, des deux règles fondamentales de notre régime hypothécaire, a suspendu l'une, la spécialité, pour l'hypothèque judiciaire, a bien fait de lui imposer l'autre, la publicité.

Dans l'ancien droit l'hypothèque judiciaire n'était soumise à aucune formalité de ce genre. Colbert avait eu l'idée d'introduire la publicité dans notre régime hypothécaire : en 1673, il avait commencé à mettre son idée à exécution ; mais la terreur des grandes familles, devant une mesure qui allait dévoiler le mauvais état de leur fortune et ruiner leur crédit, fit échouer le projet du grand ministre. Il fallut attendre jusqu'à la loi du 9 messidor an III, pour voir le principe de la publicité législativement consacré, jusqu'à la loi de brumaire an VII, pour le voir mis en œuvre. L'hypothèque judiciaire était donc, dans l'ancien droit, opposable aux tiers dès qu'elle existait ; sa date et son rang étaient déterminés par le moment même de sa naissance. Or ce moment variait avec certaines catégories de jugements. Un passage de Pothier, qui résume et complète ce que nous savons déjà là-dessus, va nous mettre au courant de ces distinctions :

« Ceux rendus à l'audience, lorsqu'ils sont contradictoires, portent hypothèque du jour qu'ils ont été prononcés ; ceux rendus par défaut, du jour seulement qu'ils ont été signifiés à procureur.

« Ceux rendus en procès par écrit ne portent pareillement hypothèque que du jour de leur signification à procureur.

« L'appel qui en est interjeté, en suspendant son effet, suspend aussi l'hypothèque : mais si, sur l'appel, il est confirmé, ce droit est censé acquis du jour de la sentence, et non pas du jour de l'arrêt qui le confirme [1] ».

L'état du droit qu'expose ici Pothier, est celui qui fut fixé

1. Pothier, Traité des hypothèques, ch. 1, art. 2, nº 24.

par la déclaration du 10 juillet 1566 et par l'ordonnance de 1667.

On avait discuté dans l'ancien droit s'il fallait, dans le cas de condamnations pécuniaires pour crimes ou délits, faire rétroagir l'hypothèque, et lui donner pour date le jour de la perpétration du crime ou du délit, ou laisser ce cas soumis au droit commun. Cette dernière solution finit par triompher. Une déclaration du roi, du 13 juillet 1700, lui donna gain de cause [1]. Mais il a été dit plus haut qu'au cas de dénégation d'écriture, en vertu de l'art. 92 de l'ordonnance de 1539, l'hypothèque, après la vérification, rétroagissait au moment de la dénégation : en sorte que, comme le dit du reste l'ordonnance, c'était la dénégation qui produisait l'hypothèque ; elle avait l'effet d'une reconnaissance.

Aujourd'hui la question n'est plus de savoir à quel moment naît l'hypothèque, mais à quel moment elle peut être inscrite : car ce n'est plus l'instant de sa naissance, c'est son inscription qui lui donne son rang. Il ressort du texte simple et clair de l'art. 3 de la loi du 11 brumaire an VII : « L'hypothèque existe pour une créance résultant d'une condamnation judiciaire », et du texte non moins formel de l'art. 2123 : « L'hypothèque judiciaire résulte des jugements, soit contradictoires, soit par défaut, définitifs ou provisoires, en faveur de celui qui les a obtenus », que tous les jugements sont soumis au même régime, quant à l'hypothèque judiciaire. Plus de rétroactivité de l'hypothèque dans quelque hypothèse que ce soit ; la rétroactivité est inconciliable avec la publicité. Plus de distinction entre les jugements contradictoires et les jugements par défaut ; proposée par la commission, cette distinction fut repoussée. Pour toutes les condamnations, quels que soient

1. Rapportée par Ferrières, sur la Coutume de Paris, art. 162, § 3, n° 111.

leur caractère et leur nature, le moment à partir duquel l'inscription peut être prise est le même. Et quel est ce moment ? C'est celui-là même où le jugement est prononcé, où l'hypothèque prend naissance. En vain on objecterait : l'art. 147 du Code de Pr., qui déclare que, s'il y a avoué en cause, le jugement ne pourra être exécuté qu'après avoir été signifié à avoué et à la partie ; — l'art. 155, qui décide que les jugements par défaut ne seront pas exécutés avant l'échéance de la huitaine de la signification à avoué, s'il y a eu constitution d'avoué, et de la signification à personne ou à domicile, s'il n'y a pas eu constitution d'avoué ; — l'art. 450, qui dit que l'exécution des jugements non exécutoires par provision sera suspendue pendant la huitaine à dater du jour du jugement. Ces objections tomberaient toutes devant cette simple considération que l'inscription n'est point un acte d'exécution. En quoi une simple mention, sur les registres du conservateur, de la naissance de l'hypothèque exécute-t-elle le jugement ? L'inscription est un acte conservatoire, et rien de plus ; le législateur le déclare lui-même dans les art. 390 et suiv. du Code de commerce, qui rangent parmi les actes conservatoires les inscriptions prises par les syndics sur les biens des débiteurs du failli. — On n'insiste guère que sur la prétendue impossibilité de prendre inscription avant la signification du jugement ; et là on invoque la maxime *paria sunt non esse et non significari*. Mais cette maxime est-elle un texte législatif? C'est un brocard de palais qui veut dire simplement qu'un jugement n'est pas exécutoire avant sa signification, et qui ne peut être pris à la lettre par personne, pas même par ceux qui l'invoquent.—Dira-t-on que, puisqu'il faut une expédition authentique du jugement pour prendre inscription, la nécessité de la signification ne retarde en rien cette inscription ? Ce serait une double erreur : d'abord une expédition du jugement n'est pas indispensable pour l'inscription ; le conservateur est libre de ne pas exiger cette formalité qui n'est destinée qu'à soulager sa responsabilité, et l'inscription n'en est pas moins valable. En outre, même quand le conservateur exige l'expédition, le créancier peut avoir un grand intérêt à prendre inscription avant la signification : lorsque le défendeur est domicilié à une grande distance, un long temps s'écoule entre le jugement et la signification, tandis que l'inscription est bientôt prise sur les immeubles que possède le débiteur dans l'arrondissement où a été rendu le jugement.

De ce que l'inscription n'est pas un acte d'exécution, il résulte plusieurs autres conséquences : elle peut être prise malgré l'exercice de l'appel ou de l'opposition ; — elle n'empêche pas la péremption par six mois des jugements par défaut faute de comparaître.

Sous le Code Napoléon, il n'y avait pas d'exception à cette règle que l'inscription peut être prise aussitôt qu'est survenu le fait juridique qui engendre l'hypothèque judiciaire. La loi du 3 septembre 1807 en a introduit une que nous connaissons déjà : les jugements de reconnaissance d'écriture produisent une hypothèque qui ne peut être inscrite toute de suite, s'ils ont été prononcés avant l'échéance de la dette constatée par l'écriture. L'hypothèque n'est valablement inscrite que lorsque la dette est exigible, sauf convention contraire des parties.

Après avoir dit depuis quel moment l'hypothèque judiciaire peut être inscrite, il faut dire jusqu'à quel moment elle peut l'être. Ce sont des règles communes à toutes les hypothèques que je vais rapidement résumer ici. La règle, c'est que l'inscription peut toujours être prise. Si l'on tarde trop, elle pourra bien ne pas l'être utilement, car d'autres créanciers auront sans doute été plus soigneux et plus prompts ; mais, utilement ou non, tant qu'un immeuble est dans le patrimoine du débiteur, elle peut être prise sur lui. Voilà la règle. Mais, sans parler de l'aliénation, que je viens de laisser entrevoir comme le terme naturel des inscriptions, et qui, en effet, purge, au moment de la transcription, toutes les hypothèques non inscrites [1], sans parler non plus du jugement d'expropriation pour cause d'utilité publique, dont la transcription suivie de 15 jours a le même résultat quant aux immeubles expropriés, il est deux exceptions importantes, qui n'enlèvent pas seulement à l'inscription de l'hypothèque judiciaire un ou quelques immeubles, mais qui les lui enlèvent tous : je veux parler de la faillite, et de l'acceptation bénéficiaire d'une succession. Nous avons déjà rencontré ces deux cas ; nous avons vu qu'ils empêchent l'hypothèque de naître ; nous allons voir qu'ils peuvent empêcher des hypothèques déjà nées d'être inscrites.

On comprend que l'*inscription* d'une hypothèque préexistante est une chose moins grave que la *création* même de l'hypothèque. La loi devait donc être moins rigoureuse et moins défiante à l'égard de la première qu'à l'égard de la seconde : et en effet dans la faillite elle a conformé ses dispositions à cette idée rationnelle. Elle ne fut point pourtant toujours aussi sage. Avant la loi du 28 mai 1838, les inscriptions d'hypothèques antérieures, prises pendant le temps qui va de la cessation des payements au jugement déclaratif et pendant les dix jours qui précèdent, étaient toutes nulles, comme les hypothèques créées pendant les mêmes délais. A plus forte raison, et là il n'y a rien à dire, les inscriptions postérieures au jugement déclaratif étaient nulles. L'art. 2146 du C. N. garde les traces de cette ancienne théorie. La loi du 28 mai 1838 est venue corriger l'art. 448 du Code de Commerce, et aujourd'hui l'effet de la faillite à l'égard des inscriptions est très-adouci. On a conservé la règle que le jugement déclaratif arrête absolu-

1. Loi du 23 mars 1855. On ne me reprochera pas, je crois, de n'avoir pas développé, à propos d'un sujet spécial, l'historique et les dispositions de cette loi.

ment le cours des inscriptions [1], et on a bien fait, car, après que la catastrophe est connue, lorsque chacun calcule ses pertes et se demande si les débris de la fortune du failli lui permettront de sauver quelque chose, il ne faut pas que des inscriptions surgissent jusqu'au dernier moment, troublent toutes les opérations, augmentent le désespoir des créanciers ruinés. Mais on n'a pas conservé la règle qui annulait aussi les inscriptions prises dans les dix jours et jusqu'au jugement déclaratif : au contraire, en principe, ces inscriptions sont aujourd'hui valables. Seulement, si plus de quinze jours se sont écoulés entre la date du titre constitutif et l'inscription, celle-ci *peut* être annulée par le tribunal, qui examine si ce retard est l'effet d'un calcul, d'une collusion entre le débiteur et le créancier pour ne pas alarmer et pour tromper les autres créanciers.

Faut-il répéter que la déconfiture n'a point été traitée comme la faillite, et que toutes ces règles ne lui sont pas applicables ? Elles ne le sont pas non plus, selon M. Paul Pont [2] et contrairement à l'avis de M. Mourlon [3], à la cession de biens. L'inscription peut être prise valablement, même après cette cession, malgré le dessaisissement qu'elle entraîne, parce que les dispositions prohibitives, essentiellement étroites, ne doivent pas être étendues d'un cas à un autre.

Une remarque importante, c'est que les inscriptions survenues après le jugement déclaratif ne sont pas nulles d'une manière absolue, mais seulement dans l'intérêt de la masse des créanciers antérieurs au jugement. Elles sont opposables aux personnes qui deviennent créanciers du failli postérieurement à sa faillite.

1. Sauf quelques exceptions dont le développement serait ici un hors-d'œuvre.
2. II, p. 877.
3. III, 31e répétition.

La mort du débiteur, quand sa succession est acceptée sous bénéfice d'inventaire, arrête aussi le cours des inscriptions. On sait que le motif de cette disposition est la prétendue ressemblance de cette succession à une faillite ; de très-bons esprits ont jugé le motif insuffisant et la disposition mauvaise. N'est-il pas injuste et étrange qu'un événement aussi imprévu, aussi étranger aux créanciers que la mort du débiteur vienne paralyser tout à coup des droits qu'ils avaient valablement acquis ? N'est-il pas dangereux de faire dépendre cet important effet du caprice de l'héritier ? Quoi qu'il en soit, tant que l'art. 2146 du Code N. ne sera pas modifié, il faut accepter dans toute son étendue cette disposition. Elle embrasse les cas où l'acceptation bénéficiaire est imposée par la loi à l'héritier ; elle embrasse par un *a fortiori* nécessaire les cas de répudiation et de vacance : le législateur n'a pas cru devoir reproduire sur ce point l'art. 12 de la loi de messidor an III, parce que la conséquence était évidente. Là encore, notons-le, l'inscription n'est annulée que dans l'intérêt des créanciers du défunt. Je ne puis pas du reste entrer dans les détails de toutes ces règles, qui ne sont pas spéciales à l'hypothèque judiciaire. Je dirai seulement que l'inscription prise après la mort du débiteur, mais au cas d'acceptation pure et simple, est toujours valable, cela va de soi, et qu'il en est ainsi même si la séparation des patrimoines a été demandée. Cette solution ne contredit pas celle que j'ai donnée au chapitre précédent en disant que le créancier héréditaire qui *a obtenu jugement* contre l'héritier n'acquiert point d'hypothèque opposable à son co-créancier sur les immeubles de la succession si celui-ci a demandé la séparation des patrimoines. Bien diverses sont les deux espèces. Dans la dernière, le créancier héréditaire a obtenu son hypothèque du chef de l'héritier, est devenu créancier de l'héritier. Dans la première, il tient son hypothèque du défunt lui-même ; quant à l'inscription, c'est un fait qui lui est personnel, et qui est complétement étranger à l'héritier : la séparation des patrimoines dirigée contre les créanciers personnels de l'héritier ne peut donc pas l'atteindre. Qu'on n'essaye pas d'assimiler la séparation des patrimoines à l'acceptation bénéficiaire : j'ai déjà fait remarquer que celle-là fait présumer l'insolvabilité de l'héritier, celle-ci de la succession, et du reste on ne peut pas étendre arbitrairement la disposition de l'art. 2146 qui est prohibitive, par conséquent exceptionnelle, et de plus peu rationnelle.

L'inscription de l'hypothèque judiciaire a lieu, comme celle de toutes les hypothèques, au bureau de la conservation de l'arrondissement où se trouvent les immeubles sur lesquels repose l'hypothèque. Il faut donc prendre inscription dans plusieurs arrondissements, si la fortune du débiteur est ainsi dispersée, et qu'on veuille profiter de toute la généralité de l'hypothèque judiciaire.

On présente au conservateur une expédition authentique du jugement et deux bordereaux. Toutefois le défaut de présentation de l'expédition n'entraînerait point la nullité de l'inscription. La plupart des auteurs et la jurisprudence décident que l'hypothèque judiciaire est valablement inscrite avant que le jugement soit expédié et enregistré. Seulement le conservateur peut se refuser à faire l'inscription dans ces conditions, car sa responsabilité est en jeu ; et quand bien même le jugement ordonnerait l'inscription sur minute, injonction que font souvent les tribunaux consulaires, le conservateur est libre de ne pas obéir, et il n'obéit presque jamais dans la pratique.

Les principales énonciations que doivent contenir les bordereaux sont : la désignation du créancier par ses nom, prénoms, domicile et profession ; — une élection de domicile dans un lieu quelconque de l'arrondissement du bureau ; —

la désignation du débiteur ; — l'indication de la date et de la nature du titre ; — et l'indication du montant de la créance. Quant aux effets de l'omission de l'une de ces énonciations, comme ce sont des règles générales, je n'ai point à m'en occuper ici : je rappellerai seulement que le principe est que les énonciations indispensables à la publicité sont les seules dont l'omission puisse entraîner la nullité de l'inscription.

Sur l'indication du montant de la créance, il y a une controverse assez grave entre la jurisprudence et la doctrine, qui répondent diversement à cette question : dans le cas où des droits éventuels et indéterminés résultent d'un jugement, faut-il en faire l'évaluation, comme on doit le faire pour une créance de ce genre garantie par une hypothèque conventionnelle ? La jurisprudence, soutenue par un petit nombre d'auteurs [1], répond négativement. Si le créancier, ont dit les arrêts, est tenu, aux termes de l'art. 2148, de faire l'évaluation de la créance indéterminée qu'il veut protéger par l'inscription, et s'il doit faire déclarer dans l'inscription la somme à laquelle il évalue ses droits, c'est seulement, comme dit le texte, « dans les cas où cette évaluation est ordonnée ». Or l'évaluation n'est ordonnée que par l'art. 2132, et cet article ne s'applique expressément qu'aux créances garanties par une hypothèque conventionnelle. Donc l'évaluation n'est pas obligatoire dans l'inscription qui a pour objet la conservation d'hypothèques judiciaires. Mais cette opinion est repoussée avec raison par la plupart des jurisconsultes [2]. Elle serait dangereuse si la pratique s'y conformait, ce qu'elle a l'instinct de ne pas faire ordinairement. Les textes qui au premier

1. Dalloz, Duranton, Troplong.

2. Grenier, I, 201 ; Sirey, t. XXII, 1re partie ; Zachariæ, II, p. 166 ; Mourlon, Examen critique, n° 158, où il revient sur l'opinion émise dans ses Répétitions.

abord semblent la favoriser la condamnent, si on les regarde de près, et si on consulte leur esprit plutôt que leur lettre. De toutes les énonciations que peut ou doit contenir l'inscription, la plus importante, la plus intéressante pour les tiers n'est-elle pas, à part le nom du débiteur, la mention du montant de la créance? La principale et presque la seule utilité de la publicité hypothécaire n'est-elle pas d'indiquer aux tiers la valeur des charges qui pèsent sur le patrimoine de chacun? A quoi servirait l'inscription si elle disait aux tiers qu'une hypothèque grève tel patrimoine, et n'ajoutait pas que la somme qu'elle garantit est minime ou considérable? Une inscription pareille inspirerait aux uns une trompeuse confiance, aux autres une crainte exagérée; mieux vaudrait revenir aux hypothèques occultes. Toutes ces considérations s'appliquent aussi bien aux cas où la dette est indéterminée qu'à ceux où elle est liquide; sans doute le montant exact n'est pas connu, mais le montant approximatif l'est toujours, et cela suffit pour éclairer les tiers; ce n'est pas une légère différence en plus ou en moins qui relève ou détruit le crédit d'une personne. La loi l'a compris, et elle a écrit dans l'art. 2148 une règle qui exige l'évaluation quand la dette n'est pas liquide. A cette règle si sage et si justifiée, pourquoi les créances indéterminées provenant de jugements formeraient-elles une exception? Je sais que les créances garanties par les hypothèques légales sont dispensées par l'art. 2153 de l'évaluation; mais là c'est la force même des choses qui a introduit l'exception; l'évaluation de ces créances n'aurait pas de données suffisantes pour être approximativement exacte. Il n'en est pas de même des créances indéterminées résultant des jugements; elles ne sont pas plus difficiles à estimer que celles qui sont garanties par une hypothèque conventionnelle, et une exception à leur égard n'aurait pas d'explication. Notez que la règle de l'art. 2148 est écrite juste au milieu de dispositions générales dont l'objet est précisément d'organiser les formalités relatives à l'inscription ; comme celles qui la précèdent ou la suivent, elle doit être générale, et faire loi pour tous les cas qui ne lui sont pas expressément soustraits par un autre texte. L'opinion que je combats réduit à bien peu de chose la portée de cette règle et les heureux effets qu'on en doit attendre : quels cas en effet lui restent soumis, si on lui enlève tous ceux dont ne parle pas l'art. 2132 ? Les hypothèques légales, les hypothèques judiciaires, les priviléges, tout cela serait exempt de l'évaluation ; il ne resterait que l'hypothèque conventionnelle : or qui ne voit que l'hypothèque conventionnelle garantit bien rarement des créances indéterminées ? Presque toutes les créances indéterminées garanties par hypothèque résultent des jugements. De plus, si l'art. 2148 avait le sens qu'on lui donne, s'il résultait de ce texte que toutes les créances dont il n'a pas été question dans l'art. 2132 ne sont pas sujettes à l'évaluation, à quoi servirait la partie finale de l'art. 2153, qui vient en dispenser formellement les créances garanties par les hypothèques légales ? S'il faut supposer une inadvertance chez le législateur, j'aime mieux la voir dans ces mots assez vagues « *cas où elle est ordonnée par la loi* » qui se sont glissés dans l'art. 2148, que dans le texte clair et précis de l'art. 2153 qui vient évidemment apporter une exception à une règle générale posée plus haut : à la règle de l'art. 2148 § 4.

L'évaluation de la condamnation doit être faite par l'inscrivant non-seulement lorsqu'il s'agit de créances d'argent indéterminées, non liquides, mais encore lorsqu'il s'agit d'obligations susceptibles de se transformer en dommages intérêts ; on évalue les dommages intérêts. L'évaluation doit encore avoir lieu si c'est une rente ou des prestations que le jugement a ordonnées. S'il s'agit de prestations en nature, par exemple d'une rente en grains, l'évaluation sera faite par l'inscrivant d'après les mercuriales du temps où il prend inscription. Remarquons à ce propos que, quelque variation qui survienne par la suite, quelles que soient les mercuriales de l'époque où l'ordre viendra à s'ouvrir, l'inscrivant sera colloqué sur le pied de l'évaluation faite lors de l'inscription, et non sur le pied des mercuriales au jour de l'ouverture de l'ordre [1].

Quant aux rentes en argent, je doute fort que l'évaluation de la rente elle-même soit nécessaire, si l'inscription mentionne le taux des arrérages : car la connaissance des arrérages est presque toujours suffisante pour faire déterminer le capital nécessaire à leur service [2].

J'ai dit que l'hypothèque judiciaire comprend et garantit les accessoires de la condamnation : les frais et les dépens, les intérêts échus. L'inscription devra en faire mention, en y joignant les frais de l'inscription même, et tous ceux auxquels la qualification de frais de justice, telle que l'entend l'art. 2101, n'est pas applicable : pour ces frais-là il y a un privilége dispensé de toute inscription.

Si les juges ont fixé un délai pour l'acquittement de l'obligation, comme ils en ont le droit, l'inscription devra indiquer le terme.

Il est une mention, exigée dans l'inscription des hypothèques conventionnelles, dont l'inscription des hypothèques judiciaires est formellement dispensée : c'est l'indication de l'espèce et de la nature des biens sur lesquels porte l'hypothèque. Cette dernière indication « n'est pas nécessaire, dit l'art. 2148 *in fine*, dans les cas d'hypothèques légales ou judiciaires ; à défaut de convention une seule inscription pour ces hypothèques frappe tous les immeubles compris dans l'arrondissement du bureau ». Ainsi l'hypothèque judiciaire est

1. Liége, 29 août 1809 ; Riom, 18 janvier 1844 ;
2. Persil, Régime hypoth., art. 2148, § 4.

dispensée de la spécialité dans son inscription comme dans son assiette. La généralité dans l'inscription est du reste une conséquence, sinon nécessaire, au moins très-rationnelle de la généralité dans l'assiette. A quoi bon forcer le créancier à chercher péniblement, pour les indiquer dans l'inscription, l'espèce et la situation de chaque immeuble, alors que son hypothèque les frappe tous et que la loi elle-même a voulu qu'elle les frappât tous ? Pourvu que les tiers sachent que cette hypothèque est générale, et qu'elle garantit telle somme, ils n'ignorent plus rien et savent à quoi s'en tenir. Pour peu que le débiteur fût riche, les registres du conservateur ne suffiraient pas à contenir la description de ses immeubles.

Mais l'inscription unique prise dans l'arrondissement, laquelle suffit sûrement pour frapper tous les immeubles que possède le débiteur à ce moment dans l'arrondissement, suffit-elle aussi pour frapper tous les immeubles à venir qu'il possédera dans les mêmes lieux ? La question fût discutée quelque temps ; elle ne l'est plus. L'affirmative a triomphé sans peine et dans la pratique et dans la doctrine. On avait dit, pour établir la négative, d'après laquelle il faudrait à chaque acquisition une inscription nouvelle, que l'art. 4 de la loi du 11 brumaire an VII consacrait ce système, et que le Code Napoléon, ne l'ayant pas abrogé, l'a reproduit C'était une erreur. La partie de l'art. 4 dont on veut parler ne s'appliquait qu'aux hypothèques légales, nullement aux hypothèques judiciaires. L'arrangement des différentes dispositions de l'art. 4 en est la plus simple et la plus convaincante démonstration. Quoi qu'il en soit, l'art. 2148 ne fait point cette distinction ; et, si elle avait jamais existé, je crois que le vrai raisonnement serait celui-ci : le Code, ne l'ayant pas reproduite, l'a abrogée. « A défaut de convention, dit le Code, une seule inscription frappe *tous* les immeubles *dans* l'arrondissement du bureau. » Comme cette généralité devient décisive, si l'on considère qu'en écrivant la partie de l'art. 2148 qui nous occupe, le législateur se référait à l'art. 2123, qui, quelques lignes auparavant, déclare que l'hypothèque judiciaire porte sur les immeubles à venir aussi bien que sur les présents ! N'est-il pas clair que l'inscription, destinée à conserver l'hypothèque, doit la conserver telle qu'elle est, c'est-à-dire générale ? — A quoi serviraient les inscriptions nouvelles ? à donner une plus grande publicité à l'hypothèque ? On n'atteindrait guère le but. Les tiers seraient forcés de s'enquérir si tel immeuble a été acquis avant ou depuis l'inscription première, pour savoir s'il est grevé ou s'il est libre ; il y aurait des erreurs, des mensonges, des déceptions. Est-ce qu'une seule inscription, dont chacun connaît la généralité, n'est pas la meilleure de toutes les publicités, étant la plus claire et la moins compliquée ? A quoi bon obliger le créancier à épier toutes les acquisitions de son débiteur, et l'exposer à être primé par un créancier postérieur plus rapide ou mieux informé ? L'évidence de toutes ces raisons me dispense de discuter un faible argument d'analogie qu'on a voulu tirer de la loi du 5 septembre 1807, *postérieure* à la promulgation du Code, *spéciale* à l'hypothèque légale de l'État sur les biens des comptables, et qui oblige le trésor à prendre inscription toutes les fois que de nouveaux biens entrent dans le patrimoine des comptables.

Un arrêt de la Cour de Cassation du 3 août 1819 a tranché la question dans le sens que j'ai développé. Les Cours de Metz en 1823 (23 avril), de Lyon, en 1829 (18 février), la jugèrent comme la Cour de Cassation ; depuis, elle ne s'est plus posée, je crois, dans la pratique. Dans la doctrine, depuis que Merlin a vigoureusement réfuté M. Tarrible qui avait soutenu la nécessité des nouvelles inscriptions, personne n'y est plus revenu [1].

1. Merlin, t. 16, p. 145, n° 12.

Bien entendu, si de nouveaux immeubles étaient acquis *dans un autre* arrondissement, une inscription nouvelle serait nécessaire, car le besoin administratif d'avoir des circonscriptions hypothécaires fait que l'inscription ne peut être tout à fait aussi générale que l'hypothèque elle même, et ne dépasse pas les limites de l'arrondissement.

Même dans l'arrondissement où une inscription a déjà été prise, il en faudrait prendre une autre lors d'une acquisition nouvelle, si le créancier avait lui-même limité la première aux immeubles présents. Et là il y aurait à regarder s'il a renoncé à toute hypothèque sur les immeubles futurs ou s'il a voulu seulement s'obliger à prendre de nouvelles inscriptions.

Quand l'inscription n'a pas été limitée et que les biens à venir se placent sous l'hypothèque par le seul fait de leur acquisition, il y a une question très-grave à examiner. Quelle est la date, quel est le rang de l'hypothèque judiciaire à l'égard de ces immeubles ? Est-ce la date même de l'inscription ? Est-ce seulement la date de l'acquisition de l'immeuble nouveau ? Mais d'abord quel est l'intérêt de la question ? L'intérêt de la question n'est pas relatif aux hypothèques qui grèvent l'immeuble au moment de l'acquisition et qui le suivent dans le patrimoine de son nouveau propriétaire. Il est certain que ces hypothèques, s'il y en a, ne peuvent pas être primées par l'hypothèque judiciaire qui embrasse ce patrimoine, quelque ancienne que soit sa date. L'intérêt existe seulement lorsque deux ou plusieurs hypothèques générales [1] grèvent le patrimoine du débiteur. La première inscrite donne-t-elle au créancier dont elle protége les droits l'avantage d'être colloqué le premier sur ce nouvel immeuble ? Ou bien faut-il dire que, toutes les hypothèques s'emparant à la fois et au même instant de cet immeuble, doivent être, quant à lui, également

1. Ou portant sur les biens à venir en vertu de l'art. 2130.

traitées, et que sur son prix tous les créanciers viendront concurremment et au marc le franc, comme au cas de l'art. 2147 ? Cette dernière solution a été repoussée par la jurisprudence, et la doctrine presque tout entière l'a condamnée. Les textes et la logique sont d'accord pour donner raison à la jurisprudence et à la majorité des auteurs. L'art. 2134 porte ce principe fondamental, qu'entre créanciers la préférence est réglée par la date des inscriptions. Pourquoi et de quel droit récuser ici ce principe, qui ne doit pas souffrir d'autres exceptions que celles qui sont écrites en toutes lettres dans le Code ? On parle de l'art. 2147 : il n'a rien à faire dans la discussion ; il est spécial au cas où plusieurs inscriptions ont été prises le même jour. Ce n'est pas notre hypothèse : nous avons des inscriptions prises à des jours différents. Quant à la considération que toutes les hypothèques frappent en même temps la nouvelle acquisition, elle est vraie chronologiquement, mais elle ne l'est pas logiquement : ou plutôt toutes ces hypothèques frappent l'immeuble en même temps, mais en gardant la place, l'ordre, la qualité qu'elles ont déjà, en maintenant les rapports établis entre elles par les inscriptions.

N'oublions pas cependant qu'il faut combiner tous ces principes avec la règle que les inscriptions n'ont pas d'effet au delà des limites de l'arrondissement où elles sont prises. Il peut facilement arriver que l'application de cette règle intervertisse, d'un arrondissement à l'autre, le rang des créanciers, et colloque le dernier ici celui qui est le premier là.

L'inscription de l'hypothèque judiciaire est soumise, comme les autres, à la péremption par dix ans et à la nécessité du renouvellement. Le renouvellement de l'inscription n'est pas, comme l'inscription première, exposée aux nullités ou déchéances dont la faillite et l'acceptation bénéficiaire d'une succession frappent les créanciers héréditaires.

L'hypothèque et l'inscription sont attachées à la destinée du jugement dont elles sont les accessoires et les conséquences. Quand ils sont réformés sur l'appel ou sur l'opposition, l'hypothèque s'évanouit, et l'inscription est nulle. Il faut procéder à la radiation. La décision réformatrice, pour éviter des difficultés et peut-être un nouveau jugement, contient d'habitude, sur les conclusions de la partie intéressée, un ordre de radiation. L'art. 2157 déclare en effet que les inscriptions sont rayées du consentement des parties intéressées, et que si elles n'y consentent pas, il faut un jugement en dernier ressort ou passé en force de chose jugée. Le conservateur serait donc en droit et ferait bien de refuser la radiation (à moins que le créancier ne la lui permît [1]), si l'arrêt qui infirme le jugement ne la lui enjoignait pas dans son dispositif. On peut se pourvoir en cassation contre un jugement en dernier ressort qui ordonne mal à propos accessoirement ou principalement une radiation. Mais ici il faut remarquer que l'arrêt de cassation et le nouveau jugement qui viendraient donner raison au créancier et rétablir son inscription seraient peut-être impuissants à réparer les effets de la sentence cassée : si l'inscription, en vertu de cette sentence, a été rayée avant ou pendant le pourvoi, lequel n'est pas suspensif, les hypothèques inscrites depuis sa radiation jusqu'à son rétablissement gardent le rang qu'elle a quitté et perdu.

Quand le jugement n'est réformé en appel que pour partie, il va de soi que la radiation n'est aussi que partielle.

Dans le cas où le jugement en vertu duquel l'inscription a été prise est un jugement par défaut faute de comparaître, l'inscription devient nulle au bout de six mois passés sans exécution : et là il faudrait forcément, pour la faire rayer, obtenir un jugement spécial.

1. Par acte authentique (2158).

XI.

Quand l'hypothèque judiciaire est née dans les conditions légales et s'est consolidée avec le jugement qui l'a produite, quand la publicité l'a rendue opposable aux tiers, elle confère au créancier sur chacun des immeubles du débiteur tous les droits qu'une hypothèque spéciale et conventionnelle confère sur un immeuble isolé. Il faut lui accorder tous les effets et lui reconnaître tous les attributs d'une hypothèque ordinaire. Je ne veux point développer ici ces effets et passer en revue les droits de suite, de préférence, d'expropriation, de surenchère. Je veux seulement mettre en relief certains points où l'application des règles générales prend cependant à la nature et à l'étendue de l'hypothèque judiciaire quelque chose de spécial et de remarquable. Les observations qui vont suivre sont d'ailleurs communes à toutes les hypothèques générales, et pour cette raison je ne leur donnerai pas tout le développement qu'elles pourraient comporter.

Il peut se faire qu'un créancier ait à la fois une hypothèque spéciale et une hypothèque judiciaire, pour sûreté de la même créance, et par conséquent contre le même débiteur. On n'a qu'à supposer pour cela que le titre notarié par lequel l'obligation était constatée et l'hypothèque spéciale constituée soit l'objet d'une contestation de la part du débiteur ; le tribunal reconnaît la contestation mal fondée et ordonne au débiteur de payer : une hypothèque générale vient recouvrir et entourer l'hypothèque spéciale. Dans pareille hypothèse le créancier peut-il être forcé par les autres créanciers hypothécaires d'user d'abord de son hypothèque spéciale et de ne recourir qu'en cas d'insuffisance aux immeubles frappés seulement par l'hypothèque générale ? Je le crois. Cette règle cependant n'est pas écrite dans le Code ; mais n'y a-t-il pas, à côté du droit expressément écrit dans les textes, un droit de tradition, composé des principes et des maximes les plus connus et qui entoure le droit des textes comme la chair entoure le squelette? La science du droit n'est pas dans les Codes; les Codes ne sont qu'une matière première sur laquelle travaille la science. Les principes et les règles de pure science, le législateur doit les supposer connus, et ne pas en parler quand il ne veut point y déroger. Je regarde comme une de ces règles de droit admises partout et toujours l'obligation, pour le créancier qui a une hypothèque générale et une hypothèque spéciale, de ne recourir à la première qu'à défaut de la seconde. Le droit romain l'a toujours pratiqué ainsi [1]. L'hypothèque générale, disaient les jurisconsultes, doit être regardée comme n'ayant été obtenue qu'*in subsidium*. C'est là ce qu'on appelait le *beneficium excussionis reale*. Toute notre ancienne jurisprudence suivit aussi cette règle. Le droit nouveau ne l'a point abrogée : elle existe donc encore, et la Cour de Bruxelles dans un arrêt du 3 prairial an XII, la Cour de Paris dans un arrêt du 10 mars 1809 l'ont formellement reconnu. La doctrine est unanime à applaudir à cette jurisprudence [2]. La règle est juste, puisqu'elle sauvegarde les intérêts des créanciers hypothécaires postérieurement inscrits sur les immeubles soumis à l'hypothèque générale, sans nuire à ceux du créancier qui a la double hypothèque : car que lui importe d'être payé avec des deniers provenant de son hypothèque générale ou des deniers provenant de son hypothèque spéciale? Si les immeubles sur lesquels porte seulement son hypothèque générale sont les premiers vendus, et qu'il prétende insuffisants ceux sur lesquels porte seulement son hypothèque spéciale et auxquels on veut le renvoyer, des mesures conservatoires prises à l'égard des sommes fournies par les premières ventes

1. L. 9. C. *de distr. pign.*
2. V. Grenier, t. I, n° 185, p. 387 ; Troplong, III, p. 352, n° 762.

calmeraient ses craintes et préviendraient le danger qu'il signale.

Comme on voit, l'hypothèque spéciale a quelque chose de plus énergique que l'hypothèque générale ; elle étreint l'immeuble un peu plus étroitement que cette dernière.

Je suppose maintenant que le créancier ait une hypothèque judiciaire seulement, et que le débiteur ait constitué, postérieurement à l'inscription de cette hypothèque, une hypothèque spéciale sur un de ses immeubles. Le créancier à hypothèque générale a-t-il le droit de s'en prendre précisément à l'immeuble conventionnellement hypothéqué au créancier postérieur ? Ou peut-il être forcé de s'attaquer d'abord aux autres immeubles ? L'équité assurément est du côté de cette dernière solution, car n'est-il pas dur pour le second créancier de voir son gage hypothécaire absorbé par la créance du premier créancier, qui vient ramasser, concentrer, peut-être méchamment, son hypothèque générale sur l'immeuble affecté conventionnellement, alors que plusieurs autres immeubles lui offrent un payement aussi prompt et aussi facile ? Cet abus injuste de la puissance que donne une hypothèque générale doit-il être toléré ? Il faut le dire, les principes sont ici en contradiction avec l'équité. Ni le droit romain, ni l'ancien droit, ni le droit nouveau n'ont cru devoir introduire, à côté du grand principe de l'indivisibilité de l'hypothèque, une exception qui nous paraîtrait si juste. Dans l'hypothèse plus haut prévue, l'indivisibilité de l'hypothèque n'était pas atteinte ; tel ou tel immeuble n'était point interdit à l'hypothèque générale : c'était l'hypothèque générale qu'on suspendait tout entière, jusqu'à la discussion de l'hypothèque spéciale qu'une convention avait conférée au même créancier et pour la même créance ; et cette suspension était fondée sur une présomption rationnelle de l'intention des parties. Il n'en est pas ainsi dans notre espèce ; et, à défaut de texte spécial, il faut laisser au créancier le plein et entier exercice de ses droits. Il est libre de poursuivre son payement sur l'un quelconque des immeubles affectés à sa créance ; ces immeubles sont comme des codébiteurs solidaires ; chacun d'eux est tenu pour le tout. Du reste, tranquillisons-nous un peu sur le sort du créancier à hypothèque spéciale : il n'est pas tant à plaindre qu'on le croit tout d'abord. Il a une ressource qui le mettra souvent à l'abri du danger : qu'il paye lui-même le premier créancier, et la subrogation légale lui donnera tous les droits de ce dernier ; l'hypothèque générale viendra s'unir dans ses mains à l'hypothèque spéciale, et il sera maître de la situation Quelques auteurs ont même été plus loin. Ils ont dit que la subrogation devait résulter du seul fait que le premier créancier vendrait l'immeuble hypothéqué au second, et absorberait le prix. Mais cette opinion, qui veut qu'on regarde les deniers provenant de la vente de l'immeuble comme deniers du second créancier, est évidemment exagérée et fausse, dans l'état actuel de notre législation. Est-ce que les deniers n'appartiennent pas plutôt au créancier premier inscrit sur l'immeuble qu'au second ? Qu'il soit à désirer qu'une disposition législative vienne consacrer ce nouveau cas de subrogation légale, je le reconnais volontiers ; mais jusque-là il faut s'en tenir aux cas déterminés par la loi et aux principes. Cujas n'a point hésité à prendre ce parti : il faut lire son commentaire sur la *loi 2 qui pot. D.* (*Quæst, Papin. Lib.* 3.) La jurisprudence l'a pris aussi : les Cours de Poitiers (22 avril 1825), de Riom (2 décembre 1819), de Toulouse (15 juin 1827), de Lyon (17 avril 1826) et la Cour de cassation (27 avril 1828) [1] ont repoussé cette subrogation non légale qu'on nous offre.

L'application de ces principes amènera parfois cette injus-

1. Ajoutez la Cour de Rouen, en 1839, etc., etc.

tice, que de deux hypothèques conventionnelles grevant deux immeubles différents, la première en date sera peut-être refoulée et rendue inutile par l'hypothèque générale porté tout entière sur son immeuble, tandis que la seconde en date sera vivifiée et deviendra utile, l'hypothèque générale s'étant retirée de son immeuble. Mais qu'on ne s'effraye pas trop de ces injustices, et qu'on n'en prenne pas occasion pour donner dans l'état actuel de notre législation à celui qui en serait victime une espèce de bénéfice de discussion contre le créancier général, puisqu'il avait le moyen préventif de la subrogation et n'en a pas usé par sa faute. N'y aurait-il pas d'ailleurs injustice en sens contraire, si on morcelait le droit d'un créancier au profit de créanciers postérieurs, si on lui faisait subir des retards et des embarras?

La subrogation, qui est, comme on voit, le moyen de maintenir aux différents droits leur situation respective, pourrait devenir dans certains cas, si l'on n'y prenait pas garde, le moyen de les déplacer et de faire usurper le rang des uns par les autres : qu'un créancier hypothécaire postérieur à l'hypothèque judiciaire et à une autre hypothèque conventionnelle paye le créancier hypothécaire général, et soit subrogé : va-t-il pouvoir diriger l'hypothèque générale sur l'immeuble hypothéqué à l'autre créancier spécial, anéantir le droit de celui-ci, et se réserver au contraire intact le gage de son hypothèque spéciale, lequel, sans cette habile manœuvre, aurait été absorbé par l'hypothécaire général? Non, ce serait là de la ruse, de la fraude : *fraus omnia corrumpit*. On ne doit pas améliorer son sort aux dépens de celui des autres, et toucher la totalité de la créance dernière en rang, au préjudice des créanciers antérieurs. Le juge devra donc exiger que l'hypothèque générale soit répartie de telle sorte, que les hypothèques spéciales conservent leur effet suivant l'ordre des inscriptions, et que les fonds ne viennent à m anquer qu sur les hypothèques dernières inscrites. La Cour de Paris l'a ainsi jugé le 28 août 1816.

Si, au lieu de supposer une vente partielle exercée sur la poursuite du créancier armé de l'hypothèque judiciaire, nous passons au cas où tous les biens du débiteur sont mis en vente, et où l'ordre général est ouvert pour tous les créanciers, comment faudra-t-il colloquer ce créancier s'il y a une ou plusieurs hypothèques conventionnelles postérieures à son hypothèque judiciaire ? D'abord si l'on procède à des ordres devant des tribunaux différents, je crois que l'hypothèque générale donne le droit d'être colloqué pour le tout dans l'ordre que choisit le créancier, car celui-ci souffrirait d'un renvoi à un autre ordre dont l'issue peut être longue et qui a lieu dans un tribunal éloigné de son domicile. Mais faisons abstraction de ce cas, et plaçons-nous en face d'un ordre unique : comment se fera la répartition des deniers ? M. Tarrible[1] a soutenu que l'hypothèque générale doit être répartie au marc le franc sur tous les immeubles, faisant ainsi courir un danger égal à toutes les hypothèques conventionnelles. M. Grenier[2] veut qu'on procède à la collocation en ayant égard à l'antériorité des hypothèques conventionnelles, et en faisant que les créanciers les plus anciens soient payés par préférence. C'est ce dernier parti qui est le plus juste, et qui me paraît le plus conforme aux principes qui régissent les hypothèques. Aucune objection sérieuse ne s'élève contre lui. Nul ne peut se plaindre : ni le créancier qui a l'hypothèque générale, puisqu'il est payé sans retard et sans tracas ; ni les créanciers derniers inscrits, puisqu'on use contre eux d'un droit né de l'indivisibilité de l'hypothèque, et à l'exercice duquel ils devaient s'attendre. La Cour de cassation consacra ce système par un arrêt du 16 juil-

1. Répert., Transcript., p. 129, col. 2.

2. T. I, p. 383.

let 1821, après une discussion approfondie sur la matière. La jurisprudence des Cours impériales s'était généralement conformée à cet arrêt. Un arrêt de la Cour de Poitiers du 15 décembre 1829 a très-bien appliqué cette doctrine. Mais tout à coup la Cour de cassation l'abandonna. Un arrêt du 4 mars 1833 la répudia une première fois; un autre, plus célèbre, du 24 décembre 1844, acheva la rupture. Ces deux arrêts décident qu'un créancier muni d'une hypothèque générale a le droit de se faire colloquer sur le prix de ceux des immeubles grevés qu'il a intérêt à choisir, — soit parce que les adjudicataires présentent plus de solvabilité, soit parce qu'il a sur les autres immeubles qu'il veut épargner une seconde créance, d'une date postérieure, et primée par les hypothèques spéciales qui les grèvent, — alors même que, par ce choix, il ferait porter sa collocation sur les immeubles frappés *des hypothèques spéciales les plus anciennes*. Comme on voit, la Cour de cassation dépasse même, dans ces arrêts, la théorie de la division de l'hypothèque au marc le franc. Je regrette qu'elle ait renoncé à la doctrine consacrée par son arrêt de 1821. Du reste les difficultés pratiques dont le concours des hypothèques générales et des hypothèques spéciales est la source sont si fréquentes, si variées, si délicates, que la jurisprudence flotte d'un système à l'autre, change d'idées et d'arguments presque dans chaque espèce, et qu'il est aussi difficile de la saisir que le Protée de la fable.

Une loi sur cette matière est urgente; un grand nombre de Cours royales et de Facultés appelèrent le législateur au secours de la jurisprudence dans l'enquête de 1841. La Cour et la Faculté de Poitiers furent du nombre. Il faut qu'un cas nouveau de subrogation légale soit introduit au profit du créancier hypothécaire spécial sur le gage duquel vient peser toute l'hypothèque générale, ou bien qu'on apporte une exception à l'indivisibilité de l'hypothèque et qu'on donne au créancier spécial contre le créancier général une exception de discussion. On ne peut pas laisser le créancier hypothécaire général arbitre souverain de la collocation; il est trop puissant; il peut spéculer sur le droit qu'il a de faire une victime parmi les créanciers. Sans doute, et je l'ai dit moi-même, en payant de ses deniers, le créancier menacé peut par la subrogation sauver la situation, et cela atténue bien tous ces dangers et toutes ces injustices. Mais ce n'est pas toujours un remède suffisant : si la somme à payer au créancier général est très-forte, le créancier spécial n'a pas probablement de deniers suffisants sous la main pour s'assurer la subrogation. Et puis l'hypothèque générale, une fois qu'elle lui est acquise, devient une arme contre un autre créancier, et le danger n'est que déplacé ! — Cette loi devrait toutefois ne pas trop sacrifier les droits du créancier général, et ne pas faire que la généralité de son hypothèque, au lieu d'être une faveur, lui soit un embarras. En sorte que cette loi devrait être l'œuvre du plus habile des jurisconsultes, car elle aurait à concilier les considérations si diverses, les idées si opposées, qui ont fait dire de cette question ce que Cujas disait d'une certaine loi romaine : *qui versus crux est jurisconsultorum*. Je regrette de ne pouvoir passer en revue et analyser les différentes propositions faites par les Cours ou par les Facultés lors de la grande enquête.

La généralité de l'hypothèque judiciaire fait que la disposition de l'art. 2131 est inutile à son égard et ne la concerne pas. Je suppose, pour les explications qui vont suivre, que l'obligation garantie par l'hypothèque judiciaire est à terme, ou par l'effet d'une disposition expresse du jugement, ou par suite d'une convention particulière. L'art. 2131 dispose que lorsque les immeubles assujettis à l'hypothèque périssent ou éprouvent des dégradations *par cas fortuits*, de manière à devenir insuffisants pour la sûreté du créancier, celui-ci peut

« poursuivre dès à présent son remboursement ou obtenir un supplément d'hypothèque ». On sait que l'option entre les deux partis dont parlent les derniers mots de l'art. 2131 appartient au débiteur, qui peut, en conférant le supplément d'hypothèque, se soustraire à la nécessité de rembourser ; le supplément d'hypothèque peut porter sur les immeubles à venir, ainsi que cela résulte pour moi du mot « *pareillement* » qui relie l'art. 2131 à l'art. 2130. — Ces dispositions ne s'appliquent pas à l'hypothèque judiciaire : car tous les suppléments possibles d'hypothèque, tant sur les immeubles à venir que sur les présents, sont fournis d'avance au créancier par la généralité de son hypothèque. En outre, cette hypothèque, étant non conventionnelle et générale, n'a pas procuré au créancier un gage déterminé, mesuré, sur lequel il dût compter invariablement, mais un gage non défini, susceptible d'augmenter et de diminuer. Donc le créancier porteur d'hypothèque judiciaire n'est pas admis à demander son remboursement avant terme, si des cas fortuits viennent amoindrir et rendre insuffisants les immeubles de son débiteur. Ces raisons, fortifiées par la place qu'occupe l'art. 2131 dans une section spéciale aux hypothèques conventionnelles, ne laissent pas de place au doute.

Mais il en serait autrement si les dégradations provenaient du fait du débiteur lui-même, cas prévu par l'art. 1188. Cet article, selon moi, s'applique aux hypothèques générales comme aux hypothèques spéciales. Il est vrai qu'il parle des « sûretés données *par contrat* » ; mais un argument *a contrario* tiré de ces mots serait par trop judaïque. L'art. 1188 n'est point, comme l'art. 2131, placé dans une section concernant spécialement tel genre de sûretés, et sa disposition mentionne évidemment le *id quod plerumque fit* sans exclure tout le reste. Les créanciers à hypothèque générale ont dû compter comme les autres sur la bonne foi et l'administration loyale du détenteur de leur gage ; on ne peut pas les livrer à la merci de leur débiteur. Du reste on quasi-contracte en jugement. — Parmi les diminutions que le débiteur peut faire subir par son fait aux sûretés de ses créanciers, et qui ouvrent à ces derniers l'action en remboursement, la doctrine et la jurisprudence placent le fractionnement du gage, sa division par des aliénations qui réduiront plus tard le créancier à des poursuites difficiles et multipliées pour réaliser son hypothèque, et qui le contraindront à recevoir son payement par parties. Cela s'applique aux hypothèques générales ; mais on comprend qu'il doit y avoir une mesure à observer, car avec trop de rigorisme on arriverait à frapper d'inaliénabilité tous les patrimoines grevés d'hypothèques générales. Voici la règle un peu large que les tribunaux devraient, ce me semble, observer. Tant que les aliénations ne sont pas multipliées et laissent dans les mains du débiteur une quantité d'immeubles suffisants pour le payement de la condamnation, le créancier ne doit pas être écouté s'il se plaint que son gage soit fractionné, et demande la déchéance du terme.

XII.

L'hypothèque judiciaire nous est maintenant connue ; il ne reste plus qu'à parler de certaines modifications qu'elle peut subir ; puis nous la jugerons.

Le législateur n'abandonne jamais complétement les deux règles de la publicité et de la spécialité. Quand il faut renoncer à l'une d'elles, il trouve moyen de ne le faire qu'à demi. Les hypothèques légales sont dispensées de la publicité, mais certaines personnes sont pourtant obligées de les inscrire, et le mineur et la femme eux-mêmes doivent le faire dans l'année qui suit la majorité ou la dissolution du mariage sous peine de perdre leur rang privilégié. A l'égard de l'hypothèque judiciaire, c'est à la spécialité que le législateur avait dû renoncer; il l'avait fait à regret, et dans les art. 2161 et suivants il tâche de revenir sur cette concession extraordinaire, ou tout au moins de l'atténuer en ouvrant au débiteur une action en réduction.

J'ai besoin de citer en entier le texte de cet article : « Toutes les fois que les inscriptions prises par un créancier qui, d'après la loi, aurait droit d'en prendre sur les biens présents ou sur les biens à venir d'un débiteur, sans limitation convenue, seront portés sur plus de domaines différents qu'il n'est nécessaire à la sûreté des créances, l'action en réduction des inscriptions ou en radiation d'une partie en ce qui excède la proportion convenable, est ouverte au débiteur. On y suit les règles de compétence établies dans l'article 2159. — La disposition du présent article ne s'applique pas aux hypothèques conventionnelles ».

Ainsi, aux termes de cet article, sa disposition ne s'applique pas aux hypothèques conventionnelles, quelque considérable que soit le nombre des immeubles qu'elles embrassent, et quand même, portant, en vertu de l'art. 2130, sur les immeubles à venir, elles auraient une certaine ressemblance avec les hypothèques générales. M. Grenier a pourtant avancé que dans ce derniers cas la réduction était applicable à l'hypothèque conventionnelle [1]. Il serait à désirer qu'il en fût ainsi, mais la généralité de la disposition finale de l'art. 2161 ne souffre pas cette distinction. — M. Paul Pont ne tombe-t-il pas dans un excès contraire en affirmant que cet art. 2161 n'a été écrit qu'en vue des hypothèques judiciaires ? Il est vrai que, par suite de lois spéciales ou d'autres textes du Code qui complètent l'art. 2161, c'est aux hypothèques judiciaires seulement qu'il est *resté* applicable dans *son inté-*

1. Grenier, t. I, nº 63.

grité. Ainsi un décret du 11 thermidor an XII est venu défendre « aux receveurs des établissements de charité de consentir aucune radiation, changement, ou limitation d'inscriptions hypothécaires, qu'en vertu d'une décision spéciale du conseil de préfecture, prise sur la proposition formelle de l'administration et l'avis du comité consultatif établi près de chaque arrondissement communal » ; la loi du 16 septembre 1807 relative à l'organisation de la Cour des comptes dispose que « la Cour prononcera sur les demandes en réduction, en translation d'hypothèque, formées par des comptables encore en exercice ou par ceux hors d'exercice dont les comptes ne sont pas définitivement apurés, en exigeant les sûretés suffisantes pour la conservation des droits du trésor » ; ainsi encore, les art. 2140 et suivants du Code Napoléon contiennent des règles détaillées sur la réduction des hypothèques légales des femmes, des mineurs et des interdits. Mais ces textes, dont quelques-uns sont postérieurs au C. N., prouvent-ils que le législateur de 1804 n'a songé qu'à l'hypothèque judiciaire en écrivant l'art. 2161 ? Pas du tout ; ils supposent et développent tous le principe général écrit dans l'art. 2161. Cet article du reste n'est-il pas aussi absolu que possible ? Mais, après tout, peu importe ici qu'il s'applique ou non aux hypothèques légales, du moment qu'il s'applique de l'aveu de tous à l'hypothèque judiciaire.

Cependant ne semble-t-il pas étrange que le débiteur ait une action pour faire réduire l'hypothèque judiciaire ? Il est condamné à payer, il peut être d'un moment à l'autre forcé de payer : et c'est lui qui viendra tracasser le créancier indulgent qui a différé la saisie et l'expropriation forcée ! Si l'hypothèque générale le gêne, qu'il paye ; mais qu'il ne se plaigne pas d'un mal dont seul il est l'auteur et qu'il prolonge volontairement. Ces considérations me portent à penser, malgré le silence de MM. Persil, Troplong, Grenier, Paul

Pont sur ce point, que l'action en réduction de l'hypothèque judiciaire n'est admissible que lorsque un terme a été imposé par le jugement ou convenu par les parties, ou lorsqu'il s'agit d'une condamnation à payer des redevances annuelles. Telle est, selon moi, la première condition pour que l'action en réduction soit recevable.

Une seconde condition, c'est que l'hypothèque n'ait pas été déjà restreinte par une convention : c'est ce qui résulte de ces mots de l'art. 2161 : « sans limitation convenue » ; elle serait devenue par là hypothèque conventionnelle, et, comme telle, irréductible en vertu de la dernière disposition de l'art. 2161.

Il faut, comme troisième condition, que l'inscription porte sur plus de *domaines différents* qu'il n'est nécessaire pour la sûreté de la créance. Ainsi, si le débiteur n'a qu'un domaine, fût-il immense, et composé de cent pièces de terre dont chacune dépasse la créance en valeur, il ne peut pas demander la réduction. Du moins c'est là l'avis dominant. J'avoue qu'il me paraît un peu rigoureux, bien qu'il soit fondé sur ce motif que l'art. 2161 est une exception, une dérogation au principe général sur les hypothèques judiciaires, et que les exceptions ne s'étendent pas. M. Duranton repousse cette interprétation littérale du mot *domaine* [1].

Il faut enfin qu'il y ait excès dans les inscriptions ; et, d'après l'art. 2162, « les inscriptions sont excessives quand elles frappent sur plusieurs domaines, lorsque la valeur d'un seul ou de quelques-uns d'entre eux *excède de plus* d'un tiers en fonds libres le montant de la créance en capital et accessoires légaux ». Ainsi il ne suffit pas que les immeubles atteignent, il faut qu'ils *dépassent* le tiers en sus du capital et des accessoires. Ce tiers en sus, on l'exige à cause des événements qui peuvent diminuer la valeur des

1. T. XX, p. 337, n° 208.

biens. Dans les accessoires légaux dont parle ici la loi, je crois qu'il faudrait faire entrer les deux années et l'année courante d'intérêts pour lesquelles l'art. 2152 accorde au créancier le même rang que pour le capital. Mais il ne faudrait pas y ranger les intérêts et les arrérages à échoir, bien que le créancier soit autorisé par le même article à prendre pour ces intérêts et arrérages des inscriptions successives et qui auront rang à compter de leur date : autrement, s'il s'agissait d'une rente perpétuelle, le débiteur ne profiterait pas du bénéfice de la réduction, car les arrérages capitalisés dépasseraient évidemment toujours la valeur de ses immeubles, puisqu'ils forment une somme indéfiniment croissante.

Lorsque toutes ces conditions sont réunies, qui peut intenter l'action en réduction ? Le débiteur seul a ce droit. Les tiers acquéreurs ne l'ont point, et ils n'en ont pas besoin, puisqu'ils ont la faculté de purger. Les autres créanciers ne l'ont pas, car l'intérêt est la mesure des actions, et ils n'ont aucun intérêt, en règle générale, à faire réduire l'inscription : que l'inscription soit ou non excessive, la créance est ce qu'elle est ; et quand elle sera soldée, ils auront le reste de toute façon, ni plus ni moins. — Toutefois ils pourraient, en vertu de l'art. 1166, exercer le droit de leur débiteur, si son crédit était altéré, et qu'il négligeât de faire réduire l'inscription qui lui nuit.

Le tribunal devant lequel il faut porter l'action en réduction, c'est celui qui est compétent pour l'action en radiation, c'est-à-dire le tribunal dans le ressort duquel l'inscription a été faite [1]. Si des inscriptions ont été prises dans plusieurs arrondissements, je pense, avec M. Persil, que c'est devant le tribunal de la situation de l'immeuble sur lequel on veut

1. Art. 2159 C. N.

concentrer l'hypothèque, qu'il faudra porter l'action [1].

Devant le tribunal, pour savoir si les conditions de la réduction sont réunies, on procédera comme l'indique l'art. 2165. Le juge établira d'abord le revenu des immeubles. Pour cela, il consultera soit la matrice du rôle de la contribution foncière, soit la cote de la contribution sur le rôle. Il n'est pas obligé de s'en tenir à ces données, qui sont peu exactes d'habitude, car chaque commune a procédé de manière à diminuer sa part d'impôt, ce qui fausse la matrice du rôle; et quant aux indications du rôle de recouvrement, elles manquent aussi, forcément, d'une rigoureuse proportionnalité. Le juge complétera donc et corrigera ces premiers renseignements par l'examen de baux non suspects, de procès-verbaux d'estimation qui ont pu être dressés précédemment à des époques rapprochées, et autres actes semblables. Quand le revenu est déterminé, le juge le multiplie par quinze ou par dix, pour obtenir la valeur des immeubles : par quinze si l'immeuble est sujet à dépérissement, par dix si le fonds n'y est pas sujet. — Les immeubles sujets à dépérissement sont les bâtiments, les vignes et les vergers, qui par le défaut d'entretien, perdent beaucoup de leur valeur. Les terres labourables, les pacages, les prés sont des immeubles non sujets à dépérissement C'est du reste une question de fait à résoudre dans chaque espèce, et dont la solution échapperait à la censure de la Cour de cassation. — Si le produit de la multiplication excède de plus d'un tiers la créance, la réduction est possible. Je ne dis pas qu'elle aura lieu : car, quand même l'ensemble des immeubles dépasse en valeur la créance et le tiers en sus, s'il n'y a pas de combinaison qui puisse permettre de con-

1. Dans tous les cas, même quand le jugement qui a donné hypothèque émanait d'un tribunal de commerce, c'est devant les tribunaux civils qu'il faut porter l'action en réduction.

centrer l'hypothèque sur des immeubles isolés, entiers, on ne pourra faire la réduction. Une inscription ne peut pas être réduite de manière à frapper un immeuble et une partie d'un autre immeuble. Il faut, d'après le texte même de l'art. 2161, qu'*un seul ou plusieurs* immeubles excèdent de plus d'un tiers le montant de la créance, et que les immeubles d'où l'hypothèque se replie après la réduction soient entièrement libres et affranchis entre les mains du débiteur.

Comme on voit, la loi a banni avec soin de l'opération de la réduction les lenteurs et les frais de l'expertise.

Quand le jugement est passé en force de chose jugée, le conservateur doit faire la radiation partielle, sur la présentation du certificat de l'avoué de la partie poursuivante, contenant la date de la signification du jugement faite au domicile réel de la partie condamnée, et sur l'attestation du greffier constatant qu'il n'existe contre le jugement ni opposition, ni appel. — Le conservateur garde dans son bureau, afin de mettre à couvert sa responsabilité, les expéditions qu'on produit pour la réduction des inscriptions.

Au lieu d'être le résultat d'une action judiciaire, la réduction peut être consentie à l'amiable; c'est presque une naïveté de le dire. Il faut pour la consentir avoir la capacité de disposer de la créance. Sur la présentation de l'acte authentique où cette radiation partielle de l'hypothèque est consentie, le conservateur doit y procéder. La radiation consentie par acte privé serait une convention parfaitement valable entre les parties, mais le conservateur ne serait pas obligé de faire la radiation.

Les effets de la réduction, judiciaire ou volontaire, sont de dégager complétement de l'hypothèque générale les immeubles sur lesquels l'inscription n'a pas été maintenue. En même temps l'hypothèque prend le caractère d'une hypothèque conventionnelle et spéciale; elle est désormais irréductible; l'art. 2131 lui est applicable : s'il arrivait que le gage auquel le créancier a été réduit fût perdu ou déprécié, le créancier aurait le secours du supplément d'hypothèque.

— Nous savons que quand la condamnation est indéterminée, on fait dans l'inscription l'évaluation de la créance. Si cette évaluation est trop forte, le débiteur, dont elle gêne le crédit, peut en demander la restriction.

TROISIÈME PARTIE

CRITIQUE DE L'HYPOTHÈQUE JUDICIAIRE

SOMMAIRE.

I. JUSTIFICATION DE CETTE TROISIÈME PARTIE.
II. CONDAMNATION DE L'HYPOTHÈQUE ATTACHÉE AUX JUGEMENTS DE RECONNAISSANCE ET DE VÉRIFICATION D'ÉCRITURE.
III. MODIFICATIONS QUI POURRAIENT ÊTRE FAITES A L'HYPOTHÈQUE JUDICIAIRE.
IV. TABLEAU DES LÉGISLATIONS ET DE LA DOCTRINE.
V. EXAMEN DU PRINCIPE MÊME DE L'HYPOTHÈQUE JUDICIAIRE.
VI. DE L'HYPOTHÈQUE JUDICIAIRE EN MATIÈRE DE DÉLITS.
VII. DE LA FAILLITE CIVILE.
VIII. DE L'OPPOSITION IMMOBILIÈRE.

I.

A la fin de la remarquable préface qu'il écrivait vers 1832 en tête de son ouvrage sur les hypothèques, M. Troplong interrogeait l'avenir sur les réformes qu'il avait signalées comme salutaires : « Au milieu des événements qui nous pressent, disait-il, sera-t-il permis au législateur de tourner ses méditations vers ces paisibles débats de la science? ». On peut aujourd'hui se demander la même chose et dans les mêmes termes; ou plutôt, on peut presque affirmer que de longtemps il ne sera pas question en France de réforme hypothécaire. Ce n'est pas seulement le législateur qui ne s'en occupe pas; le pays lui-même a l'air de n'y plus songer. Pendant plus de trente ans, de 1820 à 1850, rien ne put aboutir, faute de recueillement et de temps; mais on faisait des tentatives; mais les auteurs, les économistes, les conseils généraux, les écoles, réclamaient sans cesse la réforme. Aujourd'hui on n'en parle plus, on sent que cette œuvre n'est pas encore possible. Des préoccupations toujours renaissantes, la marche agitée de la société vers un avenir inconnu, qui sera brillant suivant les espérances des uns, sombre et funeste selon les craintes des autres, détournent généralement les esprits des révolutions modestes qui pourraient se produire dans nos lois civiles, et leur font dédaigner des progrès si humbles. Plusieurs générations passeront peut-être avant qu'on retrouve assez de calme pour se livrer à un travail de révision et de correction sur l'ensemble ou même sur une partie importante du Code Napoléon. Je ne crois pas qu'il faille regretter ce retard: car une réforme faite à une époque de transition comme la nôtre serait imparfaite et bien vite arriérée. Il faut attendre. Nous ne sommes pas en mouvement pour ne jamais arriver. La société trouvera enfin un sol ferme, deviendra stable et tranquille; il viendra un temps, j'en ai la ferme conviction, où la Religion, la science et la liberté régneront en sœurs sur l'humanité instruite, éclairée, apaisée. C'est alors que le législateur devra mettre en harmonie avec le nouvel état de choses nos lois devenues de plus en plus imparfaites, au milieu des profonds changements accomplis dans l'économie sociale, dans les besoins commerciaux, dans les fortunes privées.

Mais parce que les questions de réforme et d'amélioration sont aujourd'hui reléguées au second plan, et indéfiniment ajournées, ce n'est pas à dire que le jurisconsulte doive les négliger lui-même, et analyser les règles et les institutions existantes sans les apprécier et sans les juger. La science du droit ne doit jamais se rabaisser au niveau de la routine. Elle doit être toujours active et pensante, sans s'inquiéter de ce que ses théories et ses réclamations ne soient pas comprises ou écoutées. Son travail n'est pas perdu : ce sont des matériaux qu'elle prépare, et que le législateur tôt ou tard mettra en œuvre.

L'hypothèque judiciaire n'est point la plus importante des parties de notre régime hypothécaire qui subiront un jour un examen sérieux et sévère ; mais elle n'est pas non plus la moins considérable. La preuve que la question de son utilité et de sa conservation est grave, c'est qu'une discussion très-animée s'est produite autour d'elle dans la doctrine, que l'Assemblée législative lui consacra en 1850 et 1851 deux longues délibérations[1] et devait lui en consacrer une troisième, et que les hommes d'affaires et les hommes de science furent très-préoccupés à cette époque de la décision qu'allait prendre l'Assemblée. Il est donc raisonnable de profiter de l'étude qui vient d'être faite de cette hypothèque pour passer en revue les critiques dont elle peut être l'objet, les avantages ou les dangers qu'elle présente, les combinaisons qu'on a proposées pour la modifier ou pour la remplacer. C'est même là, dans le plan que je me suis tracé, la partie principale, non en étendue, mais en importance et en intérêt, de ce travail ; elle a été pour moi le but, les autres le moyen ; et l'on me pardonnera, j'espère, si je parle de ces choses un peu plus longuement qu'on ne le fait d'habitude.

1. La seconde dura plusieurs jours.

II.

Il y a d'abord une partie du système de la loi sur l'hypothèque judiciaire qui doit être évidemment sacrifiée, et qu'il faut écarter tout de suite comme mauvaise : c'est l'hypothèque attachée aux jugements de reconnaissance et de vérification d'écriture. C'est là que furent dirigées les premières et les plus vives critiques. Elles eurent un succès facile, car les partisans les plus décidés de l'hypothèque judiciaire ont eux-mêmes abandonné et livré ce premier poste. La défense était impossible : l'hypothèque attachée aux actes judiciaires est injuste, dangereuse, illogique. Comprend-on qu'un créancier obtienne, contrairement à son titre, une hypothèque générale sur les biens d'un débiteur qui lui avait sans doute refusé hypothèque spéciale ; et cela, sans qu'il soit rien survenu de nouveau, sans que le débiteur soit en demeure de payer, que le terme soit échu, et alors même que la signature est loyalement reconnue? Comprend-on que la loi ait organisé contre les débiteurs de pareilles surprises, et rendu aussi dangereux les actes sous seing privé? Vous empruntez pour faire face à une dépense imprévue, vous vous engagez par acte sous seing privé, et vous croyez avoir sauvé votre crédit. Mais le silence et le mystère de l'acte sous seing privé ne sont que de l'hypocrisie : le lendemain cet acte produira contre vous une hypothèque générale, et l'inscription révèlera aux tiers la crise qui vous menace, et qui devient dès lors inévitable. Il est vrai que la loi du 3 septembre 1807 a corrigé un peu cet état de choses intolérable : l'inscription ne peut plus être prise avant l'exigibilité. Mais cette loi n'a point fait disparaître toutes les injustices de ce système. C'est un avantage très-grand et très-peu justifié qu'elle a laissé au créancier d'avoir en main une hypothèque toute prête à être inscrite au moment de l'exigibilité. Par là, comme on l'a remarqué plus haut, il a une situation meilleure que les créanciers munis d'actes notariés et exécutoires ; il a une arme menaçante, suspendue, comme l'épée de Damoclès, sur la tête du malheureux débiteur, et avec elle il peut exiger de dures concessions. — Ajoutez que cette loi se détruit elle-même à moitié par la disposition qui permet aux parties la stipulation contraire. C'est une inconséquence, car, ainsi que le fit remarquer la Faculté de Caen [1], de deux choses l'une : ou cette hypothèque est judiciaire, et alors elle ne devrait jamais être inscrite avant l'exigibilité, ou elle est conventionnelle, et alors elle devrait être spéciale. — Mais ces griefs ne sont rien auprès de ceux qui vont suivre. En attachant l'hypothèque aux jugements de reconnaissance, le législateur a montré une grande imprévoyance : car il a presque paralysé le principe de la spécialité auquel cependant il tenait tant et avec raison. Si les particuliers connaissaient bien les avantages qu'offre au créancier une hypothèque générale, et tous les effets d'une reconnaissance d'écriture, on verrait les actes sous seing privé et les demandes d'avération se multiplier à tel point, qu'il n'y aurait presque plus que des hypothèques générales. Quoi de plus facile en effet que de se procurer une hypothèque générale, en dépit de la loi, par l'intermédiaire de la loi ? Je prête en stipulant de mon emprunteur, comme la loi de 1807 le permet imprudemment, que je pourrai inscrire tout de suite l'hypothèque que fera naître sa reconnaissance en justice ; je l'assigne aussitôt en reconnaissance, et mon but est atteint. L'emprunteur s'est résigné à tout parce qu'il avait besoin d'argent, et tout cela est légal. Avec un peu d'adresse on peut même se procurer illégalement le bénéfice de l'hypothèque générale, et l'acquérir, par exemple, avant que les deniers aient été prêtés, et par la reconnais-

1. Documents hypothécaires, III, p. 281.

sance d'un billet mensonger. Une antidate, un reçu anticipé sont des moyens faciles d'obtenir, avant la naissance même de l'obligation, une hypothèque générale presque sans frais sur les biens d'un débiteur obéré et qui est à la merci de son prêteur.

Les usuriers connaissent bien tout le parti qu'on peut tirer de la reconnaissance d'écriture productive d'hypothèque, et ils trouvent là une protection légale pour leur frauduleux commerce. C'est la Faculté de Strasbourg [1], dans la grande enquête, qui dénonça, probablement pour en avoir vu [2] punir quelques-unes, les opérations usuraires qui se masquent sous les reconnaissances d'écriture, qui se font pour ainsi dire consacrer par la justice, et dont les jeunes gens surtout, plus curieux de plaisirs que savants en droit, sont victimes. Dès le premier jour, l'usurier tient dans ses filets tout le patrimoine immobilier de son emprunteur; il pourra plus tard saisir et vendre tout ou partie de ce patrimoine sans avoir à demander à la justice un examen de sa créance et une condamnation qui révéleraient peut-être son usure. En outre, cette hypothèque lui sert d'épouvantail pour obtenir de nouveaux gains usuraires, et les biens du jeune débiteur finissent par être tout entiers sa proie. — Des manœuvres de ce genre sont souvent pratiquées aussi contre les campagnards: le paysan n'aime point à hypothéquer ses biens; les usuriers de village le savent et ne lui demandent qu'un acte sous seing privé, qu'il viendra reconnaître devant le juge de paix. Le paysan, ignorant, s'y prête volontiers, et aussitôt l'hypothèque est suspendue sur sa maison, sa vigne et son champ. A l'échéance son adroit créancier saisira immédiatement, fera vendre, achètera même pour son compte, à bas prix, l'un ou l'autre de

1. Documents hyp. III, p. 284.

2. L'Alsace, comme on sait, renferme beaucoup de petits banquiers, dont plusieurs pratiquent l'usure.

ces précieux *morceaux de terre* acquis lentement par le travail, peut-être le meilleur, le plus cher au pauvre paysan.

Toutes ces injustices et toutes ces inconséquences n'ont point d'excuse. On ne voit pas pourquoi l'hypothèque a été attachée à la seule constatation authentique de l'écriture. Il n'y a point ici de chose jugée à faire respecter, de condamnation à faire exécuter. Le juge qui donne acte de la reconnaissance joue un rôle analogue à celui du notaire : il confère l'authenticité à une convention qui n'est l'objet d'aucun débat. Puisque le législateur a enlevé l'hypothèque aux actes notariés, il devait aussi la refuser à la reconnaissance judiciaire. La Faculté de Paris et celle de Strasbourg ont réclamé la suppression de cette anomalie ; et M. Paul Pont, qui est cependant grand partisan de l'hypothèque judiciaire, souscrit à ce vœu. Mais en faisant ce sacrifice, il croit que le reste est sauvé, et il défend pied à pied l'hypothèque attachée aux jugements véritables. Faut-il faire comme lui ?

III.

Avant de juger l'hypothèque judiciaire dans son ensemble et dans son principe, il est bon de la juger dans quelques-uns de ses détails, et de chercher quelles modifications avantageuses pourraient y être faites. C'est seulement après avoir trouvé sa manière d'être la plus parfaite, qu'il sera juste de se demander si, même ainsi organisée et améliorée, elle est bonne et digne d'être conservée.

Plusieurs Cours ou Facultés ont réclamé pour la France, dans l'enquête de 1841, le système des prénotations, usité en Bavière, à Genève et dans plusieurs autres pays. Ce système consiste à permettre au demandeur de prendre, dès le début du procès, une inscription qui sera la date de l'hypothèque judiciaire s'il gagne le procès, qui sera nulle s'il le perd.

En un mot, c'est une inscription conditionnelle. Si l'hypothèque judiciaire est destiné à subsister dans notre Code, je crois aussi que les prénotations devraient être permises. Si l'exécution de la chose jugée a besoin du secours de l'hypothèque, pourquoi ne pas le lui accorder dans toute sa plénitude et dans toute son efficacité ? Les débiteurs de mauvaise foi, contre lesquels est surtout dirigée l'hypothèque judiciaire, et qu'on juge capables d'aliéner ou d'hypothéquer méchamment leurs biens après la sentence, ne sont-ils pas capables de le faire pendant la durée, fort longue quelquefois, du procès ? Pourquoi laisser à leur malignité, qu'on redoute, sa liberté d'action pendant tout le temps qui sépare l'ajournement du jugement définitif ? Quand on prend une mesure, il faut qu'elle soit complète : les demi-mesures n'empêchent rien. Je ne vois pas qu'on puisse faire à cette inscription anticipée d'autres reproches que ceux qu'on peut faire à l'inscription actuelle, et à l'hypothèque judiciaire elle-même. Le conservateur aurait un registre destiné aux prénotations ; après le jugement, le créancier vainqueur ferait transporter, avec sa date, la prénotation sur le registre des inscriptions ; ou, plus simplement peut-être, l'inscription anticipée serait prise comme une autre, comme celle par exemple qu'autorise un jugement par défaut ou en premier ressort, sur le registre ordinaire ; le jugement qui rejetterait la demande ordonnerait en même temps la radiation de l'inscription ; celui qui confirmerait la demande en partie ordonnerait une radiation partielle. Le législateur aurait du reste à régler différentes formalités spéciales à la prénotation. Un extrait de l'exploit d'ajournement, certifié par l'huissier, serait, ce me semble, un titre suffisant pour prendre cette inscription. La demande fournirait tout naturellement la valeur de l'inscription provisoire. Dans le cas d'une demande indéterminée, si l'évaluation faite par le créancier paraissait trop forte au défendeur, il la soumettrait immédiatement à un juge-commissaire qui aurait pouvoir de l'abaisser.

Une modification beaucoup plus grave a été réclamée par quelques personnes : elle consisterait à soumettre l'hypothèque judiciaire à la spécialité. C'est même une nouvelle concession que font quelques-uns de ses amis, pour apaiser les réclamations. Mais cette fois la concession est un acte de faiblesse : l'hypothèque judiciaire doit être générale. M. Paul Pont le soutient et le prouve habilement; la Faculté de Poitiers l'avait devancé dans cette voie : dans l'enquête de 1841, elle repoussa par des observations fortes et nouvelles la théorie de la spécialité [1]. Cette spécialité, qui semble au premier abord mettre l'hypothèque judiciaire en harmonie avec notre régime hypothécaire et la débarrasser de toutes les difficultés que sa collocation fait naître dans la pratique, serait pleine d'inconvénients beaucoup plus graves. En effet, qui spécialiserait l'hypothèque, qui désignerait les immeubles susceptibles de lui former une assiette suffisante ? Les parties elles-mêmes après le jugement ? C'est impossible, elles ne s'entendraient pas, il faudrait un nouveau procès; l'exécution du jugement aurait le temps d'être accomplie avant que l'inscription fût prise. Le tribunal dans le dispositif de son jugement? C'est effectivement au tribunal que tous les partisans de la spécialité remettent le pouvoir de délimiter le domaine de l'hypothèque judiciaire ; mais comment le juge fera-t-il pour connaître l'existence et la valeur vraie des immeubles du débiteur, et pour décider en connaissance de cause ? Il sera toujours exposé à tomber dans des erreurs préjudiciables au créancier, et il les évitera difficilement. Croit-on qu'il trouvera dans les pièces produites , les baux , les ventes, ou dans la contribu-

1. Docum. hypoth. III, p. 282.

tion foncière, des éléments suffisants d'évaluation, et qu'en procédant suivant l'art. 2165 il arrivera à un résultat approximativement exact ? Mais tous ces renseignements sont souvent bien trompeurs ; et comment le juge pourra-t-il s'assurer qu'au moment où il prononce sa sentence et spécialise sur tel immeuble l'hypothèque qu'il confère, un autre tribunal ne prononce pas ailleurs une condamnation qui doit spécialement porter sur les mêmes immeubles ? Comment pourra-t-il connaître la situation hypothécaire d'un débiteur dont les biens sont peut-être grevés d'hypothèques dispensées d'inscription ou de privilèges ? Et puis, nos tribunaux seront donc forcés, et cela dans chaque procès, de perdre un temps considérable à faire des estimations, des additions, des multiplications et des soustractions ? On objectera peut-être que cette faculté de spécialiser l'hypothèque ne serait pas sans exemple dans nos lois, et que l'art. 34 de la loi du 30 juin 1838 sur les aliénés permet au juge, en nommant l'administrateur provisoire, de constituer sur ses biens une hypothèque générale ou *spéciale* jusqu'à concurrence d'une somme déterminée par le jugement. Mais remarquons que la créance que la loi de 1838 permet de garantir de cette façon est indéterminée et éventuelle ; elle n'existera peut-être jamais : il n'est donc pas besoin de lui donner une garantie rigoureusement proportionnée à sa valeur ; du reste, c'est une simple faculté pour le juge que la spécialité de la loi de 1838, et non une obligation comme dans le système que je combats, ce qui est bien différent. Dans les jugements de condamnation, la créance est toujours certaine, presque toujours déterminée, et l'erreur du juge la priverait trop souvent et trop facilement de la protection que la loi a voulu lui donner. — Ajoutez que le condamné pourrait souffrir dans son crédit de la nécessité qui lui serait imposée de présenter à la justice le bilan de sa fortune immobilière.

La Cour de Colmar [1] et la Faculté de Strasbourg [2] ont réclamé la spécialité dans une mesure plus modérée. Elles voulaient qu'on revînt au système de la loi de brumaire an VII, c'est-à-dire qu'on limitât aux biens présents l'hypothèque judiciaire. On ne voit pas quel serait l'avantage réel de cette demi-spécialité. L'hypothèque serait, bien souvent encore, plus étendue que la créance ne l'exigerait ; quelquefois au contraire, elle serait injustement réduite à l'inefficacité, alors que de vastes immeubles seraient survenus au débiteur. Qu'elle frappe quelques immeubles de plus ou de moins, du moment qu'on ne la limite pas à une étendue rigoureusement proportionnée à la créance, et alors que le débiteur a l'action en réduction, ce n'est pas une grosse affaire. En lui laissant les biens à venir, on évite des difficultés assez graves : serait-il toujours aisé, pour le créancier inscrivant et pour les tiers, de découvrir quels sont les immeubles présents et quels sont les immeubles acquis depuis le jugement, c'est-à-dire quels sont ceux sur lesquels porterait ou ne porterait pas l'hypothèque ? Il faudrait des recherches, il faudrait demander au débiteur tous ses titres de propriété. Evitons ces embarras, et laissons à l'hypothèque judiciaire toute sa généralité.

Cependant il est certain que, tout en maintenant comme principe la généralité pleine et entière de l'hypothèque judiciaire, c'est-à-dire la possibilité pour elle de frapper tous les immeubles présents ou à venir du débiteur, on pourrait admettre certains remèdes qui en corrigeraient les inconvénients incontestables. Le Code nous en offre déjà un dans l'action en réduction. Il faudrait seulement en raviver l'efficacité, que l'augmentation de valeur de la propriété foncière a singulièrement affaiblie. C'est par vingt et par quinze qu'il

1. Docum. hypoth. III, p. 267.
2. Id., p. 286.

serait convenable de multiplier le revenu déclaré par la matrice du rôle, pour avoir la valeur des immeubles non sujets ou sujets à dépérissement.

On pourrait encore, comme second correctif, donner aux juges qui prononcent les jugements de condamnation le *pouvoir* de *restreindre* immédiatement l'hypothèque judiciaire. J'ai repoussé tout à l'heure le système qui voudrait imposer au juge l'*obligation* de *spécialiser* toujours l'hypothèque judiciaire ; mais j'admettrais volontiers une espèce de réduction immédiate, sur les conclusions du débiteur, et entièrement facultative pour le tribunal, qui n'userait de ce pouvoir que lorsqu'il lui paraîtrait évident que la généralité de l'hypothèque est, dans l'espèce, une garantie exagérée pour le créancier, et qui refuserait de prononcer la réduction lorsque le débiteur n'aurait pas des preuves toutes prêtes et très-claires pour établir que tels ou tels de ses immeubles sont libres et offrent un gage hypothécaire suffisant. C'est moi qui pourrais ici invoquer l'art. 34 de la loi du 30 juin 1838.

On a souvent présenté comme un palliatif de la généralité de l'hypothèque judiciaire la spécialité dans l'inscription. Si la spécialité dans l'inscription n'a pas d'autre but que de forcer le créancier à indiquer la nature et l'espèce de chaque immeuble, tout en laissant intact le principe de l'indivisibilité de l'hypothèque et le droit du créancier de s'en prendre pour toute sa créance à l'un quelconque des immeubles sur lesquels il s'est inscrit, je vois bien quelle peine et quels embarras elle susciterait au créancier, mais je ne vois pas quelle utilité et quels avantages en retireraient le débiteur et les tiers. Le créancier devrait se mettre en quête des biens de son débiteur, surveiller ses acquisitions ; le conservateur ne pourrait pas suffire, pour peu que la condamnation fût grosse et les immeubles nombreux, à faire des inscriptions si longues. Le débiteur aurait à payer en fin de compte tous ces frais d'inscription ; les créanciers hypothécaires postérieurs, qui ne seraient point à l'abri du danger plus haut signalé d'être écrasés par le poids de l'hypothèque générale dirigée tout entière sur eux, ne gagneraient rien à la peine du créancier, sinon l'éventualité de quelque oubli de sa part et la chance de voir un ou deux immeubles rester libres d'inscription. Si la spécialité dans l'inscription doit se borner à cela, il faut la repousser.

Mais il y a une idée originale et féconde, qui fut émise pour la première fois par M. Wolowski dans les discussions de la commission chargée, à la suite de l'enquête de 1841, de tirer parti des matériaux qu'elle avait fournis. Je l'ai trouvée dans le procès-verbal de la séance du 8 février 1846, et je crois que, mise en œuvre, elle serait le meilleur moyen de prévenir les dangers de la généralité de l'hypothèque judiciaire. La spécialité dans l'inscription, qu'exige aussi ce nouveau système, produit sans doute pour le créancier tous les embarras que je signalais tout à l'heure, mais au moins des avantages réels et précieux, tant pour les tiers et pour le débiteur que pour l'intérêt général, rachètent et légitiment ces inconvénients. Le système esquissé par M. Wolowski [1] consisterait à forcer le créancier à s'inscrire sur chaque immeuble isolément pour une somme par lui déterminée ; s'il prend inscription sur dix immeubles, chacune de ces inscriptions garantira sur son immeuble spécial une somme spéciale, mais de telle sorte que le total des dix sommes constitue la condamnation entière. Ainsi le créancier fractionne sa créance et la dissémine à son gré sur les immeubles du débiteur. Il peut prendre inscription sur tous les immeubles du débiteur, puisque son hypothèque générale les lui affecte tous ; mais alors il faut qu'il divise sa créance en autant de créances, égales ou in-

1. V. Revue critique de législation, III (p. 251) de l'année 1850.

égales, qu'il y a d'immeubles ; il peut au contraire, s'il le veut, concentrer sa créance sur un seul immeuble, ou la partager entre deux ou trois. Comme on voit, ce système porte une atteinte profonde au principe de l'indivisibilité de l'hypothèque judiciaire ; on ne peut pas dire ici, à propos de l'hypothèque et des immeubles qui lui servent d'assiette : *est tota in toto et tota in quâlibet parte*, puisque chaque immeuble n'est débiteur que de la portion de dette mise à sa charge par l'inscription. Mais le principe de l'indivisibilité n'est point d'ordre public ; il n'est même pas de l'essence de l'hypothèque ; il est seulement de sa nature, et si les parties peuvent y déroger par leurs conventions, la loi a bien le droit d'y apporter une exception. Et cette exception, on en comprend tout de suite les heureux effets : les tiers savent à quoi s'en tenir sur l'état hypothécaire de chaque immeuble ; ils n'ont plus à se défier de cette hypothèque générale qui peut fondre tout à coup ici ou là. — Les créanciers hypothécaires postérieurs ont pu recevoir un gage certain, et ils n'ont pas la crainte perpétuelle d'être évincés légalement, même par la déloyauté ou par un caprice ; — toutes les difficultés pratiques de collocation qu'enfante dans la procédure d'ordre le concours de l'hypothèque judiciaire et de l'hypothèque spéciale sont taries dans leur source : tout est réglé par l'inscription, chaque immeuble offre un ordre facile et rapide ; — le débiteur ne voit plus un discrédit proportionnel à la grosseur de la dette de condamnation frapper chacun de ses domaines ; le discrédit de chacun d'entre eux n'est plus proportionnel qu'à la somme relativement minime qui a été mise à sa charge. — Le débiteur a du reste toujours l'action en réduction, s'il trouve que la condamnation a été répartie sur un trop grand nombre d'immeubles, et que son réseau peut être resserré. En présence de tant d'avantages pour le débiteur, pour les tiers, pour le crédit général, le créancier serait mal venu à se plaindre du surcroît d'inscriptions qu'il est forcé de prendre. Sans doute, la position que lui fait le Code Napoléon est plus commode : en vertu du jugement il met en interdit, par une seule inscription, tous les immeubles du débiteur situés dans un arrondissement. Mais autant j'étais partisan de lui conserver cette commodité quand on voulait la lui enlever sans raison sérieuse, autant je suis porté à la lui enlever pour la sacrifier au développement du crédit, à la simplicité des ordres, à la sûreté des créanciers hypothécaires postérieurs, tous effets qui résulteraient du fractionnement de la condamnation et de l'hypothèque. Et, après tout, depuis la loi du 23 mai 1855, est-il donc si difficile de découvrir les immeubles du débiteur? Aujourd'hui même, avec la généralité dans l'inscription, n'est-il pas forcé de chercher dans quels arrondissements le débiteur a des biens? Et le plus difficile n'est-il pas fait quand l'arrondissement où sont les propriétés du débiteur est trouvé? — La part qu'on laisse au créancier n'est-elle pas d'ailleurs assez belle? Il a l'avantage considérable de pouvoir choisir les immeubles du débiteur sur lesquels il asseoira son gage, et de répartir sa garantie, comme il l'entend, sur tous les biens, qui lui sont en masse dévolus en vertu du jugement : seulement, à mesure qu'il fait usage de son droit jusqu'à concurrence d'une certaine somme, il l'épuise d'autant, de manière que cette faculté générale, illimitée, de soumettre toutes les propriétés du débiteur au droit réel se spécialise, se limite par l'application. Dira-t-on qu'un accident, un incendie peut détériorer un immeuble et faire perdre au créancier la fraction de créance qui reposait sur cet immeuble? D'abord, une objection tirée d'un fait éventuel, exceptionnel, n'est point sérieuse, et du reste le créancier aura presque toujours colloqué sur chaque bien une fraction de créance inférieure à la valeur libre de ce bien, et, par conséquent, les détériorations l'atteindront difficilement et ne lui nuiront jamais gravement. Alléguera-t-on que le créancier qui obtient hypothèque en vertu d'un jugement rencontre des biens déjà obérés, qu'il se trouve toujours dans une position inférieure à celle du créancier hypothécaire ordinaire, et que, n'ayant pas la même certitude de recouvrement que celui-ci, il doit obtenir un droit plus étendu? Je réponds que ce droit plus étendu lui est acquis, puisqu'il a le pouvoir de promener et de fractionner son hypothèque et sa créance sur tous les immeubles du débiteur à son choix. Non, la dispense de la spécialité dans l'inscription n'a qu'un intérêt et qu'un argument, la commodité du créancier; mais cette considération peut-elle être mise en balance avec toutes celles que j'ai fait valoir en faveur du système qui localise au gré du créancier les diverses parties de la créance sur des immeubles isolés?

Quant aux biens à venir, je serais disposé, même dans ce système, et contrairement à une restriction de M. Wolowski, à les laisser tomber sous l'hypothèque judiciaire, pourvu que le créancier n'ait pas épuisé toute sa créance dans les inscriptions sur les immeubles présents. Si ces derniers sont peu importants, le créancier aura agi prudemment en n'inscrivant sur eux que les sommes qu'ils sont à peu près capables de fournir, et en réservant le reste de sa créance pour les inscriptions à venir.

Ainsi l'hypothèque judiciaire, si elle est maintenue, devra être perfectionnée. La prénotation germanique plus ou moins modifiée, la division de la créance entre les immeubles et par suite la spécialité dans l'inscription, mais la généralité conservée dans l'assiette, et à côté une action en réduction plus facilement ouverte, voilà la meilleure organisation qu'on puisse lui donner. — Mais des corrections de détail sont-elles tout ce qu'on doit souhaiter à l'égard de l'hypothèque judiciaire? Sous sa forme la plus parfaite, est-elle bonne? Son principe ne doit-il pas être absolument condamné? Et le plus grand progrès en cette matière ne serait-il pas la suppression pure et simple de l'hypothèque judiciaire? C'est là que va se présenter la divergence d'opinions qui a été déjà entrevue, se dérouler la discussion animée qui divise les esprits sur le compte de l'hypothèque judiciaire, et dans laquelle il faut enfin prendre parti.

IV.

L'hypothèque judiciaire a pour elle l'habitude, qui est une grande force; elle a contre elle l'esprit de nouveauté, qui est aussi une puissance. Sous ces deux influences contraires deux courants d'idées se sont formés; je vais les suivre dans le domaine de la doctrine et dans celui de la législation. La jurisprudence n'a point eu à se prononcer sur cette question de théorie pure; c'est comme jurisconsultes que ses interprètes ont pu le faire. Les législateurs et les jurisconsultes seuls ont eu à juger l'hypothèque judiciaire : les premiers, d'une façon réelle et effective; les seconds, d'une façon purement scientifique.

La plupart des peuples civilisés ont révisé leurs lois et spécialement leur régime hypothécaire depuis le commencement du siècle; ils n'ont pas tous pris le même parti à l'égard de l'hypothèque judiciaire. La plupart des États allemands, notamment le Wurtemberg dans une loi relativement récente, l'ont repoussée. Toutefois la Bavière l'a conservée : c'est dans ce pays qu'est pratiquée la théorie de la *prénotation*; seulement l'hypothèque judiciaire est réduite à la spécialité; la prénotation doit porter sur un ou deux immeubles; elle est prise avec la permission du juge; elle devient nulle au bout d'un délai déterminé si le jugement n'est pas venu la confirmer. Le canton de Vaud n'a pas voulu de l'hypothèque judiciaire.

La Hollande l'a également rejetée. Les Deux-Siciles et la Toscane l'avaient au contraire adoptée ; en Toscane, elle était spéciale. La Grèce l'a aussi consacrée dans son nouveau Code hypothécaire, mais en la spécialisant. En Angleterre, il existe depuis longtemps une espèce d'hypothèque judiciaire : le créancier peut requérir la confection, par le greffier de la Cour compétente, d'un tableau général des jugements rendus contre le débiteur ; et, à partir de la confection de ce tableau, ceux qui ont obtenu des jugements sont préférés aux acquéreurs ou aux *morts-gagés* postérieurs. La doctrine des *morts-gages* a aussi été admise dans les colonies qui forment aujourd'hui les Etats-Unis d'Amérique. La législation et la jurisprudence d'Écosse, qui, dans beaucoup de matières, diffèrent de celles d'Angleterre, reconnaissent un mode de garantie qui est analogue au *mort-gage*, et qu'on nomme *wadset*. Le créancier peut aussi obtenir en justice contre son débiteur une sentence qui lui défend d'aliéner ses immeubles [1]. J'ai déjà dit que le législateur belge a répudié l'hypothèque judiciaire, et que le nouveau législateur italien l'a au contraire conservée. Le Code italien de 1866 est une œuvre remarquable par les heureuses innovations qui le rendent supérieur au Code Napoléon son modèle [2]. Ainsi, à l'égard de l'hypothèque judiciaire, il a sagement enlevé aux simples reconnaissances l'effet hypothécaire. Mais il a été moins prévoyant en soumettant cette hypothèque à la spécialité, imitant en cela, comme on l'a vu, plusieurs autres législations [3]. Dans la pratique, cette spécialité

1. Presque tous ces détails de législation comparée sont tirés de l'ouvrage de M. Anthoine de Saint-Joseph, connu sous le nom de Concordance.

2. V. Le Code civil italien et le Code Napoléon, étude de législation comparée, par Théophile Huc, professeur à Toulouse.

3. V. Paul Gide, de la législation civile dans le nouveau royaume d'Italie, p. 30.

dans l'assiette doit être une source d'embarras et de déceptions. Quant au législateur français, son opinion en 1851 était dans le sens de la suppression de l'hypothèque judiciaire; après la *troisième lecture* du projet, cette suppression allait être consommée, mais on sait que cette troisième lecture ne put avoir lieu ; et aujourd'hui qu'il se tait sur ces matières, on ne saurait dire si son opinion est restée la même.

Si l'on passe en revue nos jurisconsultes, on trouve la même division en deux camps à peu près d'égale force. Pour ne parler que des principaux, M. Valette attaque l'hypothèque judiciaire avec cette méthode claire et simple qui le caractérise et qui lui donne toujours l'air d'avoir raison [1]; M Pougeard l'attaque avec un entrain et une verve qui sont rares dans les luttes juridiques; c'est une charge à fond qu'il dirige sur la malheureuse hypothèque [2] ; M. Troplong la défend, mais assez mollement; MM. Aubry et Rau tournent contre elle une de ces notes où ils savent condenser le droit avec tant de force ; M. Paul Pont vient à son secours, et lui consacre la souplesse de son talent; à sa suite il amène une cohorte de jeunes jurisconsultes : presque tous les jeunes docteurs qui ont parlé de l'hypothèque judiciaire depuis M. Paul Pont ont en effet adopté, un peu par entraînement, l'avis et les arguments du célèbre magistrat. Leurs thèses sont un panégyrique de l'hypothèque judiciaire qu'ils vengent de toutes les critiques dont elle a été l'objet.

Ainsi, si les législateurs et les jurisconsultes formaient une Cour destinée à juger en dernier ressort l'hypothèque judiciaire, et si l'on comptait les suffrages sans peser les raisons, c'est à peu près un arrêt de partage qui serait rendu sur cette hypothèque, et il faudrait attendre que l'avenir, en adjoignant

1. Revue du Dr. fr. et étr., 1849, t. VI.
2. De l'amélioration du régime hypothécaire, p. 28 et 3.

de nouveaux juges au tribunal, fit pencher la balance d'un côté ou de l'autre.

Si j'étais appelé à siéger à ce tribunal, je voterais pour la suppression de l'hypothèque judiciaire.

V.

L'hypothèque judiciaire produit en effet des résultats iniques, et soulève de redoutables accusations dont elle ne saurait être disculpée, et qui doivent, selon moi la faire impitoyablement condamner. Si ces accusations ne lui ont pas aliéné tous les esprits, c'est la faute de ses accusateurs qui ont eu le tort de mêler aux griefs sérieux et indiscutables des reproches faibles ou peu justifiés. Il est arrivé ce qui arrive tous les jours devant nos Cours d'assises : quand l'accusation est convaincue d'erreur sur un point même peu important, elle devient tout entière suspecte, et on l'écarte, quoiqu'elle ait raison sur le fond de l'affaire. On est étonné en lisant les discussions qui eurent lieu à l'Assemblée nationale et à la Chambre belge, de voir les adversaires de l'hypothèque judiciaire s'attacher souvent à des arguments presque dépourvus de valeur alors qu'ils en avaient de si puissants à leur service, et fournir par là aux partisans de l'hypothèque des moyens de défense, qui du reste n'empêchèrent pas ou n'auraient pas empêché, sans les événements politiques, leur cause de succomber.

Le reproche qu'on a peut-être adressé le plus souvent à l'hypothèque judiciaire et que je rejette comme une arme inutile et gênante, c'est que son fondement historique lui fait défaut, et qu'elle est un débris du système de l'ancien droit oublié dans le Code par le législateur de 1804. On se rappelle l'histoire des origines de l'hypothèque judiciaire : c'est parce que les actes notariés produisaient l'hypothèque qu'on a été conduit à attribuer l'effet hypothécaire aux jugements. Eh bien! a-t-il été dit, les actes notariés ne produisent plus l'hypothèque : pourquoi la conserver aux jugements? Puisque l'hypothèque judiciaire a été créée en vue d'un certain état de choses, pourquoi ne pas la faire disparaître, maintenant que cet état de choses n'existe plus, et qu'elle est une véritable anomalie? — La réponse était facile, et je l'ai déjà indiquée : l'hypothèque judiciaire a été la conséquence historique, mais elle n'est point la conséquence logique de l'hypothèque des actes notariés. Il y avait un *a fortiori* pour attribuer l'effet hypothécaire aux jugements. Or, s'il y a plus de motifs pour accorder l'hypothèque aux jugements que pour l'accorder aux actes notariés, les mêmes motifs peuvent très-bien exiger qu'on la conserve aux jugements sans exiger qu'on la conserve aux actes notariés. Il était illogique de la donner aux actes notariés sans la donner aux jugements; mais il n'est point illogique de l'enlever aux premiers et de la laisser aux seconds. Le juge qui condamne peut avoir plus d'autorité que le notaire qui constate. Pendant plusieurs siècles les deux hypothèques ont coexisté, c'est vrai Dans les travaux préparatoires, Treilhard, oubliant qu'on venait de supprimer l'hypothèque des actes notariés, dit assez légèrement, en parlant de l'hypothèque judiciaire : « Ces jugements ont un caractère qui ne permet pas de leur accorder moins d'effet qu'à des contrats authentiques »; c'est encore vrai. Mais tout cela est accidentel; il ne faut pas se laisser entraîner par une association d'idées toute contingente, à regarder ces deux hypothèques comme inséparables. Cette première manière d'attaquer l'hypothèque judiciaire est donc peu réfléchie; elle n'est bonne que si on la restreint à l'hypothèque des actes judiciaires, où le juge ne joue guère que le rôle de notaire; contre les jugements elle échoue, et je reconnais que les partisans de l'hypothèque judiciaire ont eu raison sur ce point.

Il est un autre argument que je trouve aussi faible et aussi peu probant que le précédent. Il a été présenté devant l'Assemblée nationale à plusieurs reprises, et il a fait devant les Chambres belges le sujet d'un long discours de M. Roussel, qui produisit une très-grande impression. Il est tiré de prétendus principes juridiques et affecte un air de profondeur qui ne trompe pas longtemps la réflexion qui le sonde. Il consiste à faire remarquer que l'office du juge est de constater, mais non de créer des droits, surtout des droits susceptibles de rejaillir contre les tiers, surtout des droits réels. Les jugements, dit-on, sont déclaratifs, mais non attributifs; c'est une disposition qui jure avec les principes et avec nos institutions, que celle qui fait résulter d'un jugement un droit hypothécaire. — Je me joins encore aux partisans de l'hypothèque judiciaire pour déclarer que cet argument n'est pas sérieux. L'hypothèque n'est pas tant un droit que l'accessoire d'un droit. Elle est un moyen d'assurer l'exécution du droit que constate le juge; elle résulte du jugement comme en résultait naguère la contrainte par corps, comme en résultent les saisies. Ne faut-il pas forcément que le juge ajoute quelque chose au droit, et lui communique d'une façon ou de l'autre la force d'exécution? Du reste, ce n'est pas le juge qui crée cette hypothèque; ce n'est pas du jugement qu'elle résulte: la vérité est, je l'ai dit, que l'hypothèque judiciaire est légale; c'est la loi qui la crée, c'est de la loi qu'elle résulte à l'occasion du jugement, et nul ne contestera la toute-puissance de la loi. Ce n'est donc pas là qu'est le côté faible de l'hypothèque judiciaire.

Pour n'employer contre elle que des arguments peu nombreux mais écrasants, je vais encore en rejeter plusieurs qui ont pourtant une certaine force. On a reproché à l'hypothèque judiciaire d'être injuste parce qu'elle vient frapper les immeubles d'un débiteur qui n'avait même pas voulu consentir, lors du contrat, une hypothèque spéciale. Que l'hypothèque judiciaire soit injuste, c'est ce que je démontrerai; mais je ne crois pas que ce soit à l'égard du débiteur qu'on puisse lui adresser principalement ce reproche. Sans doute le créancier, en acceptant par exemple un acte sous seing privé, alors qu'il était à même de demander un acte notarié avec stipulation d'hypothèque, a, ce semble, renoncé à l'hypothèque; sans doute on pourrait dire qu'il y a renoncé non-seulement pour le présent, mais encore pour le cas de l'insolvabilité et de la non-satisfaction du débiteur à ses engagements, car l'hypothèque n'est utile que dans ce cas; mais, comme la Justice a dû intervenir, qu'il y a eu le plus souvent faute ou fraude de la part du débiteur, et qu'il est le maître d'éviter l'hypothèque en payant tout de suite, je ne le trouve pas trop à plaindre. La loi fait bien le testament ou le contrat de mariage de ceux qui n'en font point; elle donne bien aux locateurs un droit de préférence dont la convention ne parle pas; pourquoi, si aucune autre raison ne s'y oppose, ne constituerait-elle pas ici une hypothèque sur les biens d'un débiteur qui n'en a pas consenti? Toutefois, qu'on l'avoue, le débiteur n'est point toujours coupable, — il n'a pas toujours de l'argent à sa disposition, — il a peut-être été condamné à tort en première instance ou par défaut, et il est bien dur qu'une inscription prise dans ces circonstances puisse venir tout à coup ruiner son crédit. Si cette considération ne suffit pas pour nous autoriser à demander qu'on supprime l'hypothèque judiciaire, elle devra contribuer assurément à nous enlever toute espèce d'hésitation, lorsque des raisons plus graves exigeront ce parti extrême.

Les attaques contre l'hypothèque judiciaire se composent encore souvent de récriminations sur sa généralité, sur les complications que fait naître son concours avec les hypothèques spéciales, sur la multiplicité des procédures d'ordre qu'elle impose à la pratique. Je n'abuserai point de ce genre de reproches, car il me semble qu'il suffirait, pour les faire tomber presque tous, d'une réforme plus ou moins complète de l'hypothèque judiciaire, sans qu'il soit besoin d'aller jusqu'à la suppression. Une action en réduction plus commode corrigerait en partie la généralité. La spécialité dans l'inscription avec la division de la créance entre les immeubles préviendrait, comme il a été dit plus haut, les difficultés du concours. — Il est vrai qu'on peut élever contre ce système une objection assez forte : est-il raisonnable d'obliger le créancier à diviser sa créance, à exproprier, pour se payer, plusieurs immeubles à la fois ? Que de lenteurs ! que de frais ! — Mais qu'on se rappelle que le créancier ferait lui-même la répartition de sa créance, qu'il serait libre de l'inscrire tout entière sur un, sur deux immeubles, et que si elle était trop disséminée, il devrait s'en prendre à lui-même. — Quant aux procédures d'ordre qu'engendrent les inscriptions hypothécaires faites en vertu de jugements, on pourrait en diminuer le nombre et les difficultés en défendant l'inscription pour les condamnations minimes, par exemple, pour les condamnations inférieures à cent francs. Des circulaires ministérielles défendent déjà de prendre inscription au nom de l'État pour une somme inférieure à trente francs. — Cependant toutes ces modifications corrigeraient, rendraient supportables, mais ne supprimeraient point les inconvénients qu'on signale. Il est certain par exemple que l'hypothèque judiciaire, tant qu'elle existera, sera le plus grand obstacle aux liquidations amiables. En effet, ceux qui prêtent sur hypothèque conventionnelle ne prêtent guère que jusqu'à concurrence de la moitié des valeurs immobilières du débiteur ; les notaires expérimentés recommandent bien à leurs clients de ne jamais dépasser les deux tiers : aussi les liquidations se font très-facilement à l'amiable. Mais les hypothèques judiciaires viennent s'abattre sur le patrimoine confusément et sans mesure, l'absorbent en entier, et la liquidation amiable devient impossible entre ces créanciers avides : il faut la procédure d'ordre, longue et coûteuse. Si ces griefs ne suffisent pas encore pour faire supprimer l'hypothèque judiciaire, ils devront aussi fortement contribuer à nous empêcher de la regretter, si jamais on l'efface de notre Code.

Ce qui devrait la faire effacer, ce que je ne puis lui pardonner, c'est qu'elle frappe injustement des personnes qui ne sont point coupables de la résistance du débiteur, c'est qu'elle nuit aux autres créanciers, et qu'elle absorbe au profit d'un seul le gage de tous, contrairement au principe si juste que les Romains formulaient ainsi : *res inter alios acta aliis nec nocet nec prodest*. Voilà son vice capital et incurable ; changez l'assiette de l'hypothèque judiciaire, exigez la spécialité dans l'inscription..., il restera toujours ce droit de préférence qui vient donner à l'improviste un avantage énorme à l'un des créanciers sur tous les autres. Ce résultat n'est-il pas souverainement injuste ? Sur quoi est fondé ce droit de préférence ? La créance qui a été déduite en jugement n'était-elle pas de même qualité que les autres ? Et n'est-ce pas un privilége sans cause qui lui est conféré ? D'habitude la loi donne un privilége ou une hypothèque légale à des créanciers qui ont un droit tout spécial à cette protection, soit par des considérations d'ordre public, soit par leur faiblesse et leur inhabileté, ou par l'état de subordination où ils se trouvent vis-à-vis du débiteur ; ici, il s'agit d'une créance ordinaire, placée entre les mains d'un créancier entièrement indépendant du débiteur et capable de veiller par lui-même ou par ses représentants à tous ses intérêts. C'est même au créancier le plus intraitable, le plus actif, le plus prudent que le législateur donne cette protection de l'hypothèque. Au plus rapide la première hypothèque judiciaire ! C'est le prix de la course : pour être devenu banal, le mot n'en est pas moins vrai. Aussi, comme on se dispute ce prix ! comme on s'efforce de devancer les autres et d'arriver premier, ne fût-ce que d'un jour ! Bienheureux celui que le rapprochement des lieux, un renseignement fortuit ou complaisamment fourni par le débiteur a mis à même d'agir promptement : il aura tout, les autres n'auront rien ! En effet, quand un débiteur ne paye pas, c'est que sa fortune est compromise, c'est qu'il est insolvable, et le plus souvent une préférence absolue résulte de l'hypothèque judiciaire : les créanciers sont ruinés, excepté un seul dont les intérêts ont été protégés par le hasard et dont le droit est resté intact. Tous les créanciers redoutent ces éventualités ; et quand la fortune de leurs débiteurs chancelle, on les voit courir inquiets chez les avoués et les avocats. « Qu'est-ce qui ébranle cette masse ? se demande M. Pougeard[1]. Qu'est-ce qui pousse les plus réservés ? Qui force les plus indulgents ? C'est la peur... Et cette peur, qu'est-ce qui la produit ? — C'est l'hypothèque judiciaire : on sait que si quelqu'un se hâte, il aura tout ; les assignations pleuvent sur le malheureux débiteur ; pendant un mois, on n'entend que son nom répété dans les tristes échos du palais ; il est ruiné, exproprié, et puis, en fin de compte, la plupart des créanciers ont la perte de leurs frais pour s'indemniser de celle de leur créance. C'est ce que le tribun Sedillez exprimait très-bien en les comparant à des infortunés qui, enfermés en grand nombre dans une maison où le feu éclate, y périssent tous malheureusement, parce que tous en veulent imprudemment sortir à la fois. »

On a dit, il est vrai, pour expliquer ce droit de préférence, que la situation est la même pour tous les créanciers, que chacun d'eux peut obtenir l'hypothèque première, et qu'après tout c'est le plus prudent et le plus soigneux de ses affaires qui devance les autres : or *jura vigilantibus non dormientibus prosunt.* Cette explication a satisfait plusieurs personnes ; je

1. De l'amélioration du régime hypothécaire.

suis plus difficile, et certes il n'est pas besoin de l'être beaucoup pour ne pas se payer de cette superficielle réponse, lorsqu'il s'agit de justifier une injustice. On légitimerait bien des choses révoltantes avec une application si large de la maxime *jura dormientibus non prosunt.* Du reste est-il donc si vigilant, celui que la faveur ou le sort a mis le premier au courant de la situation du débiteur ? Y a-t-il grand mérite à se trouver plus près que les autres du domicile du débiteur et à savoir ce qui s'y passe quelques jours avant les créanciers éloignés? Est-il toujours louable dans sa manière d'agir et digne de la récompense que la loi lui décerne, celui que l'on appelle le plus vigilant, et qui n'est souvent que le plus âpre et le plus impitoyable, refusant tout délai au débiteur et s'acharnant à ruiner son crédit ? Quelle prime d'encouragement offerte à l'ardeur des poursuites judiciaires! Quel obstacle aux arrangements, aux atermoiements! Quelle source de frais écrasants pour les débiteurs ! — Et puis, remarquons-le, ce n'est pas toujours *le plus vigilant*, le plus ardent à poursuivre le débiteur qui obtiendra l'hypothèque première : le dernier venu peut passer le premier, parce que le premier il aura obtenu jugement. Ne sait-on pas comment les affaires s'instruisent? Parfois c'est dans quinze jours, parfois c'est dans trois mois qu'on obtient jugement. Une mise au rôle plus ou moins prompte, un incident de plaidoirie, un retard dans un rapport, la maladie d'un juge sont autant de causes qui font tous les jours que le premier agissant obtient son jugement après d'autres créanciers moins vigilants, et qui pourtant le primeront. Et ce ne sont pas les seules : un créancier est mieux servi qu'un autre par son huissier ou par son avoué; le débiteur peut faire pour telle créance un aveu qui termine l'affaire, opposer au contraire pour telle autre des dénégations qui prolongent les débats; quand les jugements sont rendus, le dernier prononcé sera peut-être expédié le premier : le greffier a parfois ses préférences ; le receveur de l'enregistrement peut de son côté retenir une feuille vingt-quatre heures de plus ou de moins ; le conservateur des hypothèques est libre d'exiger d'un créancier la représentation du titre, et de dispenser un autre de cette formalité. Et voilà ce qu'on appelle des causes légitimes de préférence ! Un orateur avait grandement raison de déclarer, à l'Assemblée nationale, qu'il n'y a pas de moralité dans ce système. Qu'on ne dise pas que ce tableau est forcé : qui n'a vu six, huit, douze jugements se succéder dans l'espace d'une semaine contre un même débiteur ? Et qui croirait que ces jugements suivent toujours l'ordre des assignations, et que les inscriptions suivent toujours l'ordre des jugements ? Dès lors, que vient faire ici la maxime *jura vigilantibus non dormientibus prosunt* ? Du reste peut-elle être invoquée à l'égard des créanciers à terme ? Ils ne peuvent obtenir une hypothèque immédiate : ils sont donc forcément, et sans qu'on ait le droit de leur reprocher leur inertie, primés par les créanciers dont les créances sont exigibles ; ils voient ces derniers s'emparer exclusivement d'un patrimoine qui était aussi leur gage !

On a tâché de justifier autrement les effets de l'hypothèque judiciaire à l'égard des autres créanciers, et d'en atténuer l'iniquité par les considérations suivantes : le débiteur pourrait bien constituer des hypothèques conventionnelles au profit de quelques-uns de ses créanciers et au détriment des autres : pourquoi le jugement ne ferait-il pas ce que peut faire le consentement du débiteur ? Pourquoi les créanciers éliminés se plaindraient-ils dans un cas plutôt que dans l'autre ? — J'admire cette raison : parce que les créanciers sont exposés au danger des hypothèques conventionnelles, il ne faut pas leur épargner le danger des hypothèques judiciaires ! Moi j'y vois un motif de plus pour qu'on vienne à leur secours, et qu'on les délivre de l'hypothèque judiciaire, qui est, du reste, pour eux un péril beaucoup plus grave que l'hypothèque conventionnelle : car les débiteurs ne consentent pas si facilement des hypothèques; et puis, la délicatesse les empêche souvent de privilégier ainsi l'un des créanciers au détriment des autres. D'ailleurs ne pourrait-on pas soutenir, avec la généralité de l'art. 1167 pour argument, que les créanciers ont l'action Paulienne pour se défendre contre les hypothèques conventionnelles consenties *en fraude* de leurs droits? — Pour les hypothèques judiciaires, il n'y aucun tempérament !

Convaincus de l'injustice de l'hypothèque judiciaire, ses partisans se réfugient derrière sa prétendue nécessité. Elle est la sanction de la chose jugée, nous disent-ils; or la chose jugée, c'est Bacon qui l'a dit, est une des ancres de la société : ne l'affaiblissez pas. Déjà vous avez supprimé la contrainte par corps; ne supprimez pas l'hypothèque judiciaire ! La force des jugements finirait par devenir illusoire. — Cette raison est assurément meilleure que les précédentes, mais elle ne suffit pas pour justifier l'hypothèque judiciaire. Qu'on assure par tous les moyens possibles l'exécution des jugements contre le condamné, c'est très-bien. Mais qu'on fasse rejaillir cette exécution sur les tiers, qu'on la protège au détriment des autres créanciers, voilà ce que je ne puis pas comprendre, voilà ce qui me paraît intolérable. En réalité, l'hypothèque judiciaire, telle qu'elle est organisée, ne nuit le plus souvent qu'aux autres créanciers; elle fait bien tort au débiteur en ébranlant son crédit par l'inscription; mais, quand il n'est pas commerçant, ce danger est minime, et l'hypothèque judiciaire ne lui nuit en rien : que lui importe que ses biens soient distribués de telle ou telle façon? Seuls les autres créanciers en souffrent : est-ce juridique? est-ce juste? Et quand même ce serait utile, faut-il donc en droit sacrifier le juste à l'utile? Mais l'hypothèque judiciaire n'est point si utile qu'on le prétend ; la chose jugée peut fort bien s'en passer, et la preuve c'est que le plus grand nombre peut-être des débiteurs n'ont pas d'immeubles : les jugements rendus contre eux sont-ils dépourvus de force ? Chose singulière ! si le débiteur n'a pas d'immeubles, tous ses créanciers sont sur le même pied ; pas de préférence au profit de celui qui a obtenu le premier jugement. S'il n'a que des immeubles, tout change de face : le premier élimine tous les autres. Ce contraste est choquant ; il faut qu'il disparaisse ; et si l'on conserve l'hypothèque judiciaire, je demande qu'on rétablisse le *pignus judiciale* sur les meubles, la saisie mobilière avec droit de préférence : au moins il y aura de l'harmonie dans les dispositions de la loi sur ces matières.

Sans doute le débiteur condamné pourrait après le jugement, si l'hypothèque judiciaire ne l'entravait, soustraire sa fortune à l'exécution de la chose jugée, vendre ses immeubles et en dissiper le prix. Mais ce danger est-il sérieux ? Est-il de nature à se présenter souvent ? Est-ce que les débiteurs sont ordinairement d'une mauvaise foi insigne ? Peut-on réaliser ses immeubles en huit jours ? — Le même danger ne se présente-t-il pas, et avec plus de gravité, à l'égard des meubles ? Pourquoi ne les ferait-on pas mettre immédiatement sous scellés ? — D'ailleurs, la preuve que ce péril est à peu près imaginaire ou du moins très-exagéré, c'est que l'hypothèque judiciaire, telle qu'elle est organisée, n'empêche rien et peut laisser passer toutes les fraudes qu'on dénonce : car, je l'ai déjà fait remarquer, si le débiteur a la mauvaise foi qu'on lui suppose, il n'attendra pas le jugement, dont il connaît d'avance le dispositif, pour soustraire sa fortune à la condamnation : la durée du procès lui donne tout le temps de faire tranquillement ce qu'il ne pourrait faire que précipitamment après le jugement : eh bien ! se plaint-on beaucoup dans la pratique de cette liberté qui lui est laissée ? L'autorité de la chose jugée est-elle nulle parce que l'hypothèque judiciaire n'est qu'un demi-remède qui n'atteint pas son but et ne remplit pas sa fonction ? Non, que je sache. Ces dangers-là sont si éventuels, si rares, que le législateur n'en devrait pas tenir compte[1]. Qu'on supprime l'hypothèque judiciaire, et il n'y aura pas beaucoup plus de fraudes et beaucoup plus de plaintes qu'il n'y en a maintenant. — Le créancier, après tout, ne serait pas sans défense contre ces fraudes ; l'action Paulienne est entre ses mains, et ce n'est pas une arme si difficile à manier qu'on l'a prétendu, surtout dans ces circonstances, où la fraude n'aurait pas le temps de se cacher.

Je viens de faire voir que l'hypothèque judiciaire n'est pas indispensable à l'exécution de la chose jugée. Je vais plus loin maintenant, et j'accuse l'hypothèque judiciaire de diminuer l'autorité de la chose jugée et d'être un grand obstacle à l'exécution des jugements. Ses partisans ne pensent qu'au premier jugement : pour celui-là en effet, grâce à l'hypothèque judiciaire, il sera probablement entièrement exécuté. Mais les autres jugements seront-ils exécutés ? Non, pas même en partie. Et qu'est-ce qui les paralyse ? l'hypothèque judiciaire, qui a absorbé au profit d'un seul créancier tout le patrimoine. Fortifier un jugement, réduire tous les autres au néant, voilà les résultats de l'hypothèque judiciaire : elle fait à l'égard de plusieurs jugements ce qu'elle empêche le débiteur de faire à l'égard d'un seul, elle soustrait les immeubles à de légitimes condamnations. Est-ce là relever le caractère et l'autorité de la chose juge ? Croit-on inspirer beaucoup de respect pour les décisions de la justice en en faisant des titres inutiles, qui n'assurent même pas aux créanciers un léger dividende ? Sans l'hypothèque judiciaire,

1. *Jura constitui oportet, ut dixit Theophrastus, in his quæ* επι το πλειστον *accidunt, non quæ* εκ παραλογου. (Pomponius, *lib.* XXV *ad Sabin.*, *l.* 3, D. *De leg.*)

chaque créancier obtiendrait au moins, dans une distribution au marc le franc, une somme plus ou moins considérable qui l'indemniserait des frais que lui a coûtés son jugement, et qui empêcherait l'œuvre de la justice d'être vaine et dérisoire.

Pour défendre l'hypothèque judiciaire, on a imaginé de dire qu'elle est favorable au débiteur lui-même. C'est un singulier argument. Qu'importe qu'elle soit favorable au débiteur ? Ce n'est pas dans son intérêt que j'attaque l'hypothèque judiciaire ; j'ai déjà dit que son sort m'inquiète peu, parce que c'est lui qui ordinairement a préparé sa situation : c'est aux autres créanciers que l'hypothèque est funeste, ce sont eux qui m'intéressent. Mais, cela posé, et pour ne rien laisser debout dans l'argumentation des adversaires, je vais essayer de démontrer que, si l'hypothèque judiciaire ne fait pas toujours du mal débiteur, elle lui en fait souvent, et dans tous les cas ne lui fait pas de bien. L'hypothèque judiciaire, dit-on, rend le créancier plus traitable; après avoir pris inscription, il se rassure, il devient patient, et ne poursuit pas sur-le-champ l'expropriation des biens du débiteur. — Admettons pour un instant que l'hypothèque judiciaire retarde l'expropriation. Peut-on nier qu'elle précipite au contraire les poursuites judiciaires : les assignations, les jugements et les inscriptions ? Or c'est là ce qui ruine souvent le débiteur, surtout quand il est commerçant; c'est là ce qui perd son crédit et ouvre la porte à la faillite. L'expropriation n'ajoute pas grand'chose au mal qu'ont fait les poursuites et la publicité de l'hypothèque judiciaire. Cette hypothèque est un appât qui détermine les plus indulgents, les plus délicats, à assigner le débiteur en justice. Vainement il implore un peu de délai et de silence pour sauver sa fortune et le gage de ses créanciers; vainement la pitié et même l'intérêt bien entendu exigent du calme et de la patience : l'hypothèque judiciaire est plus forte que tout cela; elle s'offre en proie au plus rigoureux. La peur et l'avidité font avancer tout le monde, et, dans l'état actuel des choses, il ne peut pas en être autrement. Quel est l'homme d'affaires expérimenté, quel est l'avocat consciencieux qui ne soit obligé de dire au créancier disposé à ménager son débiteur, et qui demande une consultation : « Prenez garde, n'accordez pas de renouvellement ; poursuivez plutôt tout de suite pour avoir l'hypothèque judiciaire ; si vous ne le faites pas, un autre le fera ; vos ménagements ne sauveront pas votre débiteur, et ils vous seront fatals. » — Voilà les résultats de l'hypothèque judiciaire à l'égard du débiteur. Qu'on la supprime, et les créanciers accorderont facilement des renouvellements ; ils hésiteront avant d'anéantir le crédit du débiteur par une poursuite intempestive.

Mais, une fois le jugement obtenu et l'inscription prise, est-il vrai que l'hypothèque judiciaire ait au moins pour le débiteur l'avantage de lui épargner une expropriation trop prompte ? Non, ce n'est pas vrai. Le créancier qui a obtenu le premier jugement sera, sans aucun doute, tranquille et rassuré. Mais ne sait-on pas qu'un jugement est presque toujours suivi de plusieurs jugements, et espère-t-on que les derniers créanciers seront aussi patients ? Ils voudront savoir le plus tôt possible quelle est au juste leur situation ; l'incertitude, la crainte, le ressentiment les rendront plus intraitables que jamais. Telle est la vérité. L'hypothèque judiciaire ne retarde l'expropriation que lorsque les créanciers qui ont obtenu jugement sont sûr d'être tous utilement colloqués. Un avantage aussi rare n'est pas un argument sérieux en faveur de cette hypothèque. Du reste, même sans l'hypothèque judiciaire, le débiteur, dans ce cas-là, n'aurait-il pas toujours deux moyens d'éviter l'expropriation, quand elle lui paraîtrait funeste : le payement et l'hypothèque conventionnelle ? Et même n'en a-t-il pas un troisième, peut-être encore plus efficace : qu'il demande un délai au juge, et si sa situation est vraiment intéressante, on ne lui refusera pas.

Le dernier retranchement derrière lequel les défenseurs de l'hypothèque judiciaire feront encore résistance, c'est l'intérêt du crédit général. Sans l'hypothèque judiciaire, il n'y aura plus, selon eux, de contrats sous seing privé ; on ne se fiera plus à ces sortes d'engagements peu coûteux, mais démunis de la possibilité d'obtenir l'hypothèque judiciaire ; on ne prêtera plus que sur hypothèque conventionnelle, par conséquent moins souvent et avec plus de frais. Supprimer l'hypothèque judiciaire, c'est livrer le créancier à la merci du débiteur, c'est tuer le crédit [1]. Ces exagérations en ont amené d'autres en sens contraire. Il a été dit par un orateur, en Belgique, que l'hypothèque judiciaire est ce qu'il y a de plus fatal au crédit [2] ; par un autre, qu'elle est la mort du crédit [3]. Ne tombons pas dans ces excès de langage. Le crédit a la vie dure. Il ne meurt pas si facilement et si souvent qu'on le dit. Il se porte assez bien en France [4] et en Belgique, et cependant la suppression de l'hypothèque judiciaire aurait dû le tuer en Belgique, le maintien de la même hypothèque aurait dû le tuer en France. Le crédit est un besoin social tellement impérieux qu'il trouve toujours un *modus vivendi*. Les institutions peuvent l'entraver, le gêner, mais jamais l'anéantir. Le maintien de l'hypothèque judiciaire pas plus que sa suppression ne serait pour le crédit un germe de mort. Seulement, ce qui est vrai, c'est que le maintien de l'hypothèque judiciaire, et non pas sa suppression, est une entrave et une gêne pour le crédit. On vient nous dire que le prêteur serait effrayé de ne pas apercevoir à l'échéance l'hypothèque judiciaire, et qu'il ne voudrait plus livrer ses deniers que

1. *V.* surtout les Observations de la Chambre des avoués de Paris.
2. M. de Brouckere.
3. M. Lelièvre.
4. Il a survécu à nos désastres et il nous relève déjà de notre chute (1871).

sur hypothèque conventionnelle. Comment! est-ce que le prêteur au moment du contrat croit qu'il sera forcé, pour obtenir son remboursement, de recourir à la justice? Est-ce qu'il prêterait, s'il avait le moindre doute sur la bonne foi ou la solvabilité de l'emprunteur? Sans avoir beaucoup d'expérience des affaires, on peut affirmer que l'hypothèque judiciaire n'entre pour rien dans la confiance que le débiteur inspire au créancier et qui décide ce dernier à se passer d'hypothèque conventionnelle. Il y a deux sortes de crédits : le crédit foncier et le crédit personnel. Le premier repose uniquement sur la fortune du débiteur : en ne demandant pas d'hypothèque, le créancier a montré qu'il ne voulait pas s'adresser à ce crédit, qui est un peu le crédit de la défiance. Le second repose au contraire sur la confiance dans la loyauté, l'habileté, l'exactitude du débiteur. Des deux crédits c'est le plus utile, le plus usité dans les opérations commerciales et les relations journalières. C'est sur lui que compte le prêteur qui n'exige pas de garantie; et d'après les partisans de l'hypothèque judiciaire, c'est lui qu'on détruirait en supprimant cette hypothèque : cette théorie a été développée en France et en Belgique lors des travaux de réforme. Pour mon compte, je ne la comprends pas : je ne vois pas comment on peut se fier au crédit personnel et en même temps compter sur l'hypothèque judiciaire : ces deux choses sont contradictoires. Sans doute la solvabilité, la fortune, entre bien pour quelque chose dans le crédit personnel; mais c'est par elle-même, par sa seule existence, par la présomption favorable qu'elle fait naître au profit de celui qui la possède, que la fortune contribue au crédit personnel. L'hypothèque judiciaire n'est pas, ne peut pas être un élément de ce crédit. Quel homme du reste serait assez peu intelligent et assez imprudent pour compter sur le prix du hasard ou de la course, et pour ne pas exiger, alors qu'il y a quelque crainte de n'être pas payé, d'autre garantie que cette chance lointaine de l'hypothèque judiciaire, véritable billet de loterie qui le plus souvent ne rapportera rien? Il n'y a que les usuriers qui fassent entrer l'hypothèque judiciaire dans leurs combinaisons, parce qu'ils calculent tout, et qu'ils savent compenser par d'énormes intérêts l'éventualité de la garantie sur laquelle ils comptent. Mais les banquiers honorables, loin de fonder des espérances sur l'hypothèque judiciaire, ne prêteraient point s'ils croyaient être forcés de s'en servir un jour. — L'hypothèque judiciaire, dit-on, rassure le créancier : il me semble qu'elle doit l'effrayer, car il n'est pas probablement le seul créancier, et il doit penser que tous les autres ont, autant que lui, droit à la première hypothèque : c'est une affaire de vitesse. Il doit redouter que l'échéance de sa créance n'arrive que postérieurement à celle des autres, et alors il sera perdu. Du jour au lendemain le débiteur peut contracter une nouvelle dette avec échéance rapprochée. Certes, si l'on pensait à l'hypothèque judiciaire en contractant, ce serait pour en craindre les funestes surprises, et non pour en espérer les capricieuses faveurs. Il est évident que cette crainte doit empêcher beaucoup de gens de prêter sans garantie, et que l'hypothèque judiciaire est par là très-nuisible au crédit. Qui osera, par exemple, tant qu'elle existera, contracter sans défiance avec des personnes éloignées? Qui s'exposera volontiers à la perpétuelle inquiétude d'apprendre que les autres créanciers plus rapprochés et mieux informés ont pris hypothèque et accaparé les immeubles du débiteur? Et ce sont là les services que l'hypothèque judiciaire rend au crédit!

Sur ce terrain, je puis encore reprocher à l'hypothèque judiciaire de paralyser une grande partie du crédit général en grevant et en dépréciant beaucoup d'immeubles. Qu'elle reste générale ou qu'on la spécialise, elle enchaînera et discréditera toujours un nombre considérable de domaines. M. Paul

Pont croit la laver de ce reproche en faisant remarquer que toute hypothèque a l'inconvénient de déprécier des immeubles, et que c'est le régime hypothécaire tout entier qu'il faudrait à ce compte accuser et condamner. Cette réponse n'est-elle pas un peu superficielle? L'hypothèque est une excellente institution quand on n'en abuse pas, quand elle reste à l'état d'exception. Mais si elle devient la règle, elle est une source d'embarras et de frais, elle entrave tout. Or, l'effet hypothécaire attaché aux jugements tend à faire sortir l'hypothèque des limites de l'exception. Que dirait M. Paul Pont si le législateur, faisant un pas de plus, déclarait que toute obligation serait, dès sa naissance même, munie d'hypothèque?

Avec la réponse qu'il vient de nous faire, M. Paul Pont n'aurait rien à critiquer dans cette mesure funeste.

Est-ce que l'hypothèque judiciaire est encore bien favorable au crédit général en suscitant une foule de procès, qui gaspillent en frais l'argent du débiteur et celui des créanciers? Les créanciers non colloqués élèvent contre ceux qui les priment contredit sur contredit, chicane sur chicane : ils espèrent par là rattraper quelques deniers ou se faire acheter leur silence. Validité de l'inscription, régularité de l'ordre, tout est mis en discussion, tout devient le prétexte d'un débat judiciaire. Si l'on est en matière commerciale, que d'efforts font les créanciers chirographaires pour que le tribunal fixe le plus haut possible le commencement de la faillite, afin que les hypothèques judiciaires tombent dans la période de nullité!

Tant de résultats fâcheux, unis à l'injustice criante de l'hypothèque judiciaire, m'obligent à déclarer avec M. Bethmont que la suppression de cette hypothèque n'est pas seulement un droit, mais un devoir pour le législateur. Qu'on ne s'effraye pas des réclamations et des plaintes des praticiens. Les praticiens ont toujours peur d'une innovation. Le temps et la routine font disparaître à leurs yeux les vices et les inconvénients des institutions les plus mauvaises. Il n'est pas un système, si bizarre et si compliqué qu'il soit, qui ne devienne, à la longue, cher aux hommes d'affaire, et pour lequel ils ne soient prêts à plaider contre les innovateurs. L'habitude leur fait préférer la situation actuelle à un nouvel état de choses avec lequel ils ne seraient pas tout de suite familiarisés. Mais leur bon sens perdra vite ces préventions, et ils seront les premiers à proclamer les bienfaits de la suppression de l'hypothèque judiciaire. N'a-t-on pas aboli la contrainte par corps ? Les craintes qu'inspirait cette mesure n'étaient-elle pas encore plus vives que celles qu'inspire aujourd'hui l'abolition de l'hypothèque judiciaire ? N'ont-elles pas été démenties par les faits ? Qui regrette maintenant la contrainte par corps ? La Belgique, pour ne prendre qu'un exemple, a supprimé l'hypothèque judiciaire : depuis bientôt vingt ans elle vit sans l'hypothèque judiciaire. Le crédit a-t-il été troublé dans ce pays ? La chose jugée, cette ancre de la société, s'est-elle affaiblie et brisée ? Le commerce a-t-il souffert ? Les contrats de toute espèce ont-ils diminué et de nombre et d'importance ? pas le moins du monde, la Belgique est aujourd'hui le peuple relativement le plus riche et le plus commerçant du continent ; personne, si ce n'est ses anciens et obstinés défenseurs, n'y regrette l'hypothèque judiciaire, et l'on se gardera bien d'y jamais rétablir l'injustice que nous conservons encore. Chose étrange, cette injustice nous l'avons répudiée en matière de faillite : là, pendant un temps qui peut être fort long, les hypothèques judiciaires sont nulles, quand même elles auraient été acquises loyalement, et sans le conseil et la faveur du débiteur. Et pourtant, si l'hypothèque judiciaire est si juste et si utile au crédit que le prétendent ses partisans, n'est-ce pas en matière commerciale qu'on devait avant tout l'établir et la maintenir ? Pourquoi ne pas appliquer là aussi la maxime :

jura vigilantibus non dormientibus prosunt? Pourquoi dépouiller la chose jugée *de son accessoire indispensable*?... Ou plutôt, pourquoi garder en dehors de la faillite des règles surannées qu'on tâche en vain de rajeunir? Ce qui est injuste en matière de faillite, l'est aussi en matière de déconfiture. Il n'y a qu'une justice. Elle exige que l'hypothèque judiciaire soit supprimée partout, et que le créancier, au lieu d'acquérir sans peine par les soins de son avoué un droit de préférence inique, vienne, armé de son jugement, veiller lui-même à ses intérêts, sans nuire à ceux des autres.

VI.

En 1850, après que l'Assemblée nationale eut accompli ce que j'ai appelé un devoir, c'est-à-dire eut supprimé en principe l'hypothèque judiciaire, une proposition fut faite par plusieurs membres : ils demandèrent qu'on conservât ou plutôt qu'on rétablît l'hypothèque judiciaire en matière de délits. Dans le cas de délit en effet, le créancier n'a pu veiller à ses intérêts, et on serait mal venu à lui reprocher de n'avoir pas exigé de garantie conventionnelle; il a été, quant à ses relations avec le débiteur, dans un état d'incapacité et de faiblesse aussi grave et souvent même plus grave que celui du mineur ou de la femme mariée ; il mérite qu'on le protége par une sorte d'hypothèque légale. Un homme brûle ma maison, me fait une blessure dangereuse : de ces dommages imprévus ne dois-je pas obtenir une réparation, et cette réparation ne doit-elle pas m'être assurée d'une façon toute spéciale ? — Cette théorie n'est point déraisonnable; cependant elle fut repoussée par l'Assemblée, et l'Assemblée n'eut pas tort. Qu'on y songe en effet : cette théorie, qui semble éminemment juste quand il s'agit de crimes ou de délits considérables, devrait s'appliquer aussi aux délits de peu d'importance, puis aux quasi-délits, puis aux quasi-contrats, car la raison est la même pour tous ces cas : l'obligation est née malgré le créancier ou à son insu, il n'a pu exiger de garantie. Voilà une foule d'hypothèques judiciaires qui reparaissent, et avec elles leurs inconvénients et leurs injustices : ce n'est pas le créancier victime du délit le plus grave qui passe le premier, c'est celui qui a obtenu le premier jugement. — Il faudrait, pour que la justice fût complétement satisfaite, que l'hypothèque protectrice prît naissance au moment du délit, et eût rang dès ce moment. Il en a été ainsi dans le très-ancien droit français, du moins dans quelques parties de la France. Aujourd'hui les règles de la publicité rendent impossible une pareille mesure : l'hypothèque existerait à l'égard des tiers avant d'être inscrite, car l'inscription ne pourrait évidemment être prise qu'après qu'un jugement aurait constaté le délit et l'existence de l'hypothèque. Or notre régime hypothécaire répugne à cette sorte de rétroactivité de l'hypothèque.

Du moment qu'on ne peut assurer la réparation du délit par une hypothèque légale immédiate, il ne vaut pas la peine de conserver en partie l'hypothèque judiciaire et ses fâcheux résultats pour ne donner au créancier qu'une garantie imparfaite et chanceuse. Du reste il y aurait souvent, si l'on maintenait l'hypothèque judiciaire seulement pour les délits, quasi-délits et quasi-contrats, des contrastes choquants : le créancier de dommages intérêts dus pour un léger quasi-délit obtiendrait l'hypothèque, tandis que le créancier d'argent prêté et victime d'un défaut de remboursement à l'échéance ne l'obtiendrait pas. Or le défaut de remboursement à l'échéance ne cause-t-il pas souvent au créancier plus de dommages qu'un quasi-délit, et, quand ce défaut de payement est volontaire de la part du débiteur, n'est-il pas plus coupable que bien des délits ?

C'est donc radicalement et sans restriction qu'il faut supprimer l'hypothèque judiciaire.

VII.

Mais faut-il mettre quelque chose à la place ? J'avoue que je n'en vois pas la nécessité. Si la loi se mêlait de protéger les individus contre les mille dangers qui menacent leur fortune, que deviendrait l'initiative individuelle ? Que le créancier qui a obtenu jugement surveille son débiteur, qu'il agisse promptement s'il découvre de la mauvaise foi chez lui, qu'il demande des sûretés s'il veut attendre sans inquiétude ; son activité personnelle, voilà une sauvegarde qui me semble tout à fait suffisante ; c'est ici qu'on peut dire *jura vigilantibus*. Cependant il ne faut avoir de parti pris en rien ; et nous devons chercher s'il existe quelque combinaison assez commode et assez heureuse pour mériter qu'on l'introduise dans nos lois à la place de l'hypothèque judiciaire. On peut, je le répète, se passer de toute combinaison de ce genre ; la Belgique s'en est tenue à la suppression pure et simple de l'hypothèque judiciaire, et le besoin d'une autre institution ne s'y fait nullement sentir. Mais s'il en est quelqu'une qui offre des avantages évidents, pourquoi ne l'adopterions-nous pas ? Et si la Belgique a bien fait, pourquoi ne ferions-nous pas mieux ?

M. Valette a proposé d'organiser un état de déconfiture analogue à la faillite, une véritable faillite civile [1]. Le débiteur serait déclaré insolvable par un jugement régulier ; il serait aussitôt dessaisi de l'administration de ses biens, et par suite incapable de consentir des aliénations et des hypothèques au préjudice de la masse de ses créanciers ; cette masse serait représentée par des syndics, dont la gestion exercée dans l'intérêt commun serait substituée à l'anarchie des mesures et des poursuites individuelles. Ce serait, dit M. Valette, un heureux retour au système des Romains. En effet, ce que nous propose

1. Revue du Dr. fr. et étr. VI (1849).

le savant professeur ressemble beaucoup au *pignus prætorium*, que les Allemands ont du reste déjà adopté sous le nom de *concours*. M. Valette a trop peu développé sa pensée sur ce sujet important. Il aurait dû nous indiquer à grands traits comment ce système serait transplanté dans notre droit, quels effets il produirait, à quel moment, de quelle façon serait déclaré l'état de déconfiture. En l'absence de ces explications, la faillite civile me paraît grosse de difficultés imprévues. M. Valette ne dit pas si, avec ce nouvel état de choses, il supprimerait entièrement l'hypothèque judiciaire, ou s'il se contenterait de la déclarer nulle quand elle serait acquise pendant certains délais, comme il arrive dans notre faillite commerciale. Si c'est la dernière solution qu'adopte l'éminent jurisconsulte, son système ne corrigerait qu'en partie les injustices de l'hypothèque judiciaire, qu'il a pourtant condamnée lui-même : notre faillite commerciale laisse subsister toutes les hypothèques judiciaires acquises avant les dix jours qui précèdent la cessation des payements, et c'est déjà beaucoup trop donner au hasard, surtout si l'on songe que la cessation des payements peut ne survenir que très-longtemps après l'insolvabilité réelle du débiteur. L'hypothèque judiciaire serait-elle entièrement supprimée? Alors, il ne faut pas présenter la faillite civile comme une institution destinée à la remplacer ; elle ne se produirait pas dans les mêmes cas, car ce n'est pas évidemment le seul fait d'une condamnation qui entraînerait l'ouverture de cette faillite ; elle ne serait ouverte sans doute qu'après une cessation de payements provenant de la situation de fortune du débiteur et constatée par un jugement spécial. A moins que M. Valette ne veuille, comme il semble le dire, revenir tout à fait au système romain, et faire prononcer, après chaque jugement, si le débiteur n'exécute pas, le dessaisissement général des biens du débiteur au profit de la masse des créanciers, appelés tous à l'occasion d'une seule poursuite. Mais ce serait là un procédé désastreux pour le débiteur ; je le crois inadmissible dans notre droit. Ajoutez à ces considérations, que la faillite civile, de quelque manière qu'elle soit organisée, multiplierait outre mesure les administrations, les opérations longues et coûteuses, les comptes, qu'engendre déjà bien souvent la faillite commerciale. Où trouver assez de syndics pour toutes ces liquidations? Où trouver assez de juges commissaires pour les diriger et les surveiller? La proposition de M. Valette doit donc être écartée, du moins jusqu'à plus ample informé.

VIII.

En Belgique et en France, lors des discussions sur la réforme, on présenta, pour remplacer l'hypothèque judiciaire, un autre système qu'on a appelé l'*opposition immobilière*, et qui n'est peut-être qu'une réminiscence de quelques anciennes coutumes françaises [1]. Du reste l'opposition immobilière n'était pas organisée tout à fait de la même manière dans les deux projets.

Voici les traits principaux du système belge. Tout créancier porteur d'un jugement aurait pu faire opposition, au bureau de la conservation des hypothèques, sur un ou plusieurs immeubles de son débiteur. Cette opposition devait se faire au moyen d'une inscription, sur la présentation du jugement. Son effet eût été d'empêcher le débiteur d'aliéner ou d'hypothéquer les immeubles au préjudice des créanciers. L'inscription, tant que mainlevée n'en aurait pas été donnée par le créancier opposant, aurait profité à tous les créanciers chirographaires du débiteur, quelle qu'eût été la date de leur titre. Le créancier opposant devait être ainsi le mandataire

1. C'est ce qu'a affirmé un orateur belge, M. Deliége.

de tous les chirographaires, de tous ceux dont les créances existeraient au moment de l'opposition, et de tous ceux mêmes dont les créances naîtraient après l'opposition. Mais l'expropriation devait être poursuivie dans l'année, sans quoi l'effet de l'opposition se serait évanoui[1]. — Cette combinaison souleva beaucoup d'objections. La dernière disposition surtout méritait de vives critiques : forcer le créancier à exproprier dans l'année, et cela en conviant tous les autres créanciers à se faire payer avec lui, et à venir partager la fortune du débiteur, c'était une mesure malheureuse, qui ressemblait fort au *pignus prætorium*, et dont l'application aurait été funeste aux débiteurs, surtout dans un pays aussi commerçant et aussi industriel que la Belgique. On pouvait blâmer aussi la disposition qui spécialisait l'inscription de l'opposition, car cette spécialité n'aurait eu d'autre résultat que de gêner beaucoup le créancier opposant : sachant que son opposition profiterait à tous les créanciers chirographaires, il se fût efforcé, et à bon droit, d'étendre le plus possible son inscription, afin de se ménager dans tous les cas un payement intégral.

Ces inconvénients déterminèrent les Chambres belges à repousser l'opposition immobilière.

Elle eut en France un peu plus de succès : nous savons qu'elle fut adoptée par l'Assemblée. Elle ne le fut pas sans une certaine répugnance, et peut-être même qu'à la troisième lecture elle eût été rejetée. Cette répugnance n'était cependant pas justifiée par les inconvénients qui viennent d'être reprochés au système belge. L'opposition était bien mieux organisée en France ; et, s'il est vrai, comme le disent les défenseurs de l'hypothèque judiciaire, que le créancier soit exposé à des fraudes, et que l'autorité de la chose jugée ait besoin d'un secours spécial, c'est l'opposition immobilière, telle qu'elle

1. Art. 8 à 12 du projet.

fut présentée à l'Assemblée nationale, qui me semble devoir être mise à la place de l'hypothèque, quand celle-ci sera supprimée. Seulement elle parut alors une demi-mesure, un retour déguisé vers l'hypothèque judiciaire ; son mécanisme ne fut pas bien saisi par un grand nombre de membres ; les discours prononcés à son sujet sont très-obscurs, et prouvent que ses adversaires et quelques-uns mêmes de ses partisans ne la comprenaient pas, malgré les explications très-claires de MM. Vatimesnil, Valette et Rouher.

Voici les principaux textes du projet qui concernaient l'opposition immobilière :

« Art. 2161. Tout créancier porteur d'un jugement de condamnation pourra former, au bureau de la conservation des hypothèques, opposition sur les immeubles de son débiteur, pourvu que le montant de la condamnation soit liquide, ou, s'il ne l'est pas, que le tribunal ait provisoirement fixé la somme jusqu'à concurrence de laquelle il sera loisible de faire opposition.

« Le même droit appartiendra au porteur d'une obligation notariée, lorsque le montant de cette obligation sera liquide et exigible....

« .... L'opposition portera sur tous les immeubles présents et à venir du débiteur situés dans l'arrondissement du bureau. Son effet sera d'empêcher qu'aucune inscription ne soit prise et aucun prix de vente payé au préjudice de l'opposant.

« Art. 2164. Si le jugement est attaqué par opposition ou appel, et qu'il ne soit pas exécutoire par provision, la partie condamnée qui voudra obtenir mainlevée de l'opposition sans porter préjudice à son recours, pourra consigner à la Caisse des dépôts et consignations une somme égale au montant des causes de l'opposition, avec affectation spéciale au profit de l'opposant. Le conservateur opérera la radiation de l'opposition sur la simple représentation de la quittance constatant le dépôt. »

L'opposition, ainsi organisée, a, ce me semble, tous les avantages de l'hypothèque judiciaire sans en avoir les inconvénients. Quels sont les avantages de l'hypothèque judiciaire ? C'est, on nous l'a répété assez souvent, d'empêcher le débiteur condamné de soustraire ses biens à la condamnation par des aliénations ou des hypothèques frauduleuses. L'opposition immobilière suffit parfaitement pour atteindre ce but : nulle aliénation, nulle hypothèque ne peut être consentie au préjudice du créancier opposant. Quels sont les inconvénients de l'hypothèque judiciaire ? C'est cette préférence qui vient injustement dépouiller de leurs droits les autres créanciers. Or, l'opposition laisse tous les créanciers dans la situation où elle les trouve ; elle ne garantit à celui qui l'a faite que le dividende auquel le réduirait, au moment de l'inscription, le concours au marc le franc de tous les créanciers chirographaires.

Ainsi ce n'est pas comme en Belgique. D'abord l'inscription n'est pas spéciale, puis l'expropriation n'est pas obligatoire dans l'année ; enfin l'opposition ne profite pas à tous les créanciers : elle ne leur nuit ni ne leur profite ; elle leur laisse l'intégralité de leurs droits, mais elle ne les garantit pas des dangers à l'abri desquels elle met l'opposant. Une hypothèque conventionnelle, par exemple, consentie par le débiteur après l'opposition, ne peut pas préjudicier à l'opposant, mais peut très-bien préjudicier aux créanciers non opposants. Je suppose un patrimoine de 10,000 fr., et trois créanciers dont les créances soient *égales et surpassent par leur total* la valeur du patrimoine. Chacun d'eux a droit à un dividende de 3,333 fr. 33. L'un d'eux obtient un jugement et fait opposition : son opposition lui assure ses 3,333 fr. contre toute aliénation et toute hypothèque à venir. Qu'une hypothèque soit constituée au profit *d'un des deux autres* par le débiteur pour l'intégralité de sa créance, par exemple pour 5,000 fr., cette hypothèque ne fait aucun tort au créancier opposant, à l'égard duquel le créancier hypothécaire n'est toujours qu'un simple chirographaire ; mais elle est au contraire opposable au troisième créancier. Ici, la science aurait eu à résoudre une question intéressante : l'hypothèque aurait-elle été opposable au troisième créancier pour sa valeur intégrale, de telle sorte que, dans l'espèce, le créancier opposant ayant prélevé ses 3,333 fr., le créancier hypothécaire prît 5,000 fr. et le troisième seulement 1667 fr. ? Ou bien l'hypothèque aurait-elle été réduite elle-même de toute la portion pour laquelle elle eût été opposable au créancier opposant sans son inscription, de telle façon que l'opposant ayant toujours 3,333 fr., le créancier hypothécaire eût à prendre 4167 fr., et le dernier 2500 fr. ? C'est ce second parti, je crois, qu'on aurait dû adopter. Il est le plus conforme au texte, le plus juste, le seul qui ne fasse pas du tout rejaillir sur d'autres que le condamné le jugement obtenu par le premier créancier. Comme on voit, les règles à observer dans cette matière ont une certaine analogie avec celles qu'on applique au transport d'une créance survenu entre plusieurs saisies-arrêts.

On pourrait résumer tous les effets de l'opposition immobilière en disant que c'est une hypothèque *sui generis*, qui est bien munie du droit de suite, mais qui est dépouillée du droit de préférence, au moins quant aux créances chirographaires.

On a soulevé contre l'opposition plusieurs objections. On lui a reproché très-souvent de frapper d'inaliénabilité le patrimoine du débiteur, et de paralyser entre ses mains tous ses immeubles. Le reproche est mal fondé, et prouve que le système de l'opposition est mal compris. L'opposition n'entrave pas plus le commerce que l'hypothèque. Un immeuble frappé d'opposition est parfaitement susceptible d'être vendu, échangé, hypothéqué ; seulement ces actes ne préjudicient pas à l'opposant, dont le droit suit l'immeuble entre les mains des tiers. Ceux-ci, pour être à l'abri du droit de suite, doivent faire des notifications à fin de purge au créancier opposant comme au créancier hypothécaire.

On a dit que l'opposition ne mettrait pas le créancier à l'abri de tous les dangers, puisque le débiteur pourrait contracter après la condamnation une foule de dettes chirographaires qui viendraient concourir avec la créance de l'opposant. Mais ce nouveau danger n'est pas sérieux : est-ce que les débiteurs ont d'habitude assez de malice pour recourir à de tels moyens? Est-ce qu'ils trouveraient facilement des complaisants qui se prêtassent à ce manége? Ces fraudes se présentent quelquefois dans les faillites : ne sont-elles pas toujours découvertes et sévèrement punies? Si l'on voulait du reste les éviter dans le système de l'opposition, on pourrait décider que l'inscription empêcherait les créanciers futurs de concourir avec l'opposant. Il est vrai qu'on obligerait par là tous les créanciers à donner date certaine à leurs titres, ce qui occasionnerait beaucoup de frais.

Enfin quelques personnes s'effrayent des difficultés d'application du système de l'opposition. Il faut convenir que les tribunaux auraient souvent à résoudre des questions délicates; mais une jurisprudence se formerait vite, et l'habitude aplanirait tout. Ne reculons pas trop facilement devant les lois compliquées : ce sont presque toujours les meilleures. La belle intelligence de Napoléon Ier ne s'y était pas trompée : « Depuis que j'entends discuter le Code civil, disait-il, je me suis aperçu que la trop grande simplicité dans la législation est l'ennemie de la propriété. On ne peut rendre les lois extrêmement simples sans couper le nœud plutôt que de le délier, et sans livrer beaucoup à l'incertitude de l'arbitraire... que la loi soit moins simple, pourvu qu'elle soit conforme aux principes de la justice civile ».

Ainsi, l'hypothèque judiciaire supprimée, puis, si l'on veut contenter tout le monde, l'opposition immobilière mise à sa place, telle est-là la conclusion à laquelle m'a conduit cette étude. Je l'avais commencée sans idée arrêtée, peut-être même avec une certaine bienveillance pour l'hypothèque judiciaire. L'injustice de ses effets me l'a montrée comme une tache dans notre législation, et m'inspire le désir sincère de la voir effacer. En 1851 le législateur était donc dans la bonne voie, puisqu'il avait consacré provisoirement les dispositions qui sont ici souhaitées. Les événements, en retardant la solution définitive, ne l'auront pas changée, je l'espère, et, tôt ou tard, une égalité vraie et équitable sera rétablie entre les créanciers ; la fortune n'aura plus le droit, dans chaque déconfiture, de combler de ses faveurs un seul d'entre eux, et de l'enrichir en ruinant les autres.

TABLE DES MATIÈRES

PREMIÈRE PARTIE

HISTOIRE EXTERNE DE L'HYPOTHÈQUE JUDICIAIRE.

Pages.

I. Généralités sur les effets de l'exercice de l'action, spécialement sur l'hypothèque judiciaire. 1
II. L'hypothèque judiciaire est-elle bonne? — Renvoi. — Plan du travail. 5
III. L'hypothèque judiciaire nous vient-elle des Romains? . . . 8
IV. Ancien droit. 16
V. Droit intermédiaire. 20
VI. Histoire de l'hypothèque judiciaire depuis le Code Nap jusqu'à nos jours. 22

DEUXIÈME PARTIE

ÉTUDE DES TEXTES, DE LA JURISPRUDENCE ET DE LA DOCTRINE

I. Nature et caractère de l'hypothèque judiciaire. 29
II. Sources de l'hypothèque judiciaire : les jugements. . . . 35
III. — les actes judiciaires. . . 79
IV. — les sentences arbitrales. 96
V. — les contraintes. . . . 99
VI. — les jugements étrangers. 118

VII. Assiette de l'hypothèque judiciaire : sa généralité. 150
VIII. Étendue de la créance que garantit l'hypothèque judiciaire. 172
IX. Pour qui et contre qui existe l'hypothèque judiciaire. . . 174
X. De l'inscription de l'hypothèque judiciaire. 185
XI. Des effets de l'hypothèque judiciaire. 203
XII. De la réduction de l'hypothèque judiciaire. 212

TROISIÈME PARTIE

CRITIQUE DE L'HYPOTHÈQUE JUDICIAIRE.

I. Justification de cette troisième partie. 219
II. Condamnation de l'hypothèque attachée aux jugements de reconnaissance. 222
III. Modifications qui pourraient être faites à l'hyp. judiciaire. . 225
IV. Tableau des législations et de la doctrine. 235
V. Examen du principe même de l'hypothèque judiciaire. . . 238
VI. De l'hypothèque judiciaire en matière de délits. 257
VII. De la faillite civile. 259
VIII. De l'opposition immobilière. 261

POITIERS. — IMPRIMERIE DE HENRI OUDIN.

DU MÊME AUTEUR:

ÉTUDE

SUR L'ERREUR

EN DROIT ROMAIN ET EN DROIT FRANÇAIS

OUVRAGE REMARQUÉ ET HONORÉ DU DÉPÔT AUX ARCHIVES
PAR LA FACULTÉ DE DROIT DE POITIERS

Prix : 5 francs

www.ingramcontent.com/pod-product-compliance
Ingram Content Group UK Ltd.
Pitfield, Milton Keynes, MK11 3LW, UK
UKHW012017240726
13965UKWH00002B/427